TROY ON TRIAL
An Intermediate Latin Reader

BY
KRISTIN MASTERS

EDITED BY
JARED MEYER

ENCHIRIDION
PRESS

Cover illustration by Matthew Daniels
Cover design by Enchiridion Press

TROY ON TRIAL
An Intermediate Latin Reader
by Kristin Masters

ENCHIRIDION PRESS
www.enchiridionpress.com

Copyright © 2019

ISBN-10: 1-946943-05-3
ISBN-13: 978-1-946943-05-7

All rights reserved. No part of this book may be reproduced or transmitted in any form or by any means, electronic or mechanical, including photocopying, recording, or by any information storage and retrieval system, without permission in writing from the publisher.

Acknowledgments

Troy on Trial would not be possible without the help of several people. First and foremost, my editor at Enchiridion Press, Jared Meyer, has transformed my manuscript into an amazing final product with his meticulously thorough edits and suggestions. This book would not have come into being without his superb insights and guidance.

This book is a testament to the love for Classical Studies that I gained through excellent educators and schools. From my first encounter with the *Aeneid* at Cumberland Regional High School to the professors at Dickinson College and my graduate advisors at Bryn Mawr College, I am grateful for the encouragement and guidance that I received as a student in their care. This book would not have been possible without them.

Troy on Trial could not have come into being without the assistance of free and readily available technology that supports scholarly endeavors worldwide. The Latin sources that I have used are available on Google Books, HathiTrust, The Latin Library, and Tuft University's Perseus Project. The entirety of the *Excidium Troiae* is free and uncopyrighted thanks to the generosity of the Mediaeval Academy of America. I also used the numerous references and resources in the final product, including Dickinson College Commentary's *Allen & Greenough's Latin Grammar*, University of Chicago's Logeion, LatDict, as well as Wikipedia and Pleiades for geographic information. Furthermore, Microsoft Excel made the impossible task of keeping track of the 3,000 word glossary manageable.

Most importantly, I would like to thank my family, whose unconditional and everlasting love and support sustains me. Words cannot express how much my parents and sister Rebekah have given me by believing in my dreams, and my cats Simon, Izzy, and Juno have helped me immensely with their furry antics. I dedicate this book to them.

Kristin Masters
August 2019

Introduction

The objective of this book is to develop the critical reading skills of intermediate Latin students through the evaluation and analysis of Trojan War source materials that encompass a broad range of points of view, biases, and evidence. By using the "eyewitness accounts" of later Latin works on the Trojan War, students will put various heroes "on trial" for their actions. Students will analyze various narrative accounts of the same event or "crime," looking for trends, inconsistencies, and evidence of author bias. *Troy on Trial* deliberately omits passages from "primary" texts of the Trojan War—the works of Homer, Virgil, and the corpus of Greek tragedy—which may be added at the discretion of the instructor.

How To Use This Book

This book may be used in its entirety throughout the course of a semester, or episodically as a supplement to the study of the Trojan War (i.e., Aeneid II). Students may be assigned all texts in a chapter, or passages may be distributed to individuals or groups, with remaining students serving on the "jury." Several chapters may be assigned at once, with half of the class preparing for one trial, and serving on the "jury" for the other trial. Additionally, individual passages can be assigned for comprehension, supplemental information, or enjoyment.

Trial Setup

Each trial should have three leaders: a prosecutor, a defender, and a judge. The charge will be read by the judge, while the prosecutor and defender will provide an opening statement. One student should be selected to present each "eyewitness" account; the prosecutor and defender will be able to cross-examine each eyewitness. Throughout the witness testimony, the judge will monitor the record-keeping and decorum of all parties. After cross-examining all of the witnesses, both the prosecutor and the defender will provide their closing statements, summarizing the facts and outlining their argument. Using the questions at the end of each chapter as well as the downloadable graphic organizers, the jury will discuss the evidence and make a verdict. (The graphic organizers can be downloaded free of charge from www.enchiridionpress.com/troyontrialresources).

Role	Responsibilities
Defender	- Creates an opening statement outlining their argument
- Cross-examines each eyewitness, focusing on elements that prove their case
- Creates a closing argument highlighting facts and elements that refute the charges and underscores reasonable doubt
Eyewitness	- Has a thorough understanding of their eyewitness testimony
- Answers questions and provides evidence during cross-examination
Judge	- Reads the charge of the trial
- Keeps record of the elements highlighted by the prosecutor and defender
- Maintains decorum of all parties throughout the trial
Jury	- Actively engaged throughout the trial
- Uses graphic organizer to evaluate evidence provided by both sides
- Discusses and analyzes evidence with peers
- Makes a final verdict on the case
Prosecutor	- Creates an opening statement outlining their argument
- Cross-examines each eyewitness, focusing on elements that prove their case
- Creates a closing argument highlighting facts and elements reinforced by numerous eyewitnesses

Setting a Precedent

Although it uses modern legal technical terms, *Troy on Trial* follows a rich tradition of rhetorical exercises known as *suasoriae*. During a *suasoria*, a well-known person or event of ancient history is used as a prompt for an extemporaneous deliberative speech. Similar to *controversiae* (deliberative exercises that use unusual and outlandish situations), these exercises were used by rising scholars and seasoned orators alike as practice for honing their skills in the courtroom.

In his work *Suasoriae*, Seneca the Elder preserves a number of speeches using Agamemnon's sacrifice of Iphigenia as the prompt. After he transcribes the speeches of several orators, Seneca then analyzes their argument. For example, he writes that

> Fuscus outlines the *suasoria* as follows: if sailing were not possible in any other way [than to sacrifice his daughter], Agamemnon shouldn't do it. Fuscus argues that it shouldn't be done because it would be homicide [*homicidium*] and parricide [*parricidium*], and he would lose more than he would gain: Helen would be gained, but Iphigeneia would be lost; an adulterer would be avenged, but parricide would be committed. Then Fuscus said that even if Agamemnon hadn't sacrificed his daughter, he would still set sail at some point, for the delay at Aulis was an act of nature, of the sea and the winds [and not the gods]; for the will of the gods is incomprehensible to people (*Suas.* 3.3).

Using the *suasoriae* of the past as its inspiration, *Troy on Trial* hopes to pique the interest of students with themes of the Trojan War as well as encourage their critical reading and thinking skills. Just as ancient Roman students would use Roman laws and legal terms in their *suasoriae* about the ancient past, modern students are encouraged to decide the parameters of each trial: will the defendant be charged according to modern laws against desecration of a human corpse, the Roman concept of *spolia*, or the Homeric ἑλώρια? Students who are already familiar with the primary sources of the Trojan War (the works of Homer and Virgil), are encouraged to use their knowledge of ancient culture to enhance the experience. However, bringing the trial into the modern world can be beneficial in fostering a dialogue about the impact of cultural *mores* on human behavior.

Assessments

Both formative and summative assessments should be used for each trial, covering the three modes of communication. These may included assessments of translation skills (interpretive), preparation/participation (interpersonal), as well as a reflection/research paper (presentational).

Materials:

The following resources are provided for each chapter:

- "Eyewitness" account texts (3 – 6 passages)
- Glossary of difficult/infrequent words for each passage
- Suggested questions for "cross-examination" of witnesses
- Blank, customizable graphic organizer for trial (downloadable PDF)

This textbook is meant to be a dictionary-free experience. Uncommon words are glossed after each passage and a complete glossary can be found in the appendices.

Questions are provided for each trial to assist students in evaluating the source material. It is recommended that students eventually use the blank graphic organizers to create their own trial experience.

Sources:

- **Dares and Dictys:** *Dictys Cretensis et Dares Phrygius De Bello Trojano.* Samuelis Artopoeius, ed. London: Delphini, 1825.
- **Excidium Troiae:** *Excidium Troiae.* Ed. E. Bagby Atwood and Virgil K. Whitaker. Cambridge, Massachusetts: Medieval Academy of America, 1944.
- **Hyginus:** *Hygini Fabulae.* Ed. Mauricius Schmidt. Jena: Hermannum Dufft (Libraria Maukiana): 1872.
- **Ilias Latina:** *Ilias Latina.* Fridericus Plessis, ed. Paris: Hachette 1885.
- **Lucretius:** Titi Lucreti Cari. *De Rerum Naturae.* Ed. Michael Fayus. Paris: Leonard, 1680.
- **Mapheius Vegius:** Maphei Vegi Laudensis. "Astyanax." *Opera, quæ hactenus haberi potuerunt; in duas partes distincta, quarum prior De educatione liberorum lib. 6. Aliaque soluta oratione conscripta, posterior poemata, et epigrammata complectitur.* Vol. 2. Paulli Bertoeti, 1613. P. 18-26.
- **Quintus Smyrnaeus:** *Praetermissorum ab Homero, Libri xiv graece cum versione Latine.* Trans. Laurentii Rhodomanni. London & Batavia: Joannem van Abcoude: 1734.
- **Vatican Mythographers:** *Classicorum Auctorum E Vaticanis Codicibus Editorum*, Vol. 3. Ed. Angelo Mai. Rome: Vatican, 1831.

Table of Contents

INTRODUCTION — iv

I. CAUSA BELLI

1. Discordia/Eris: Inciting the Trojan War — 2
2. Hecuba: Attempted Infanticide of Paris — 5
3. Venus: Trafficking Stolen Goods (Helen) — 8
4. Hercules: Abduction of Hesione — 11
5. Alexander/Paris: Abduction of Helen
   Helen: Theft of Dowry — 16
6. Odysseus/Ulysses: Child Endangerment (Achilles on Skyros) — 21
7. Agamemnon: Murder of Iphigenia — 25
8. Telephus: Abduction of Orestes — 31

II. BELLA, HORRIDA BELLA

1. Odysseus/Ulysses: Murder of Palamedes — 37
2. Achilles: Wrongful Death of Patroclus
   Agamemnon: Wrongful Death of Patroclus — 42
3. Alexander/Paris: Desertion from Battle — 52
4. Diomedes: Murder of Rhesus
   Odysseus/Ulysses: Murder of Rhesus — 55
5. Diomedes: Murder of Dolon
   Odysseus/Ulysses: Murder of Dolon — 58
6. Patroclus: Despoliation of Sarpedon — 61
7. Hector: Despoliation of Patroclus — 64
8. Achilles: Murder and Mutilation of Hector — 66
9. Achilles: Murder of Troilus — 73
10. Achilles: Despoliation of Penthesilea — 77
11. Achilles: Despoliation of Memnon — 82
12. Alexander/Paris: Murder of Achilles
    Polyxena: Murder of Achilles — 86
13. Odysseus/Ulysses: Wrongful Death of Ajax — 97
14. Diomedes: Child Endangerment (Neoptolemus Brought to Troy)
    Odysseus/Ulysses: Child Endangerment (Neoptolemus Brought to Troy) — 101

15. Odysseus/Ulysses: Depraved Indifference (Abandonment of Philoctetes)   104
  16. Oenone: Depraved Indifference (Death of Paris)   109

III. FUIT ILIUM

  1. Deiphobus: Trafficking Stolen Goods (Marrying Helen and Claiming her Dowry)   115
  2. Helenus: Treason   117
  3. Diomedes: Theft of Palladium
     Odysseus/Ulysses: Theft of Palladium   122
  4. Epeus: Destruction of Troy   124
  5. Sinon: Destruction of Troy   133
  6. Neptune: Murder of Laocoon   141
  7. Antenor: Treason   146
  8. Aeneas: Treason   151
  9. Ajax: Rape of Cassandra   158
  10. Neoptolemus/Pyrrhus: Murder of Priam   163
  11. Menelaus: Murder of Deiphobus   167
  12. Odysseus/Ulysses: Murder of Astyanax   170
  13. Neoptolemus/Pyrrhus: Abduction and Enslavement of Andromache   174
  14. Neoptolemus/Pyrrhus: Murder of Polyxena   178
  15. Polymnestor: Murder of Polydorus   183
  16. Odysseus/Ulysses: Abduction and Enslavement of Hecuba   188

APPENDICES

Appendix A: Latin-English Glossary   192
Appendix B: Index of Proper Nouns   232
Appendix C: The Origins of the Texts   238

I.
CAUSA BELLI

1.

Defendant: Discordia/Eris
Charge: Inciting the Trojan War

Witness #1   *Vat. Myth. Suppl. 2.160*

Cum Iupiter vellet Thetidem nympharum matrem ducere, Fata prohibuerunt eo quod proles, quae nasceretur, Iovem regno pelleret. Iupiter autem eam iunxit Peleo. Peleus igitur Thetidem ducens magnificum fecit convivium diis et deabus omnibus. Sola Discordia minime introducta est.
5 Quae ob hoc irata aureum pomum iactavit in convivium inter Venerem et Minervam et Iunonem, in quo erat scriptum: "Pulcherrimum donum pulcherrimae deae." Illis inter se iactantibus quae esset pulcherrima et cui pomum dari deberet, Paris filius Priami iudex intromissus formam Veneris Iunoni et Minervae praeferens aureum pomum ipsi vindicavit. Unde et
10 postea Veneris auxilio Spartam expugnando Helenam rapuit. Sed propter Paridis iudicium Iuno semper postea Troianis inimica fuit.

intromitto, -mittere, -misi, -missum: to send in, allow in
magnificus, -a, -um: splendid, magnificent
minime: not at all, least of all
pomum, -i: fruit

Witness #2   *Excidium Troiae p. 3*

Thetidem Iupiter amaverat, et dum sibi eam coniungere vellet consuluit. Et responsum est ei quod si sibi eam iungeret, si quis de eis nasceretur, Iovem de regno pelleret. Hoc metuens, Iupiter memoratam Thetidem
15 Peleo cuidam iuveni in matrimonium dedit et ei nuptias celebravit. Merito cena deorum appellata est; in qua cena fuerunt Iupiter, Neptunus, Apollo musarum deus, et Mercurius; necnon et tres deae, id est Iuno, Minerva, et Venus. Discordia vero, dea litis, ad ipsas nuptias vocata non est. Haec, dolore ducta, malum aureum subornavit, in quo scripsit: "Pulchriori deae
20 donum." . . . Et dum [deae][1] titulum scriptum in eodem malo intenderent,

---

1 Square brackets indicate information that has been added here to clarify the meaning of the source manuscript.

ubi scriptum fuit "Pulchriori deae donum," de pulchritudine sua contendere coeperunt.

id est: 'that is' ("i.e.")
lis, litis: strife, lawsuit, quarrel
merito: deservedly, worthily
Musa, -ae: muse (deity); *pl.* poetry, sciences
necnon: also, nor

nuptiae, -arum: marriage, wedding
pulchritudo, pulchritudinis: beauty
si quis, si quid: if some…, if any…
suborno, -are: to equip, adorn
titulus, -i: heading, title, inscription

Witness #3 *Hyginus 92*

Iovis, cum Thetis Peleo nuberet, ad epulum dicitur omnes deos convocasse excepta Eride, id est Discordia. Quae cum postea supervenisset nec
5 admitteretur ad epulum ab ianua misit in medium malum, dicit quae esset formosissima attolleret. Iuno Venus Minerva formam sibi vindicare coeperunt. Inter quas magna discordia orta Iovis imperat Mercurio, ut deducat eas in Ida monte ad Alexandrum Paridem, eumque iubeat iudicare. Cui Iuno, si secundum se iudicasset, pollicita est in omnibus terris eum
10 regnaturum divitem praeter ceteros praestaturum; Minerva, si inde victrix discederet, fortissimum inter mortales futurum et omni artificio scium; Venus autem Helenam Tyndarei filiam formosissimam omnium mulierum se in coniugium dare promisit. Paris donum posterius prioribus anteposuit Veneremque pulcherrimam esse iudicavit. Ob id Iuno et Minerva Troianis
15 fuerunt infestae. Alexander Veneris impulsu Helenam a Lacedaemone ab hospite Menelao Troiam abduxit eamque in coniugio habuit cum ancillis duabus Aethra et Thisadie.

The wedding feast of Peleus and Thetis. Joachim Wetzel, 1610.

abduco, -ducere, -duxi, -ductum: to kidnap, abduct, lead away, seduce
antepono, -ponere, -posui, -positum: to precede, prefer
artificium, -i: art, skill, technical ability
discordia, -ae: disagreement
epulae, -arum or epulum, -i: banquet
impulsus, -us: instigation, goading
nubo, -ere, nupsi, nuptum: to marry
posterius: the former
scius, -a, -um: knowledge, knowing
supervenio, -ire: to arrive
victrix, victricis: winner, victor

Gathering Facts and Evidence:
How do the witness accounts corroborate or refute the following claims?

- Jupiter desired Thetis

- Jupiter married Thetis to Peleus

- Peleus invited the gods to the wedding banquet

- Discordia was not invited to the wedding

- Discordia sent a golden apple to the wedding

- The apple incited a competition between the goddesses

- Discordia's behavior led to the Trojan War

2.

Defendant: Hecuba
Charge: Attempted Infanticide of Paris

Witness #1   *Vat. Myth. 1.3.212; 2.197*

Priamus ex Arisba filium vatem suscepit. Qui cum dixisset quadam nocte nasci puerum per quem Troia posset everti, contigit ut similiter parerent et Tymotae uxor et Hecuba quae Priami legitima erat. Sed Priamus Tymotae filium uxoremque iussit occidi.

5 Hecuba Cissei filia Priami regis uxor cum Paridis gravida esset, facem, qua urbs incenderetur, se parere vidit; quod cum Priamo narraret, intellexit puerum, qui nasceretur, causam futurum incendendae urbis. Quem genitum pater cum interire iussisset, mater pastori furtim transmisit alendum. A quo nutritus adeo fortis est factus ut in Troiae agonali certamine
10 superaret omnes, et ipsum Hectorem: qui cum iratus in Paridem stringeret gladium, dixit ille se eius esse germanum. Quod cum mirum videretur, allatis crepundiis eius frater est probatus et a patre in fratrum consortia receptus.

agonal, agonalis: festival
consortia, -ae: companionship, household
crepundia, -orum: birth tokens inscribed with the names of the parents
furtim: secretly
germanus, -a, -um: sibling
gravida, -ae: pregnant
intellego (-ligo), intellegere (-ligere), intellexi, intellectum: to know, learn
intereo, -ire: to die, perish
legitimus, -a, -um: lawful, proper, legitimate
mirus, -a, -um: wonderful, strange
nutrio, -ire and nutrior, -iri: to nourish, raise, support
subverto, -vertere, -verti, -versum: to overthrow
transmitto, -ere, -misi, -missum: to send, transfer, betray

Witness #2   *Excidium Troiae p. 3-4*

Iste Paris filius fuit Priami Regis Troianorum, de Hecuba regina natus;
15 quem dum regina adhuc pregnans in utero haberet per somnium vidit se peperisse flammam, quae totam Troiam circuit et eam incendit. Quae dum

templa consuleret, quidnam talis visio esset, responsum est ei quia si quis de ea nasceretur, per ipsum Troia periret—quod et contigit. Hoc metuens, dum eum peperisset, pro augurio, ut per ipsum omne augurium a Troia tolleretur, ancillis praecepit ut eum extra urbem in montem proicerent—
5 quod et factum est. Et dum ab ancillis proiectus fuisset, a quodam pastore qui in eodem monte fuit collectus est, et ab eo nutritus est. Qui dum adolesceret, . . . inter alios pastores coepit opinatissimus esse.

adolesco, -ere, adolevi, adultum: to grow up
augurium, -i: prophecy, omen
circueo, -ire: to surround
opinatus, -a, -um: fancied, well thought of
pr(a)egnans, -ntis: pregnant

quisnam, quidnam: who, what, how on earth
si quis, si quid: if some…, if any…
somnium, -i: dream, vision
uterus, -i: womb, stomach
visio, visionis: vision, dream, prophecy

Witness #3 — *Hyginus 91*

Priamus Laomedontis filius cum complures liberos haberet ex concubitu Hecubae Cissei sive Dymantis filia, uxor eius praegnans in quiete vidit se
10 facem ardentem parere, ex qua serpentes plurimos exisse. Id visum omnibus coniectoribus cum narratum esset, imperant quicquid pareret necaret, ne id patriae exitio foret. Postquam Hecuba peperit Alexandrum, datur interficiendus. Quem satellites misericordia exposuerunt, <eum>[2] pastores pro suo filio repertum expositum educarunt eumque Parim nominaverunt.

complures, -ium: several, many
concubitus, -us: marriage, wedlock, concubinage
coniector, coniectoris: interpreter

id est: 'that is' ("i.e.")
quicquid: whatever
satelles, -itis: servant, guard

Witness #4 — *Dictys 3.26*

15 [Priamus ait:] Namque Hecubam foetu eo gravidam, facem per quietem edidisse visam, cuius ignibus flagravisse Idam, ac mox continuante flamma deorum delubra concremari, omnemque demum ad cineres collapsam civitatem, intactis inviolatisque Antenoris et Anchisae domibus. Quae denuntiata cum ad perniciem publicam spectare haruspices praecinerent,
20 internecandum editum partum placuisse. Sed Hecubam more femineo,

---

[2] Angle brackets indicate information that was bracketed in the source manuscript.

causa miserationis, clam alendum pastoribus in Idam tradidisse. Eum iam adultum, cum res palam esset, ne hostem quidem quamvis saevissimum ut interficeret, pati potuisse: tantae scilicet fuisse eum pulchritudinis atque formae. Quem coniugio deinde Oenonae iunctum, cupidinem cepisse visendi regiones, atque regna procul posita. Eo itinere abductam Helenam, urgente atque instigante quodam numine, cunctorum civium animis, sibi etiam laetitiae fuisse. . . .

abduco, -ducere, -duxi, -ductum: to kidnap, abduct, lead away, seduce
adultus, -a, -um: adult
collabor, -labi, -lapsus sum: to fall down, collapse
concremo, -are: to burn
conflagro, -are: to burn, blaze up, alight
continuo, -are: to unite, link up
delubrum, -i: shrine, temple, sanctuary
denuntio, -are: to announce
edo, -ere, edidi, editum: to produce, give birth to
femineus, -a, -um: womanly

foetus, -us: offspring, fetus
haruspex, haruspicis: prophet, priest
instigo, -are: to incite, goad, instigate
intactus, -a, -um: untouched, unharmed
interneco, -are: to exterminate, destroy
inviolatus, -a, -um: unharmed
miseratio, miserationis: pity, sympathy
partus, -us: offspring, child
pernicies, -iei: destruction, death
praecino, -ere, -cini: to prophesy, predict
pulchritudo, pulchritudinis: beauty
viso, -ere, visi, visum: to look at, see, watch

Gathering Facts and Evidence:
How do the witness accounts corroborate or refute the following claims?

- Hecuba dreamt of giving birth to a torch

- Hecuba wanted to kill the child

- The interpreters wanted to kill the child

- Priam ordered the child to be killed

- Hecuba ordered the child to be killed

- Hecuba ordered the child to be exposed

3.

Defendant: Venus
Charge: Trafficking of Stolen Goods (Helen)

Witness #1   *Excidium Troiae p. 4-5*

Ad Paridem Iuno, Minerva, et Venus venerunt; et dum ei malum aureum offerrent, dixerunt: "Lege titulum, et quod tituli scriptura continet inter nos iudica." Ille vero accepto malo eas distulit et iudicium comperendinavit. Quia dum iudicium dilatum fuisset, <u>uti habet vulgus</u> "Quid das ut vincas?"
5 secretim utraeque ut nemo de se sentiret ad Paridem ingrediuntur. <u>Quid multa?</u>

Primum Minerva ingressa est et Paridi dixit: "Ego consanctio arma tua ut quotienscumque cum aliquo dimicare volueris te victorem faciam et me iudica pulchriorem." Cui ille ita promisit et discessit, promissum ei
10 retinens.

Accedens deinde Iuno ad eundem Paridem ingressa est. Et ipsa iam ei promisit duplicari foetus armentorum suorum ut geminos parerent, et iudicaret eam pulchriorem. Etiam ipsi promisit, quia Iuno dea connubii et foetus appellatur, sicut Minerva dea armorum et pugnae appellatur, et
15 discessit.

Postea vero Venus amicta pallio blatteo <nuda> tenens ante se duobus digitis pallium ad eum ingressa est, et dum ante eum staret, dimisso pallio nuda ei apparuit. Quae Paridi sic dixit: "Ego tibi dabo pulchriorem uxorem et me iudica pulchriorem." Ille vero videns speciem deae vel virginis, ut
20 habet aetas iuvenilis, furore amoris incensus ei dixit: "Te iudico inter omnes pulchriorem," et discessit.

Ergo venit dies statuta ut ad iudicium eius venirent, et malum aureum Veneri tradidit. Ille vero, videntes se despectas vel abiudicatas, exierunt cum magno dolore. . . . Quod iudicium fecit ut adversus Troiam iracundia
25 dearum suscitaretur, ut adimpleretur quod per somnium regina viderat, quia per Paridem Troia periret. Ille vero, id est Iuno et Minerva, dum

de iudicio Paridis abiudicatae discesserunt, coeperunt cogitare qualiter Troia periret. Venus vero, pro qua iudicium fuerat, etiam ipsa ut Paridi promissum impleret, coepit de coniugio eius cogitare.

abiudico, -are: to judge against
adimpleo, -ere: to fulfill
amicio, -ire, amicui, amictum: to clothe
armentum, -i: cattle
blatteus, -a, -um: purple
comperendino, -are: to postpone a trial; adjourn
connubium, -i: marriage, wedding
consanctio, -ire: to pledge
despicio, -spicere, -spexi, -spectum: to regard, look down from, despise
duplico, -are: to double, duplicate
foetus, -us: offspring, fetus
gemini, -ae, -a: twin

id est: 'that is' ("i.e.")
iracundia, -ae: wrath, anger
iuvenilis, -e: young
pallium, -i: cloak, covering
promissum, -i: promise
qualiter: how
quid multa?: 'Why say more?'
quotienscumque: whenever
scriptura, -ae: writing, inscription
secretim: secretly
somnium, -i: dream, vision
suscito, -are: to stir up, excite, arouse
titulus, -i: heading, title, inscription
uti habet vulgus: 'as they say'

Witness #2 — *Hyginus 92*

(See *Hyginus 92*, page 3)

Helen and Paris. Apulian red-figure bell-krater, ca. 380-370 B.C.

Witness #3 *Dares 7*

[Alexander ait:] in deorum benignitate se confidere... nam sibi [Alexandro] in Ida silva cum venatum abisset, in somnis Mercurium adduxisse Iunonem, Venerem, et Minervam, ut inter eas de specie iudicaret. Et tunc sibi Venerem pollicitam esse, si suam speciem meliorem harum specie iudicaret, daturam
5　se ei uxorem, quae in Graecia speciosior forma videretur: ubi ita audisset, optimam facie Venerem iudicasse: unde sperare coepit Priamum Venerem adiutricem Alexandro futuram.

adiutrix, adiutricis: helper, assistant **venor, -ari, venatus sum:** to hunt
speciosus, -a, -um: beautiful

Gathering Facts and Evidence:
How do the witness accounts corroborate or refute the following claims?

- Paris judged the goddesses in a dream

- Paris judged the goddesses in person

- Juno offered Paris a bribe

- Minerva offered Paris a bribe

- Venus offered Paris a bribe

- Helen, although married, was offered as a bribe

- Paris judged in favor of Venus

4.

Defendant: Hercules
Charge: Abduction of Hesione

Witness #1   *Vat. Myth. Suppl. 2.204*

Hercules . . . Troiam ex improviso venit, urbem expugnavit, Laomedontem regem interfecit eiusque filiam Hesionam iure belli sublatam comiti Telamoni, qui primus ascenderat murum, tradidit, unde est natus Teucer, nam Aiacem ex alia constat esse natum. Tunc Hercules Priamum quidem
5 redemptum a vicinis hostibus in paterno regno locavit. Postea cum excessisset e vivis Hercules, Priamus, volens repetere sororem profectus est cum legatis Salaminam, ubi constabat illam regnare, et minime eam repetere valuit Graecis dicentibus se iure bellorum eam habere. Unde iratus Priamus misit Paridem cum exercitu ut aliquid tale abduceret aut uxorem
10 regis aut filiam. Qui in Graeciam veniens interpellare coepit Helenam Menelai uxorem, quae cum ei consentire noluisset, egressus ille civitatem obsedit, qua eversa Helenam rapuit, unde postea a marito recipi meruit. Hoc dolore commoti Graeci congregatis quibusque fortibus Graecis Troiam obsederunt et decimo demum anno expugnaverunt.

congrego, -are: to assemble, flock together
consentio, -sentire, -sensi, -sensum: to agree, resolve
constat, constare, constitit, constatum: *impersonal* it is agreed; it is well known
decimus, -a, -um: tenth
everto, -vertere, -verti, -versum: to overthrow
excresco, -crescere, -crevi, -cretum: to grow up
ex improviso: unexpectedly
interpello, -are: to interrupt, disturb, disrupt
minime: not at all, least of all
obsido, -ere, -sedi, -sessum: to beseige, blockade
paternus, -a, -um: fatherly
redimo, -ere, -emi, -emptum: to redeem, restore

Witness #2   *Vat. Myth. 1.2.136*

Laomedon rex fuit Troianorum pater Priami, qui petiit Neptunum et Apollinem ut aedificarent Troiam, promissa mercede. Quam cum ipsi

aedificassent, mentitus est munera, unde indignatus Apollo pestilentiam eis immisit, Neptunus cetum maximum. Super quibus dum consuleretur Apollo, respondit contraria dicens omnes filias eius ceto esse opponendas qui totam civitatem devastabat. Tunc superveniens Hercules, dum Colchos
5 peteret, Hesionam filiam ipsius petiit in coniugium, quam ille ei promisit si a ceto posset eam liberare. Hercules interfecto ceto coniugem sibi promissam petiit, sed ille mentitus est unde indignatus Hercules Troiae muros destruxit et Hesionam cuidam socio suo Telamoni dedit, ex qua natus est Teucer, nam Aiacem ex alia constat esse natum. Tunc Hercules
10 Priamum redemptum a sociis in paterno regno locavit.

cetus, -i: toothed whale, monster
constat, constare, constitit, constatum: *impersonal* it is agreed; it is well known
contrarius, -a, -um: opposite, unfavorable
destruo, -struere, -struxi, -structum: to destroy, dismantle
devasto, -are: to destroy

indignor, -ari: to be offended
mentior, -iri, -itus sum: to lie, deceive
merces, mercedis: wages, pay, bribe
oppono, -ponere, -posui, -positum: to oppose, set against
pestilentia, -ae: plague
supervenio, -ire: to arrive

Witness #3   *Excidium Troiae p. 7*

Et dum ista geruntur contigit ut rex Priamus pater eorum in consistorio suo cum filiis suis—id est, Hectore, Paride, vel aliis—de captivitate Hesionae sororis suae, quae temporibus Laomedontis regis patris eius a Graecis captivata fuerat, disputaret. Quos sic alloquitur, dicens, "Pergat
15 unus vestrum in navibus cum exercitu magno ad partes Graecorum, et Hesionam amitam vestram huc exinde liberet."

Paris vero, sciens sibi de Graecia a Venere uxorem fuisse promissam, patri suo regi respondit, dicens, "Iube mihi naves cum exercitu vel signo parari ut iussionem regis adimpleam."

20 Quid multa? Iussio regis adimpleta est et naves cum exercitu praeparatae sunt.

adimpleo, -ere: to fulfill
alloquor, -loqui, -locutus sum: to address, speak
amita, -ae: aunt
captivo, -are: to capture, enslave
captivitas, captivitatis: capture, slavery

consistorium, -i: assembly
disputo, -are: to dispute, discuss, argue
exin or **exinde:** thereafter
id est: 'that is' ("i.e.")
iussio, iussionis: order, command
quid multa?: 'Why say more?'

Witness #4 — *Hyginus 89*

Neptunus et Apollo dicuntur Troiam muro cinxisse. His Rex Laomedon vovit quod regno suo pecoris eo anno natum esset immolaturum. Id votum avaritia fefellit: alii dicunt parum promisisse. Ob eam rem Neptunus cetum misit qui Troiam vexaret. Ob quam causam rex ad Apollinem
5   misit consultum. Apollo iratus ita respondit: si Troianorum virgines ceto religatae fuissent finem pestilentiae futuram. Cum complures consumptae essent et Hesiones sors exisset et petris religata esset, Hercules et Telamon, cum Colchos Argonautae irent, eodem venerunt et cetum interfecerunt, Hesionemque patri pactis legibus reddunt, ut
10 cum inde rediissent secum in patriam eam abducerent et equos qui super aquas et aristas ambulabant. Quod et ipsum Laomedon fraudavit neque Hesionem reddere voluit. Itaque Hercules ad eos navibus comparatis ut Troiam expugnaret venit et Laomedontem necavit et Podarci filio eius infanti regnum dedit, qui postea Priamus est appellatus.... Hesionem
15 reciperatam Telamoni concessit in coniugium, ex qua natus est Teucer.

abduco, -ducere, -duxi, -ductum: to kidnap, abduct, lead away, seduce
arista, -ae: grain
avaritia, -ae: greed, vice
complures, -ium: very many
eodem: to the same place
fraudo, -are: to embezzle, steal, renege on offer
immolo, -are: to sacrifice
pactum, -i: agreement, marriage
petra, -ae: rock
recipero, -are: to restore, return
religo, -are: to tie up, bind
voveo, -ere, vovi, votum: to dedicate, consecrate, vow

Witness #5 — *Dares 2, 3, 4, 6, 7, 10, 11*

Iason ut ad Phrygiam [cum Argonautis] venit, navem admovit ad portum Simoenta: deinde omnes exierunt de navi ad terram. Laomedonti regi Troianorum nuntiatum est mirandam navim in portum Simoenta intrasse et in ea iuvenes de Graecia advectos esse. Ubi audivit Laomedon rex,
20 commotus est: et consideravit commune periculum [esse].... Mittit itaque ad portum qui dicant ut Graeci de finibus eius discedant, et si non dicto obaudissent, tum sese armis eiecturum de finibus. Iason et qui cum eo venerant graviter tulerunt crudelitatem Laomedontis sic se ab eo tractari, cum nulla ab illis iniuria facta essent....

25 Hercules [quoque] graviter tulit a rege Laomedonte contumeliose sese tractatum.... Hercules ad Troiam ierat, et imprudentes qui erant in oppido

oppugnare coepit. Quod ubi Laomedonti regi nuntiatum est, oppidum ab hostibus oppugnari Ilium, ilico revertitur et in itinere obvius Graecis factus, ab Hercule occiditur. Telamon primus oppidum Ilium intravit: cui Hercules virtutis causa Hesionam Laomedontis regis filiam dono dedit.
5 Laomedontis filii qui cum eo erant occiduntur. Priamus in Phrygia erat, ubi eum Laomedon eius pater exercitui praefecerat. Hercules et qui cum eo venerant, praedam magnam fecerunt, et ad naves deportaverunt. Inde domum proficisci decreverunt. Telamon Hesionam secum convexit.

Hoc ubi Priamo nuntiatum est, patrem occisum, cives direptos, praedam
10 avectam, Hesionam sororem dono datam, graviter tulit tam contumeliose Phrygiam tractatam esse a Graiis. Ilium petit cum Hecuba uxore et liberis Hectore, Alexandro, Deiphobo, Heleno, Troilo, Andromacha, Cassandra, Polyxena. . . . Ut visum est ei patris iniurias ulcisci, Antenorem vocari iubet, dicitque ei velle se eum legatum in Graeciam mittere, ut cum graves
15 sibi iniurias ab his qui cum exercitu venerant, factas in Laomedontis patris nece et in abductione Hesionae pertulisset, omnia tamen aequo animo passurum, si Hesiona ei redderetur.

Hortatusque est Priamus liberos suos ut huius rei principes forent maxime Hectorem, erant enim <u>maior natu</u>. Qui coepit dicere, velle se
20 quidem voluntatem patris exequi, et Laomedontis avi sui necem ulcisci, et quascumque iniurias Graeci Troianis fecissent, ne impunitum id Graiis foret, sed vereri, ne non perficere possent quod conati essent. . . .

Alexander cohortari coepit, ut classis praepararetur et in Graeciam mittatur: se rei huius principem futurum, si pater vellet: in deorum benignitate
25 se confidere, victis hostibus laude adepta de Graecia domum rediturum esse. . . . Interea Alexander ad patrem suum cum praeda [Helena] pervenit, et rei gestae ordinem refert. Priamus gavisus est, sperans Graecos causa recuperationis Helenae sororem Hesionam reddituros, et ea quae inde a Troianis abstulerant. Helenam maestam consolatus est, et eam Alexandro
30 coniugem dedit.

abductio, abductionis: abduction, kidnapping
adipiscor, adipisci, adeptus sum: to gain, win, obtain
admoveo, -movere, -movi, -motum: to move, approach
aveho, -vehere, -vexi, -vectum: to take away
benignitas, benignitatis: grace, goodwill
cohortor, -ari: to admonish, counter
considero, -are: to consider, suppose, reckon
consolo, -are and consolor, -ari: to console, comfort
contumeliosus, -a, -um: outrageous, rude
conveho, -vehere, -vexi, -vectum: to bring, carry off

decerno, -cernere, -crevi, -cretum: to determine, decide, decree
deporto, -are: to bring, carry
deripio, -ripere, -ripui, -reptum: to seize, kidnap, take
exsequor, -sequi, -secutus sum: to maintain, execute, accomplish
graviter fero, ferre, tuli, latum: to be upset
ilico: immediately

imprudens, -ntis: foolish
impunitus, -a, -um: unavenged
maior natu: 'elder by birth'
mirandus, -a, -um: wonderful, strange
nex, necis: death, murder
obaudio, -ire: to obey, listen to
recuperatio, recuperationis: return, recovery
tracto, -are: to deal, handle, treat
ulciscor, -i, ultus sum: to avenge

Gathering Facts and Evidence:
How do the witness accounts corroborate or refute the following claims?

- A misunderstanding led to battle between the Greeks and Trojans

- Hercules attacked Troy

- Hesione was captured by the Greeks

- Hesione was offered to the monster

- Hercules rescued Hesione

- Hercules was cheated out of his marriage with Hesione

- Hercules killed Laomedon to punish his wrongdoing

- Hercules gave Hesione to Telamon

5.

Defendant #1: Alexander/Paris
Charge: Abduction of Helen

Defendant #2: Helen
Charge: Theft of Dowry

Witness #1   *Excidium Troiae p. 7-9*

Paris vero cum exercitu in navibus ad Graeciam perrexit, in qua provincia eodem tempore regnabant Agamemnon et Menelaus. Qui Menelaus habuit uxorem nimium pulcherrimam nomine Helenam. . . .

Dum ibi Paris in eadem provincia venisset, ita contigit ut Agamemnon
5 et Menelaus de urbibus suis ubi regnabant sine mulieribus absentes fuissent. Reginae vero absentibus regibus viris suis <u>gestatu</u> foris ab urbibus in suburbanis cum familiis suis super ora maris exierunt. In quibus locis ita provenit ut Paris cum suis de navibus ad terram descenderet, quia iam eum nuntius Veneris precesserat et Helenam reginam furore amoris
10 sagittaverat.

Contigit ut ipsa Helena Paridem ornatum cultu regali super ora maris decontra videret. Et quia iam amore eius serpita fuerat, nuntios ad eum mandavit, dicens si aliquod ornamentum quod reginae placeat <u>in venalibus</u> possit ferre. Paris vero etiam ipse decontra reginam aspiciens,
15 furore amoris eius accensus recommemoratus est quod promisso Veneris ipsam poterat ducere uxorem.

Nuntiis reginae respondit: "Portamus tale ornamentum quod reginae placere possit."

Nuntii vero reginae responsum Paridis nuntiaverunt. Illa vero iterato
20 nuntios remisit, mandans ut si quod magnum in ornamentis portabant ad palatium reginae ferrent. Paris vero mutato habitu cum ornamentis ad palatium perrexit.

Et dum reginae ornamenta ostenderet, serpita amore eius videns speciem vel formam tantae iuventutis sic ei respondit: "Vellem regem vestrum secretim videre, quia nimium ex quo eum super ora maris vidi amore eius accensa sum."

5 Cui Paris sic respondit: "Regem quem dicis ecce assum. Sed ne agnitus fuissem ornatum regis deposui et in isto habitu ad te veni. Nam et ego ex quo te vidi amore tuo accensus sum."

Cui illa respondit: "Quisnam es tu?"

Ille dixit: "Filius Priami Regis Troianorum."

10 Regina dixit: "Et quae te ratio fecit ad nostram provinciam venire?"

Paris respondit "Monitio deae Veneris, quae sic mihi promisit dehinc accepturum uxorem."

Regina respondit: "Vellem, si etiam et tu vis, me hinc uxorem duceres."

Paris dixit: "Quomodo fieri potest, cum sis uxor regis, ut te uxorem 15 accipiam?"

Helena dixit, "Tantum ut tuus animus velit. Nam ex quo te vidi intollerabilis me amor tuus possedit, quod si me uxorem non duxeris, amore tuo moriar."

Paris dixit: "Et quomodo hoc fieri potest ut de domo regia exeas?"

20 Helena respondit: "Sunt mihi de familia mea famuli fidelissimi qui cum thesauris vel omnibus ornamentis hora noctis silentissima de palatio exeant, tantum ut cum nave ad ora maris paratus sis."

Paris dixit: "Et si hoc placet reginae compleatur desiderium utrorumque." <u>Quid plura?</u>

25 Discedente Paride regina servos suos fidelissimos ad se vocari iussit, quos secretim ita allocuta est ut thesauros vel ornamenta occulte colligerent et ad horam constitutam parati essent. Venit hora, et Paris cum navibus ad litus iunxit. Regina vero cum thesauris vel ornamentis suis de palatio ad navim descendit et cum Paride navigavit. Et coniunctio Veneris sicut 30 antea promiserat apud eos celebrata est. <u>Quid multa?</u>

absens, -ntis: absent
alloquor, -loqui, -locutus sum: to address, speak
assum, -esse, -fui: to be present
coniunctio, coniunctionis: marriage, wedding
decontra: opposite, against, facing
dehinc: here, henceforth
desiderium, -i: desire, wish, longing
famulus, -i: slave, personal attendant, butler
foras or **foris:** outdoors
gestatu: 'on an excursion'
habitus, -us: clothes
in venalibus: 'for sale'
intollerabilis, -e: intolerable
iterato: again, once more
monitio, monitionis: warning, command
occulte: secretly
ornamentum, -i: decoration, ornament
ornatus, -a, -um: dressed, decorated
ornatus, -us: adornment, attire

palatium, -i: palace
possideo, -sidere, -sedi: to occupy, possess
pr(a)ecedo, -cedere, -cessi, -cessum: to precede
promissum, -i: promise
provenio, -ire: to occur
quid multa?: 'Why say more?'
quid plura?: 'Why say more?'
quisnam, quidnam: who, what, how on earth
recommemoro, -are: to bring to mind, recall
regalis, -e: royal, regal
sagitto, -are: to shoot, wound by arrow
secretim: secretly
serpitus, -a, -um: creeping
si quis, si quid: if some…, if any…
silens, -ntis: silent, quiet
suburbanus, -a, -um: suburbs
thesaurus, -i: treasure

Witness #2 *Hyginus 92*

(See *Hyginus 92*, page 3)

Witness #3 *Dares 10*

At vero Helena Menelai uxor, cum Alexander in insula Cytherea esset, placuit ei eo ire. Qua de causa ad litus processit, ubi Dianae et Apollinis fanum est. Ibi rem divinam Helena facere disposuerat. Quod ubi nuntiatum est Alexandro Helenam ad mare venisse, conscius formae suae in conspectu eius
5 ambulare coepit cupiens eam videre. Helenae nuntiatum est Alexandrum Priami regis filium ad oppidum, ubi Helena erat, venisse. Quem etiam ipsa videre cupiebat. Et cum se utrique respexissent, ambo forma sua incensi, tempus dederunt ut gratias referrent. Alexander imperat, omnes ut in navibus sint parati: nocte classem solvant, de fano Helenam eripiant,
10 secum eam auferant. Signo dato fanum invaserunt, Helenam inviolatam eripiunt, in navem deferunt et cum ea mulieres aliquas depraedantur.

depraedor, -ari: to plunder, kidnap
fanum, -i: shrine, temple

gratiam refero, -ferre, tuli, -latum: to enjoy each other's company
qua de causa: for this reason

Witness #4 — *Dictys 1.3, 7*

Per idem tempus Alexander Phrygius, Priami filius, cum Aenea aliisque ex consanguinitate comitibus, Spartae in domum Menelaei hospitio receptus, indignissimum facinus perpetraverat. Is namque ubi animadvertit regem abesse, quod erat Helena praeter ceteras Graeciae feminas miranda specie
5 amore eius captus, ipsamque et multas opes domo eius aufert, Aethram quoque et Clymenam Menelai affines, quae ob necessitudinem cum Helena agebant.

Interim paucis post diebus Alexander cum supra dictis comitibus venit Helenam secum habens. Cuius adventu, in tota civitate cum partim
10 exemplum facinoris exsecrarentur, alii iniurias in Menelaum admissas dolerent, nullo omnium adprobante, postremo cunctis indignantibus tumultus ortus est.

adprobo, -are: to approve
affinis, affinis: relative
consanguinitas, consanguinitatis: kinship, relationship by blood
exsecror, -ari: to curse
indignor, -ari: to be offended

mirandus, -a, -um: wonderful, strange
necessitudo, necessitudinis: connection, kinship
perpetro, -are: to perform, accomplish
postremo: finally, behind

Abduction of Helen. Etruscan alabaster cinerary urn, ca. 1st-2nd c. A.D.

Gathering Facts and Evidence:
How do the witness accounts corroborate or refute the following claims?

- Venus ordered Paris to abduct Helen

- Menelaus was away from home

- Paris and Helen met at the beach

- Paris tricked Helen

- Paris and Helen loved each other

- Helen left willingly

- Helen left with slaves and treasure

- Paris abducted Helen by force

- Paris kidnapped Helen from a temple

- Paris's actions caused a riot

6.

Defendant: Odysseus/Ulysses
Charge: Child Endangerment (Achilles on Skyros)

Witness #1   *Excidium Troiae p. 9-10*

Agamemnon vero et Menelaus Troiam cum mille navibus et decem ducibus obsederunt, ubi foras muros templum Minervae constituerunt, et consuluerunt quidnam eis futurum esset. Responsum est eis nisi per Achillem Pelei et Thetidis filium nullo modo posse Troiam adiri. Et ceperunt
5 cogitare ubinam poterat esse iste Achilles, et quia fama hoc habuit quia in domo Licomedis regis in parthenos inter filias regis, id est Diadamiam vel alias, secretim habebatur, Odisseus et Diomedes acceptis ornamentis virginum vel armis ad Licomedem regem in similitudine legatorum, ac veluti ab Agamemnone et Menelao directi, pergunt, ubi venientes tale
10 mendacium finxerunt, dicentes, "Petunt te Agamemnon et Menelaus reges nostri ut eis auxilium ad Troiam des."

Quibus ille respondit: "Tractemus et vobis responsum dabimus." Illi dixerunt, "Si precipis offeremus munera, iube ut infantes salutemus."

Rex dixit: "Salutentur a vobis infantes, et munera quae portatis eis offerte."

15 Odisseus vero et Diomedes accepto scuto ornamenta quae virginibus competunt composuerunt necnon et sagittas, et ad filias regis sicut praeceptum fuerat ingressi sunt. Inter quas etiam Achilles in similitudinem virginis fuit, rege patre earum ignorante quia vir fuit, quoniam in similitudinem virginis illi a matre sua commendatus fuerat. Quas Odisseus
20 et Diomedes cum muneribus salutaverunt, et dum singulae virgines unaquaeque ad ornamenta manum mitterent, Achilles vero non tulit nisi tantummodo sagittam, quam digitis repercutiens ab Odisseo et Diomede agnitus est. Et continuo Diomedes tuba cecinit. Achilles vero dum tubam canere audivit, furia armorum invasus, scutum et hastam in manu cepit, et
25 caligam de pede eius exuit. Cui Odisseus et Diomedes dixerunt: "Iusserunt te Agamemnon et Menelaus reges una nobiscum ad Troiam venire, quia sic eis responsum est, quoniam per te Troiam poterit adiri."

Hoc cum Diadamia filia regis, quam occulte pregnaverat et de ea postea Pyrrhum genuerat, vidisset quia Achilles ad Troiam ducitur, ad pedes eius cum filio suo Pyrrho se prostravit. Quae ita deprecata est ne eam dimitteret. Achilles vero Diadamiam vel Pyrrhum filium suum Licomedi regi
5 commendavit, ne ab eo negaretur, et cum Odisseo vel Diomede ad Troiam profectus est. Quem honorifice Agamemnon et Menelaus susceperunt, et coepit una cum eis in exercitu Troiam obsidere.

caliga, -ae: sandal
commendo, -are: to entrust
competo, -petere, -tivi, -titum: to pertain to, be appropriate for
deprecor, -ari: to pray, beg
exuo, -uere, -ui, -utum: to strip, remove clothes
foras or **foris:** outdoors
furia, -ae: rage, madness
honorificus, -a, -um: respectfully, honorably
id est: 'that is' ("i.e.")
in parthenos: 'like a maiden'
mendacium, -i: lie
necnon: also, nor
obsido, -ere, -sedi, -sessum: to beseige, blockade
occulte: secretly
ornamentum, -i: decoration, ornament
pregno, -are: to become pregnant
prosterno, -sternare, -stravi, -stratum: to strike down, overthrow, lay prostrate
quisnam, quidnam: who, what, how on earth
repercutio, -cutere, -cussi, -cussum: to strike
saluto, -are: to welcome, greet
secretim: secretly
similitudo, -inis: likeness, imitation
tracto, -are: to deal, handle, treat
tuba, -ae: trumpet
ubinam: where on earth
unaquaeque: each, individually

Witness #2   *Hyginus 96*

Thetis Nereis cum sciret Achillem filium suum quem ex Peleo habebat, si ad Troiam expugnandam isset, periturum commendavit eum in insulam
10 Scyron ad Lycomedem regem. Quem ille inter virgines filias habitu femineo servabat nomine mutato: nam virgines Pyrrham nominarunt quoniam capillis flavis fuit et graece rufum πυρρὸν [pyrrhon] dicitur. Achivi autem cum rescissent ibi eum occultari ad regem Lycomedem oratores miserunt qui rogarent ut eum adiutorium Danais mitteret. Rex cum negaret apud
15 se esse potestatem eis fecit ut in regia quaererent. Qui cum intelligere non possent quis esset earum, Ulysses in regio vestibulo munera feminea posuit, in quibus clipeum et hastam et subito tubicinem iussit canere armorumque crepitum et clamorem fieri iussit. Achilles hostem arbitrans adesse vestem muliebrem dilaniavit atque clipeum et hastam arripuit. Ex hoc est cognitus,
20 suasque operas Argivis promisit et milites Myrmidones.

adiutorium, -i: help, assistance
arripio, -ripere, -ripui, -reptum: to seize, snatch
crepitus, -us: clash, clang
dilanio, -are: to rip apart
femineus, -a, -um: womanly, woman's
flavus, -a, -um: golden, blond
graece: 'in Greek'
habitus, -us: clothes

intellego (-ligo), intellegere (-ligere), intellexi, intellectum: to know, learn
muliebris, -e: womanly, woman's
Nereis, -idis: Nereid, sea nymph
occulto, -are: to hide, conceal
rescisco, -sciscere, -scii, -scitum: to learn
rufus, -a, -um: red, reddish blond
tubicen, tubicinis: trumpeter
vestibulum, -i: courtyard

Witness #3   *Quintus 7.226-230; 7.237-8; 7. 241-251*

Cum ergo [Ulysses, Diomedes, et Neoptolemus] in magnificas aedes,
    aulamque pulcherrimam, venissent
Invenerunt Diadamiam animi sese angentem
Et liquescentem, velut nix liquitur in montibus
5 Vi Euri striduli, et solis numquam cessantis,
    Ita haec contabescebat, post casum illustris mariti. . . .
Mox cenam sumpserunt, et somno animum reficiunt
Omnes, qui Scyri solum incolebant. . . .
Verum pulchram Diadamiam somnus non cepit,
10 Dum fraudulentum Ulyssis nomen recordatur,
    Necnon semidei Diomedis, qui duo ipsam
    Achille, bellorum studioso, viduassent,
    Intrepidum illius animum adhortati, ut una iret
    Ad bellum hostile: cui inevitabile fatum obvenisset,
15 Eiusque reditum infregisset. Unde infinitum luctum
    Peleo genitori et ipsi Diadamiae conciliaverat.
    Ideo incredibilis animum eius metus tenebat,
    Filio ad belli discrimen festinante,
    Ne sibi luctus luctu ferali cumularetur.

adhortor, -ari: to encourage
ango, -ere, anxi, anctum: to distress, weaken
aula, -ae: palace
concilio, -are: to unite, unify
contabesco, -tabescere, -tabui: to pine away, waste away
cumulo, -are: to heap, gather, add upon
eurus, -i: the east wind

feralis, -e: fatal, lethal
festino, -are: to hasten, hurry, rush
fraudulens, -ntis: deceitful, treacherous
hostilis, -e: hostile
inevitabilis, -e: inevitable, unavoidable
infinitus, -a, -um: unending, neverending
infringo, -fringere, -fregi, -fractum: to destroy, violate
intrepidus, -a, -um: fearless

liquesco, -ere, licui: to melt
liquor, -i: to melt
magnificus, -a, -um: splendid, magnificent
nix, nivis: snow
obvenio, -ire: to occur, happen, meet

recordor, -ari: to recall
reditus, -us: return
semideus, -a, -um: demigod
stridulus, -a, -um: roaring, hissing
studiosus, -a, -um: enthusiastic, zealous
viduo, -are: to deprive

Gathering Facts and Evidence:
How do the witness accounts corroborate or refute the following claims?

- Prophecy: Troy cannot fall without Achilles' aid

- Prophecy: If Achilles goes to Troy, he will die

- Thetis hid Achilles on Skyros

- Achilles disguised himself as a girl on Skyros

- Diadamia bore Achilles' son

- Diadamia begged to keep Achilles on Skyros

- Diadamia and Achilles' son Pyrrhus begged for mercy

- Odysseus and Diomedes tricked Achilles into revealing himself

- Achilles left with Odysseus and Diomedes

- Achilles never returned home

7.

Defendant: Agamemnon
Charge: Murder of Iphigenia

Witness #1   *Vat. Myth. 2.157*

Cum Graeci ad Aulidem venissent, Agamemnon rex Dianae cervam occidit ignarus, unde irata flatus ventorum removit. Quam ob rem cum nec navigare possent et pestilentiam sustinerent, consulta oracula dixerunt Agamemnonio sanguine placandam esse Dianam. Ergo cum ab Ulixe,
5 qui erat astutissimus, per nuptiarum simulationem abducta Iphigenia Agamemnonis filia iam immolanda esset, numinis miseratione sublata est cerva supposita et translata ad Tauricam regionem et regi Thoanti tradita est sacerdosque facta Dictinnae Dianae.

abduco, -ducere, -duxi, -ductum: to kidnap, abduct, lead away, seduce
astutus, -a, -um: clever, crafty
cerva, -ae: doe, female deer
flatus, -us: blowing, storm
immolo, -are: to sacrifice
miseratio, miserationis: pity, sympathy
nuptiae, -arum: marriage, wedding

oraculum, -i: oracle, prophecy
pestilentia, -ae: plague
placo, -are: to please, appease
quam ob rem: because of this
simulatio, simulationis: pretense
suppono, -ponere, -posui, -positum: to replace, substitute

Witness #2   *Hyginus 98*

Agamemnon cum Menelao fratre Asiae delectis ducibus Helenam uxorem
10 Menelai, quam Alexander Paris avexerat, repetitum ad Troiam cum irent, in Aulide tempestas eos ira Dianae retinebat, quod Agamemnon in venando cervam eius violavit superbiusque in Dianam est locutus. Is cum haruspices convocasset, et Calchas scelus respondisset aliter expiari non posse nisi Iphigeniam filiam Agamemnonis immolasset, re audita Agamemnon
15 recusare coepit. Tunc Ulysses eum consiliis ad rem pulchram transtulit. Idem Ulysses cum Diomede ad Iphigeniam missus est adducendam. Qui cum ad Clytemnestram matrem eius venisset, ementitur Ulysses eam

Achilli in coniugium dari. Quam cum in Aulidem adduxisset et parens eam immolare vellet, Diana virginem miserata est et caliginem eius obiecit cervamque pro ea supposuit; Iphigeniamque per nubes in terram Tauricam detulit ibique templi sui sacerdotem fecit.

aveho, -vehere, -vexi, -vectum: to take away
caligo, caliginis: darkness, shade
ementior, -iri, -mentitus: to lie, deceive, cheat
expio, -are: to expiate (cleanse someone from sin)
haruspex, haruspicis: prophet, priest
misereor, -eri, miseratus sum: to pity
venor, -ari, venatus sum: to hunt

Witness #3   *Dares 14-15*

5 Deinde ornati cum classe Graeci Athenas convenerunt. . . . Postquam Athenas convenerunt, Agamemnon duces in concilium convocat, hortatur, ut quamprimum iniurias suas defendant. Rogat, si illis placeat; suadetque ut antequam proficiscantur, Delphos ad Apollinem consulendum de tota re mitterent: cui omnes assentiunt.

10 Cum eos tempestates ibi retinerent, Calchas ex augurio respondit ut primum revertantur in Aulidem ut Dianae sacrificent. Profecti perveniunt. Agamemnon Dianam placat, dicitque sociis suis ut classem solvant, ad Troiam iter faciant.

assentio, -ire: to agree, assent
augurium, -i: prophecy, omen
quamprimum: as soon as possible

Witness #4   *Lucretius DRN 1.83-100*

   . . . Quod contra; saepius olim
15 Religio peperit scelerosa atque impia facta:
   Aulide quo pacto Triviai virginis aram
   Iphianassai turparunt sanguine foede
   Ductores Danaum, delecti, prima virorum;
   Cui simul infula virgineos circumdata comptus
20 Ex utraque pari malarum parte profusa est,
   Et maestum simul ante aras adstare parentem
   Sensit, et hunc propter ferrum celare ministros;
   Aspectuque suo lacrimas effundere cives:

Muta metu terram genibus submissa petebat:
Nec miserae prodesse in tali tempore quibat,
Quod patrio princeps donarat nomine Regem.
Nam sublata virum manibus, tremibundaque ad aras
5 Deducta est, non ut sollemni more sacrorum
Perfecto posset claro comitari Hymenaeo:
Sed casta inceste, nubendi tempore in ipso,
Hostia concideret mactatu maesta parentis;
Exitus ut classi felix faustusque daretur.

adsto, -stare, -stiti: to stand nearby
aspectus, -us: sight, view
comptus, -us: hairdo, hair style
concido, -cidere, -cidi: to fall, succumb
delectus, -a, -um: chosen, selected, elite
ductor, ductoris: leader, commander
faustus, -a, -um: happy, lucky, blessed
genu, -us: knee
hostia, -ae: victim, (animal) sacrifice
hymenaeus, -i: wedding, marriage
inceste: sinfully, indecently
infula, -ae: sacred headband
mactatus, -us: sacrificial killing
mala, -ae: cheek

minister, -i: servant, attendant
mutus, -a, -um: silent, quiet, mute
nubo, -ere, nupsi, nuptum: to marry
profundo, -fundere, -fudi, -fusum: to pour out, spread
quibat: to be able, can (poterat)
quo pacto: how, in what way
scelerosus, -a, -um: criminal
sollemnis, -e: solemn, religious
submissus, -a, -um: lowered, submissive, humble, unkempt
tremibundus, -a, -um: trembling, shaking
turpo, -are: to defile
virgineus, -a, -um: maidenly

Witness #5   *Dictys 1.19-21*

10 Interim in ipsa navigandi festinatione Agamemnon . . . paulo ab exercitu progressus, forte conspicit circa lucum Dianae pascentem capream: imprudensque religionis, quae in eo loco erat, iaculo transfigit. Neque multo post <u>irane caelesti an ob mutationem aeris corporibus pertentatis</u>, lues invadit. Atque interim in dies magis magisque saeviens, multa millia
15 fatigare et promiscue per pecora atque exercitum grassari. Prorsus nullus funeri modus, neque requies: uti quidque malo obvium fuerat, vastabatur. Quibus rebus sollicitis ducibus mulier quaedam deo plena Dianae iram fatur: eam namque ob necem capreae, qua maxime laetabatur sacrilegii poenas ab exercitu expetere: nec leniri, priusquam auctor tanti sceleris
20 filiam <u>natu maximam</u> vicariam victimam immolasset. . . .

Neque interim ullus finis vastitatis, cum Ulysses simulata ex pertinacia Agamemnonis iracundia ob id domuitionem confirmans, magnum atque

insperabile cunctis remedium excogitavit. Profectus namque Mycenas, nullo consilii participe, falsas litteras tanquam ab Agamemnone ad Clytemnestram perfert, quarum sententia haec erat: Iphigeniam, nam ea <u>maior natu</u> erat, desponsatam Achilli, eumque non prius ad Troiam
5 profecturum, quam promissi fides impleretur, ob quae festinaret, eamque et quae nuptiis usui essent, mature mittere. Praeterea multa pro negotio locutus ementito argumento fidem fecerat.

Quae ubi accepit Clytemnestra cum propter gratiam Helenae, tum maxime quod tam celeberrimi nominis viro filia traderetur, laeta Iphigeniam Ulyssi
10 committit. Isque confecto negotio paucis diebus ad exercitum revertitur, atque ex improviso in luco Dianae cum virgine conspicitur. Quibus cognitis, Agamemnon affectione paternae pietatis motus an ne tam illicito immolationis sceleri interesset, fugam parat. . . . Interim virginem Ulysses et Menelaus cum Calchante quibus id negotium datum erat remotis procul
15 omnibus, sacrificio adornant, cum ecce dies foedari et caelum nubilo tegi coepit. . . .

Igitur inter tantam animi dubitationem, vox quaedam luco emissa: aspernari numen sacrificii genus, et ob id abstinendum a corpore virginis: misereri namque eius deam; ceterum pro tanto facinore satis poenarum
20 Agamemnoni a coniuge eius post Troianam victoriam comparatum. Itaque curarent id, quod in vicem virginis oblatum animadverterent, immolare. Dein coepere venti atque fulmina aliaque, quae in magno caeli motu oriri solent, consenescere.

abstineo, -tinere, -tinui, -tentum: to keep off, hold back, restrain
adorno, -are: to ready, equip
affectio, affectionis: affection, partiality
argumentum, -i: evidence, content, explanation
aspernor, -ari: to despise, reject, spurn
caprea, -ae: goat
celeber, -ris, -re: popular, famous, common
consenesco, -senescere, -senui: to decline, fade
cum…tum…: both…and, also even; not only…but also…
desponsa, -ae: betrothed, engaged
domuitio, domuitionis: homecoming, returning home

dubitatio, dubitationis: hesitation, doubt
ex improviso: 'unexpectedly'
excogito, -are: to invent, create
expeto, -petere, -petivi, -petitum: to demand, exact
fatigo, -are: to wear out, become fatigued
festinatio, festinationis: haste
festino, -are: to hasten, hurry, rush
foedo, -are: to spoil, befoul
grassor, -ari: to attack
iaculum, -i: dart, javelin
id est: 'that is' ("i.e.")
illicitus, -a, -um: unlawful, illegal
immolatio, immolationis: sacrifice
improvisus, -a, -um: unexpected, sudden
imprudens, -ntis: foolish

in dies: 'day by day'
in vicem: instead of, in place of
insperabilis, -e: hopeless
intereo, -ire: to die, perish
iracundia, -ae: wrath, anger
irane caelesti an ob mutationem aeris corporibus pertentatis: 'bodies agitated by either the wrath of the gods or a change of the air'
lenio, -ire: to soothe, calm, lighten
lues, luis: infection, plague
maior natu: 'elder by birth'
mature: quickly
mutatio, mutationis: change
natu maximam: 'eldest by birth'
nex, necis: death, murder
nubilus, -a, -um: cloudy
nupta, -ae: bride
particeps, -cipis: sharing in, taking part of
paternus, -a, -um: fatherly
pertento, -are: to invade, affect
pertinacia, -ae: determination, defiance, stubbornness
promiscue: in common, together
promissum, -i: promise
prorsus: altogether, in short
remedium, -i: remedy, cure
remotus, -a, -um: separate, far off, distant
requies, requietis: relief, pause
sacrificium, -i: sacrifice
sacrilegium, -i: sacrilege, defiling of a holy object
saevio, -ire: to be fierce, to rage
sollicitus, -a, -um: worried, anxious
tanquam: just as, as if
transfigo, -ere, -fixi, -fixum: to pierce, stab
vastitas, vastitatis: devastation
vasto, -are: to devastate, destroy
vicarius, -a, -um: substitute, proxy
victima, -ae: sacrifice, victim

The sacrifice of Iphigenia. Pompeii fresco, ca. 1st c. A.D.

Gathering Facts and Evidence:
How do the witness accounts corroborate or refute the following claims?

- Adverse weather prevented the Greeks from leaving Aulus

- Agamemnon killed an animal in Diana's sanctuary

- Diana ordered Agamemnon to kill his daughter in restitution

- Plague broke out because of Agamemnon's hunting

- Odysseus planned to bring Iphigenia to Aulus

- Iphigenia traveled to Aulis thinking that she would marry Achilles

- Odysseus told Clytemnestra that Iphigenia would marry Achilles

- Agamemnon willingly sacrificed his daughter

- Agamemnon tried to stop the sacrifice of his daughter

- Diana pitied Iphigenia and provided a substitute for the sacrifice

- No mention was made of Agamemnon sacrificing his daughter

8.

Defendant: Telephus
Charge: Abduction of Orestes

Witness #1   *Hyginus 101*

Telephus Herculis et Auges filius ab Achille in pugna Chironis hasta percussus dicitur. Ex quo vulnere cum in dies taetro cruciatu angeretur petit sortem ab Apolline, quod esset remedium: responsum est, ei neminem mederi posse, nisi eandem hastam qua vulneratus erat. Hoc Telephus ubi
5 audivit ad regem Agamemnonem venit et monitu Clytemnestrae Orestem infantem de cunabulis rapuit minitans, se eum occisurum, nisi sibi Achivi mederentur. Achivis autem quod responsum erat, sine Telephi ductu Troiam capi non posse, facile cum eo in gratiam redierunt et ab Achille petierunt, ut eum sanaret. Quibus Achilles respondit, se artem medicam
10 non nosse. Tunc Ulysses ait: "Non te dicit Apollo, sed auctorem vulneris hastam nominat." Quam cum rasissent remediatus est. A quo cum peterent, ut secum ad Troiam expugnandam iret, non impetrarunt, quod is Laodicen Priami filiam uxorem haberet. Sed ob beneficium quod eum sanarunt eos deduxit, locos autem et itinera demonstravit, inde in Mysiam est profectus.

ango, -ere, anxi, anctum: to distress, weaken
cruciatus, -us: torture, torment
cunabula, -orum: cradle
ductus, -us: leadership, command
in dies: 'day by day'
medeor, -eri: to heal
medicus, -a, -um: medical, healing
minitor, -ari: to threaten
monitus, -us: warning
rado, -ere, rasi, rasum: to scrape, shave
remedio, -are: to heal
remedium, -i: remedy, cure
sano, -are: to heal
taeter, -a, -um: disgraceful, foul

Witness #2   *Dares 16*

15 Inde legatos ad Priamum mittit, si vellet Helenam et praedam quam Alexander fecit restituere. Legati leguntur Diomedes et Ulixes, ad Priamum proficiscuntur. Dum legati mandato parent, mittuntur Achilles et Telephus ad praedandam Mysiam. Ad Teuthrantem regem veniunt

praedamque faciunt. Teuthras cum exercitu supervenit. Quem Achilles fugato exercitu vulneravit: quem iacentem Telephus clipeo protexit, ne ab Achille interficeretur. Commemorans hospitium inter se, eo tempore quo Telephus adhuc puer, a patre Hercule progenitus, a Teuthrante rege
5 hospitio receptus est. Diomedem ferunt cum equis potentibus venantem et feris ab Hercule interfectum Teuthranti regnum reddidisse totum: ob hoc eius filium Telephum ei suppetias venisse. Quod cum Teuthras intelligeret se eodem vulnere mortem effugere non posse, regnum suum vivus Telepho tradidit et eum regem ordinavit. Tum regem Teuthrantem Telephus
10 magnifice sepelivit. Suadet ei Achilles, ut novum regnum conservet: plus multo exercitum adiuturum, si commeatu tot annis quibus morati fuerint de eodem regno eos adiuvet, quam si ad Troiam eat. Itaque Telephus remanet.

commemoro, -are: to recall, remember
intellego (-ligo), intellegere (-ligere), intellexi, intellectum: to know, learn
magnificus, -a, -um: splendid, magnificent
mandatum, -i: command, order
ordino, -are: to arrange, govern
praedor, -ari: to loot

progenitus, -a, -um: begotten
protego, -tegere, -texi, -tectum: to protect
sepelio, -ire: to bury
supervenio, -ire: to arrive
suppetiae, -arum: support, assistance
venor, -ari, venatus sum: to hunt

Witness #3 *Dictys 2.1, 2, 3, 5, 6, 10*

Postquam ad Mysorum regionem universas classes venti appulere, propere
15 omnes signo dato naves litori admovent. Dein egredi cupientibus a custodibus loci eius obviam itum est. Eos namque Telephus, qui tum Mysiae imperator erat, quo omnis regio ab incursione maritimorum hostium defensaretur, litori praefecerat. Igitur ubi descendere prohibentur neque prius permittitur terram attingere, quam regi quinam essent nuntiaretur,
20 nostri primo quae dicebantur negligere et singuli navibus egredi; dein postquam a custodibus nihil remittebatur et summa vi resisti et prohiberi coeptum est, duces omnes iniuriam manu vindicandam rati arreptis armis evolant navibus incensique ira custodes caedere neque versis his atque in fuga parcere, sed uti quisque fugientem comprehenderat, obtruncare.

25 Dein re cognita Telephus cum his, quos circum se habebat, aliisque qui in ea festinatione in unum conduci potuere, propere Graecis obviam venit ac statim condensis utrimque frontibus vi magna concurritur. [Interim Aiax Teuthranium, fratrem Telephi interfecit;] eius casu Telephus non

mediocriter perculsus ultionemque fraternae mortis expetens infestus aciem invadit atque fugatis quos adversum ierat, cum obstinate Ulixem inter vineas, quae ei loco adiunctae erant, insequeretur, praepeditus trunco vitis ruit. Id ubi Achilles procul animadvertit, telum iaculatus femur sinistrum
5 ei transfigit. At Telephus impigre resurgens ferrum ex corpore extrahit et protectus concursu suorum ab instanti pernicie liberatus est.

[Dein secuta die legati mittuntur]; ad ea dicta Telephus, etsi dolore vulneris immodice adflictabatur, benigne tamen respondens ipsorum potius ait culpa factum, quod amicissimos et iunctos sibi generis adfinitate regno suo
10 appulsos ignoraverit; praemittendos etenim fuisse, per quos cognito eorum adventu obviam ire gratulantem oportuerit atque amice hospitio receptos donatosque muneribus, cum commodum ipsis videretur, remittere.

Quae ubi accepere, <u>apparatum belli</u> laeti omittunt. Dein ex consili sententia Achilles cum Aiace ad Telephum pervenere, eumque
15 iactatum magnis doloribus consolati, ut viriliter incommodum ferret deprecantur. . . . Hi itaque ad Telephum veniunt, ac more regio invicem acceptis datisque donis Machaonem et Podalirium, Aesculapii filios, venire ac vulneri mederi iubent; qui inspecto cruro propere apta dolori medicamina imponunt.

20 Per idem tempus Telephus, dolore vulneris eius quod in proelio adversum Graecos acceperat diu adflictatus, cum nullo remedio mederi posset, ad postremum Apollinis oraculo monitus, uti Achillem atque Aesculapii filios adhiberet, propere Argos navigat. Dein cunctis ducibus causam adventus eius admirantibus oraculum refert atque ita orat, ne sibi praedictum
25 remedium ab amicis negaretur. Quae ubi accepere Achilles cum Machaone et Podalirio adhibentes curam vulneri brevi fidem oraculi firmavere.

ad postremum: at last, finally
adflicto, -are: to trouble, distress
admoveo, -movere, -movi, -motum: to move, approach
affinitas, affinitatis: relation, marriage tie
apparatum belli: 'the preparation for war'
arripio, -ripere, -ripui, -reptum: to seize, snatch
benignus, -a, -um: kind, generous
concursus, -us: clash, meeting
condenso, -are: to pack together
conduco, -ducere, -duxi, -ductum: to assemble, gather

consolo, -are and consolor, -ari: to console, comfort
defenso, -are: to defend, protect
deprecor, -ari: to pray, beg
diutius: for any longer
etenim: for
evolo, -are: to fly, hurry
expeto, -petere, -petivi, -petitum: to demand, exact
extraho, -trahere, -traxi, -tractum: to pull out
femur, femoris: thigh
festinatio, festinationis: haste

fraternus, -a, -um: brotherly
gratulor, -ari: to congratulate, rejoice
iaculor, -ari: to throw, cast
id est: 'that is' ("i.e.")
immodicus, -a, -um: shameless
impiger, -a, -um: active, energetic
incommodum, -i: inconvenience, disadvantage
incursio, incursionis: invasion, attack
inspicio, -spicere, -spexi, -spectum: to inspect, evaluate
instans, -ntis: immediate, threatening
invicem: in turn
maritimus, -a, -um: naval
medicamen, medicaminis: medicine, treatment
mediocriter: moderately, fairly
obstinatus, -a, -um: stubborn, fierce
obtrunco, -are: to kill, murder, slay
obviam: on the way, in the way, against

oraculum, -i: oracle, prophecy
percello, -cellere, -culi, -culsum: to beat down, strike down, overthrow
pernicies, -iei: destruction, death
praedico, -dicere, -dixi, -dictum: to predict, foretell, mention previously
praedictus, -a, -um: aforementioned
praepeditus, -a, -um: hindered
propere: quickly
quisnam, quidnam: who, what, how on earth
resurgo, -surgere, -surrexi, -surrectum: to rise again
transfigo, -ere, -fixi, -fixum: to pierce, stab
truncus, -a, -um: chopped
ultio, ultionis: vengeance, revenge
vinea, -ae: cover (military term, protection from projectiles)
viriliter: courageously

Achilles treats Telephus's wound. Herculaneum relief, ca. 1st c. A.D.

Gathering Facts and Evidence:
How do the witness accounts corroborate or refute the following claims?

- Telephus was the ruler of Mysia

- Teuthras's death led to Telephus becoming king of Mysia

- Achilles and Telephus were allies

- Telephus fought the Greeks because of a misunderstanding

- Achilles wounded Telephus with a spear

- Only Achilles' spear could heal Telephus's wound

- Telephus betrayed the Greeks to spare Teuthras's life

- Telephus took Orestes hostage to force the Greeks to heal him

- The Greeks healed Telephus

- Telephus helped the Greeks fight at Troy

- Telephus refused to help the Greeks fight at Troy

II.
BELLA, HORRIDA BELLA

1.

Defendant: Odysseus/Ulysses
Charge: Murder of Palamedes

Witness #1 *Vat. Myth. Suppl. 2.155*

Palamedes cum delectum per Graeciam ageret, simulantem insaniam Ulixen duxit invitum. Cum ille iunctis dissimilis naturae animalibus salem sereret, filium ei Palamedes opposuit, quo viso Ulixes aratra suspendit et ad bellum ductus habuit iustam causam doloris. Postea cum Ulixes frumentatum
5 missus ad Thraciam nihil adduxisset, a Palamede est vehementer increpatus. Et cum diceret adeo non esse neglegentiam suam, nec ipsum quidem, si pergeret, quicquam advehere posse, profectus Palamedes infinita frumenta advexit. Qua invidia auctis inimicitiis fictam epistolam Priami nomine ad Palamedem direxit, per quam agebat gratias proditionis et commemorabat
10 secretum auri pondus esse transmissum, quod dedit captivo Troiano et eum in itinere fecit occidi. Haec inventa more militiae regi oblata est et lecta principibus convocatis. Tunc Ulixes cum se Palamedi dissimularet, ait: "Si verum esse non creditis, in tentorio eius aurum quaeratur." Quo facto invento auro, quod ipse per noctem corruptis servis absconderat,
15 Palamedes lapidibus interemptus est.

abscondo, -ere, -didi, -ditum: to conceal
adveho, -vehere, -vexi, -vectum: to bring, carry
aratrum, -i: plow
commemoro, -are: to recall, remember
deveho, -vehere, -vexi, -vectum: to carry away, carry down
dissimilis, -e: different
epistola, -ae: letter
increpito, -are: to rebuke, reproach
infinitus, -a, -um: unending, neverending
inimicitia, -ae: hostility, enmity
insania, -ae: madness, insanity
interimo, -imere, -emi, -emptum: to destroy, kill
neglegentia, -ae: carelessness, negligence
oppono, -ponere, -posui, -positum: to oppose, set against
proditio, proditionis: betrayal, treason
quicquam: any
sal, salis: salt, sea, beach
sero, -ere, sevi, satum: to beget, create, sow
suspendo, -pendere, -pendi, -pensum: to support, prop up
tentorium, -i: tent
transmitto, -ere, -misi, -missum: to send, transfer, betray
vehemens, -ntis: violent, excessive

Palamedes before Agamemnon. Rembrandt, 1626.

Witness #2   *Hyginus 105*

Ulysses quod Palamedis Nauplii filii dolo erat deceptus, in dies machinabatur, quomodo eum interficeret. Tandem inito consilio ad Agamemnonem militem suum misit, qui diceret ei, in quieti vidisse ut castra uno die moverentur. Id Agamemnon verum existimans castra uno
5 die imperat moveri. Ulysses autem clam noctu solus magnum pondus auri, ubi tabernaculum Palamedis fuerat, obruit; item epistolam conscriptam Phrygi captivo ad Priamum dat perferendam, militemque suum priorem mittit, qui eum non longe a castris interficeret. Postero die cum exercitus in castra rediret, quidam miles epistolam, quam Ulysses scripserat, super
10 cadaver Phrygis positam ad Agamemnonem attulit. In qua scriptum fuit: "Palamedi a Priamo missa," tantumque ei auri pollicetur, quantum Ulysses in tabernaculum obruerat, si castra Agamemnonis ut ei convenerat proderet. Itaque Palamedes cum ad regem esset productus et factum negaret, in tabernaculum eius ierunt et aurum effoderunt. Quod Agamemnon ut vidit
15 vere factum esse credidit. Quo facto Palamedes dolo Ulyssis deceptus ab exercitu universo innocens occisus est.

cadaver, cadaveris: corpse, cadaver
effodio, -fodere, fodi, fossum: to dig, stick
id est: 'that is' ("i.e.")
in dies: 'day by day'
innocens, -ntis: innocent

machinor, -ari: to plan, plot
obruo, -ere, -rui, -rutum: to cover, bury, crush
tabernaculum, -i: tent
tantum…quantum…: as many…as…

Witness #3   *Dares 25, 26, 27, 28*

Dum indutiae sunt, Palamedes iterum non cessat de imperio conqueri. Itaque Agamemnon seditioni cessit et dicit se de hac re libenter facturum, ut quem vellent imperatorem praeficerent. Postera die populum ad contionem vocat, negat se umquam cupidum imperii fuisse, animo aequo
5 se recipere, si vellent dare: se libenter cedere: satis sibi esse, dum hostes ulciscatur et parvi facere cuius id ope fiat. Iubet dicere, si cui quid placeat. Palamedes procedit, suum ingenium ostendit. Itaque Argivi imperium ei tradunt. Palamedes Argivis gratias agit, imperium accipit administrat. Achilles vituperat imperii commutationem.

10 Interea indutiae exeunt. Palamedes ornatum paratumque exercitum educit instruit hortatur: contra idem factus Deiphobus. Pugnatur acriter a Troianis. . . .

Troiani mittunt legatos, indutias petunt, ut mortuos sepeliant, saucios curent. Palamedes Agamemnonem legatum mittit ad Thesidas
15 Demophoontem et Acamantem, quos legatos Agamemnon praefecerat, ut commeatus comparent et frumentum de Mysia a Telepho acceptum subportarent. Ut eo venit, seditionem Palamedis narrat. Illi moleste ferunt, Agamemnon dicit se moleste non ferre, sua voluntate id factum esse. Interea Palamedes naves comparandas curat, castra munit, turribus circumdat.
20 Troiani exercitum exercent, murum diligenter resarciunt, fossam et vallum diligenter addunt, ceteraque comparant.

Annus circumactus est. Palamedes exercitum educit instruit, Deiphobus contra. Achilles iratus in proelium non prodit. Palamedes occasionem nactus impressionem in Deiphobum facit eumque obtruncat. Proelium
25 acre insurgit, ab utrique partibus multa millia hominum cadunt. Palamedes in prima acie versatur hortaturque, ut proelium fortiter gerant. Contra eum Sarpedon Lycius occurrit eumque Palamedes interficit. Eo facto laetus in acie versatur. Cui exultanti et glorianti Alexander Paris sagitta collum transfigit. Phryges animadvertunt, tela coniciunt atque ita Palamedes
30 occiditur.

circumago, -agere, -egi, -actum: to spend, pass time
commeo, -are: to come and go
commutatio, commutationis: change, shift
conqueror, -i, -questus sum: to complain loudly
contio, contionis: assembly, public meeting
exulto, -are: to rejoice
glorior, -ari: to boast
impressio, impressionis: attack
indutiae, -arum: truce, armistice
instauro, -are: to establish, renew, restore
insurgo, -surgere, -surrexi, -ctum: to rise up

libens, -ntis: in good will
obtrunco, -are: to kill, murder, slay
onero, -are: to burden, weigh down
opus esse: it is needed
prodeo, -ire: to go forth, advance
saucio, -are: to wound
seditio, seditionis: insurrection, mutiny
sepelio, -ire: to bury
subporto, -are: to carry up
transfigo, -ere, -fixi, -fixum: to pierce, stab
ulciscor, -i, ultus sum: to avenge
ultro citroque: up and down, here and there
vitupero, -are: to blame, scold, criticize

Witness #4 *Dictys 2.14-15*

Eadem tempestate oraculum Pythii Graecis perfertur: concedendum ab omnibus, uti per Palamedem Apollini Zminthio sacrificium exhiberetur. Quae res multis grata ob industriam et amorem viri, quem circa omnem exercitum exhibebat, nonnullis ducum dolori fuit. Ceterum immolatio
5 centum victimarum, sicuti praedictum erat, pro cuncto exercitu exhibebatur praeeunte Chryse, loci eius sacerdote.

Per idem tempus Diomedes et Ulixes consilium de interficiendo Palamede ineunt, more ingenii humani, quod imbellum adversum dolores animi et invidiae plenum anteiri se a meliore haud facile patitur. Igitur simulato
10 quod thesaurum repertum in puteo cum eo partiri vellent, remotis procul omnibus persuadent, uti ipse potius descenderet eumque nihil de insidiis metuentem adminiculo funis usum deponunt ac propere arreptis saxis, quae circum erant, desuper obruunt. Ita vir optimus acceptusque in exercitu, cuius neque consilium umquam neque virtus frustra fuit, circumventus a
15 quibus minime decuerat indigno modo interiit. Sed fuere, qui eius consilii haud expertem Agamemnonem dicerent ob amorem ducis in exercitum et quia pars maxima regi ab eo cupiens tradendum ei imperium palam loquebantur. Igitur a cunctis Graecis veluti publicum funus eius crematum igni, aureo vasculo sepultum est.

adminiculum, -i: aid, prop, assist, stay
anteo, -ire: to surpass, excel
arripio, -ripere, -ripui, -reptum: to seize, snatch
cremo, -are: to cremate, burn
desuper: from above
exhibeo, -hibere, -hibui, -hibitum: to produce, show, display
expers, -tis: free of, without
funis, funis: rope, cord
immolatio, immolationis: sacrifice
inbecillus, -a, -um: weak, feeble
industria, -ae: purpose, hard work
insidiosus, -a, -um: deceitful, treacherous
intereo, -ire: to die, perish
minime: not at all, least of all
oraculum, -i: oracle, prophecy
partio, -ire: to distribute, divide
praedico, -dicere, -dixi, -dictum: to predict, foretell, mention previously
praeeo, -ire: to advance, order
propere: quickly
puteus, -i: well, pit
remotus, -a, -um: separate, far off, distant
sacrificium, -i: sacrifice
thesaurus, -i: treasure
vasculum, -i: small vessel, urn
victima, -ae: sacrifice, victim

Gathering Facts and Evidence:
How do the witness accounts corroborate or refute the following claims?

- Palamedes thwarted Odysseus's attempt to dodge the draft and forced him to fight

- Odysseus was jealous of Palamedes and plotted against him

- Palamedes was chosen to lead the Greek army

- Palamedes was chosen to lead the sacrificial ritual

- Agamemnon was jealous of Palamedes and plotted against him

- Diomedes was jealous of Palamedes and plotted against him

- Details of Odysseus plot to kill Palamedes

- Palamedes was killed in battle, not because of a plot

2.

Defendant #1: Achilles
Charge: Wrongful Death of Patroclus

Defendant #2: Agamemnon
Charge: Wrongful Death of Patroclus

Witness #1   *Excidium Troiae p. 11*

Dum Achilles Troiam veniret, Hector filius Priami regis Troianorum petivit monomachiam cum Achille pugnare. Et quia Achilles ab Agamemnone et Menelao laesus fuerat pro Briseida, quam apud Troiam per muros exposuerat, et eam sibi coniunxerat, et postea ei ab Agamemnone sublata
5 est. Ipse dolor fecit eum contra Hectorem nolle exire. Sed Patroclum Hector occidit; dum hoc Achilli nuntiatum fuisset, dolore nimio Patrocli amici sui percussus petivit se una cum Hectore pugnaturum, et diem inter se constituerunt quando utrique ad se ad dimicandum venirent.

monomachia, -ae: duel

Witness #2   *Hyginus 106*

Agamemnon Briseidam Brisei sacerdotis filiam ex Mysia captivam, propter
10 formae dignitatem quam Achilles ceperat, ab Achille abduxit eo tempore, quo Chryseida Chrysi sacerdoti Apollinis Zminthei reddidit. Quam ob iram Achilles in proelium non prodibat, sed cithara in tabernaculo se exercebat. Quod cum Argivi ab Hectore fugarentur Achilles obiurgatus a Patroclo arma sua ei tradidit, quibus ille Troianos fugavit existimantes
15 Achillem esse, Sarpedonemque Iovis et Europae filium occidit. Postea ipse Patroclus ab Hectore interficitur armaque ei sunt detracta. Patroclo occiso Achilles cum Agamemnone redit in gratiam Briseidamque ei reddidit. Tum contra Hectorem cum inermis prodisset, Thetis mater a Vulcano arma ei impetravit, quae Nereides per mare attulerunt. Quibus armis ille Hectorem occidit astrictumque ad currum traxit circa muros Troianorum. Quem

sepeliendum cum patri nollet dare, Priamus Iovis iussu duce Mercurio in castra Danaorum venit et filii corpus auro repensum accepit: quem sepulturae tradidit.

abduco, -ducere, -duxi, -ductum: to kidnap, abduct, lead away, seduce
astringo, -stringere, -strinxi, -strictum: to bind, tie, join
captiva, -ae: captive, prisoner of war, concubine
cithara, -ae: lyre, harp
inermis, -e: unarmed, defenseless

Nereis, -idis: Nereid, sea nymph
obiurgo, -are: to reproach, insult
prodeo, -ire: to go forth, advance
rependo, -pendere, -pendi, -pensum: to purchase, haggle
sepelio, -ire: to bury
sepultura, -ae: burial
tabernaculum, -i: tent

Achilles restrained by Athena. Pompeii mosaic, ca. 1st c. A.D.

Witness #3 — *Dares 19, 20, 28, 30*

Postquam magna caedes utrimque facta est, advenit Achilles: is totum exercitum in fugam convertit, redegitque in Troiam. Nox proelium dirimit, Agamemnon exercitum in terram educit, castra facit. Postera die Hector exercitum ex urbe educit, et instruit. Agamemnon contra clamore magno
5 occurrit: proelium acre et iracundum fit: fortissimus quisque in primis cadit. Hector Patroclum occidit, et eum spoliare parat.

Postera die Graiugenae indutias petunt. Achilles Patroclum plangit, Graiugenae suos. . . . Achilles Patroclo ludos funebres facit.

Postea Achilles iratus [et amore Polyxenae accensus] in proelium non prodit.
10 Agamemnon dum indutiae sunt mittit ad Achillem Nestorem Ulixen et Diomeden, ut rogarent illum in bellum prodire. Abnegat Achilles maestus, quod iam destinaverat in bellum non prodire ob id quod promiserat Hecubae, [Polyxenae matris] se minus pugnaturum eo quod Polyxenam valde amabat: coepit male eos accipere qui ad se venerant, dicens perpetuam
15 pacem fieri oportere, tanta pericula unius mulieris causa fieri, libertatem periclitari, tanto tempore diffidere: pacem expostulat, pugnam renuit.

abnego, -are: to deny, refuse
desido, -sidere, -sedi: to sink down, undergo
destino, -are: to determine, decide
dirimo, -rimere, -remi, -remptum: to divide, break off
expostulo, -are: to demand, ask for
funebris, -e: funeral, funerary
Graiugena, -ae: Greek

id est: 'that is' ("i.e.")
indutiae, -arum: truce, armistice
iracundus, -a, -um: angry, hostile
periclitor, -ari: to undergo, to undergo danger
plango, -ere, planxi, planctum: to mourn
redigo, -ere, -egi, -actum: to drive off, drive back
valde: really, very, a lot

Witness #4 — *Dictys 2.19, 28-31, 33-34, 47, 52; 3.9-11, 14*

Igitur ambo duces [Aiax et Achilles] multis vastatis atque expugnatis regionibus ipsi clari atque magnifici ingenti nomine, per diversa loca quasi de industria eodem tempore ad exercitum remeavere. . . . Itaque
20 cunctorum sententia ex omni praeda, quam Achilles adportaverat, exceptam Eetionis coniugem Astynomen, quam Chrysi filiam, ob honorem regium Agamemnoni obtulere. Ipse etiam Achilles praeter Brisi filiam Hippodamiam Diomedeam sibi retinuit, quod eiusdem aetatis

atque alimoniae non sine magno dolore divelli poterant, et ob id iam antea genibus Achillis obvolutae, ne separarentur, magnis precibus oraverant. Ceterum reliqua praeda viritim ob singulorum merita distributa est.

Per idem tempus Chryses, sacerdos Zminthii Apollinis, cognito filiam
5 suam Astynomen cum Agamemnone degere, fretus religione tanti numinis ad naves venit. . . . Dein oblatis auri atque argenti donis plurimis redemptionem filiae deprecatur obsecrans, uti magnificarent praesentiam dei, qui secum oratum eos ob sacerdotem proprium venisset. . . . Quae ubi accepere, reddendam filiam sacerdoti neque ob id accipiendum praemium
10 universis placet, quippe qui cum per se amicus fidelisque nobis tum praecipue ob religionem Apollinis nihil non mereri crederetur.

Quae postquam Agamemnon accepit, obviam cunctorum sententiis ire pergit. Itaque atroci vultu exitium sacerdoti comminatus, ni recederet, perterritum senem atque extrema metuentem imperfecto negotio
15 ab exercitu dimittit. Hoc modo conventu dissoluto singuli reges ad Agamemnonem adeunt eumque multis probris insequuntur, quippe qui ob amorem captivae mulieris seque et, quod indignissimum videretur, tanti numinis deum contemptui habuisset. . . . Ceterum Achilles in ore omnium ipsumque et Menelaum contumeliis lacerabat.

20 Igitur Chryses ubi iniuriam perpessus ab Agamemnone domum discessit neque multi fluxerunt dies, incertum alione casu an, uti omnibus videbatur, ira Apollinis morbus gravissimus exercitum invadit <u>principio grassandi facto a pecoribus</u>, dein malo paulatim magis magisque ingravescente per homines dispergitur. . . . Hoc modo Calchas, ubi cunctorum animos in se
25 conciliavit, Apollinis iram pronuntiat: eum namque ob iniuriam sacerdotis infestum Graecis poenas ab exercitu expetere. Dein perquirente Achille mali remedium restitutionem virginis pronuntiat.

Tum Agamemnon coniectans, quod mox accidit, concilio tacitus egressus cunctos, quos secum habuerat, in armis esse iubet. Id ubi Achilles
30 animadvertit, commotus rei indignatione simul pernicie defessi exercitus anxius defunctorum corpora miserandum in modum confecta undique in unum colligi iubet atque in conventu ante ora omnium proici. Quo spectaculo adeo commoti reges gentesque omnes, uti adversum Agamemnonem ab cunctis pergeretur duce atque auctore Achille et si
35 perstaret suadente exitio vindicandum. Quae ubi regi nuntiata, pertinacia animi an ob amorem captivae cuncta extrema ratus experiri nihil remittendum de sententia destinaverat.

Quibus perfectis Graeci statuunt inter se, Achillem, cuius in adversis Graecorum casibus sollicitudo praecipua videbatur, regem omnium confirmare. Sed Agamemnon anxius ne decus regium amitteret, in concilio verba facit: sibi maxime cordi esse exercitus incolumitatem, neque ulterius differre, quin Astynome parenti remitteretur, maxime si restitutione eius instantem perniciem subterfugerent. Nec quicquam deprecari amplius, si modo in locum eius Hippodamiam, quae cum Achille degeret, vicarium munus amissi honoris acciperet. Quae res quamquam atrox omnibus et indigna videbatur, tamen conivente Achille, cuius id praemium pro multis atque egregiis facinoribus fuerat effectum habuit. Tantus amor exercitum erga, curaque in animo egregii adolescentis insederat. Igitur adversa cunctorum voluntate, neque tamen quoquam palam recusante, Agamemnon tanquam ab omnibus concessa res videretur, lictoribus, ut Hippodamia ab Achille abstraheretur, imperat; hique brevi iussa efficiunt. Interim Astynomen Graeci per Diomedem atque Ulixem cum magna copia victimarum ad fanum Apollinis transmisere. Dein perfecto sacrificio paulatim vis mali leniri, neque amplius adtemptari corpora et eorum, qui antea fatigabantur, tamquam sperato divinitus levamine relaxari. Ita brevi per universum exercitum salubritas vigorque solitus renovatus est.

Ceterum Achilles memor iniuriae abstinendum publico consilio decreverat odio maxime Agamemnonis abolitoque amore, quem circa Graecos habuerat, scilicet quod eorum patientia post tot bellorum victorias ac facta fortia Hippodamia concessum pro laboribus praemium per iniuriam abducta esset. Dein venientes ad se duces aditu prohibere neque cuiquam amicorum ignoscere, qui se, adversus Agamemnonis contumelias cum defendere liceret, deseruissent. Intus igitur manens Patroclum et Phoenicem, hunc morum magistrum, alterum obsequiis amicitiae carum, et aurigam suum Automedontem secum retinebat.

Eodem fere tempore Chryses, sacerdos Zminthii Apollinis, ad exercitum venit actum gratias super his, quae in se recepta filia benigne ab nostris gesta erant, ob quae tam honorifica, simul quod Astynomen liberaliter habitam cognoverat, reductam secum Agamemnoni tradit.

Igitur Achilles praesentia talium virorum precibus familiarum ac recordatione innoxii exercitus tandem flexus ad postremum facturum se quae vellent respondit. Dein hortatu Aiacis tum primum post malam iracundiam Graecis mixtus consilium ingreditur atque ab Agamemnone regio more salutatur. Interea reliquis ducibus favorem attollentibus gaudio laetitiaque cuncta completa sunt. Igitur Agamemnon manum

Achillis retentans eumque et reliquos duces ad cenam deducit. Ac paulo post inter epulas, cum laeti inter se invitarent, rex Patroclum quaesiit, ut Hippodamiam cum ornamentis, quae dederat, ad tentoria Achillis deduceret; isque libens mandata efficit.

5 Sed postquam dies aliquot triti et vulnerati convaluerant, arma expedire et producere militem placet. Inter quae tam foeda tanta inclinatione rerum Patroclus fortunam belli vincere adgressus, dum hortatur suos simul atque instat hostibus promptior quam bellandi mos est, telo Euphorbi ictus ruit. Statimque Hector advolans eum opprimit ac desuper vulneribus multis 10 fodit; moxque nititur abstrahere proelio, scilicet insolentia gentis suae inludere cupiens per universa genera dehonestamenti. Quod ubi Aiaci cognitum est, relicto ubi pugnaverat propere accurrit, iamque eripere cadaver occipientem proturbat hasta.

Sed postquam reductae utrimque acies et iam in tuto miles noster erat, 15 cuncti reges Achillem conveniunt deformatum iam lacrimis atque omni supplicio lamentandi. Qui modo prostratus humi, nunc cadaveri superiacens adeo reliquorum animos pertemptaverat, ut Aiax etiam, qui solandi causa adstiterat, nihil luctui remitteret. Nec Patrocli tantum mors gemitum illum cunctis incusserat, sed praecipue recordatio vulnerum per 20 loca corporis pudibunda, quod exemplum pessimum per mortales tum primum proditum est numquam antea a Graecis solitum. Igitur reges multis precibus atque omni consolationis modo tandem Achillem flexum humo erigunt. Dein Patrocli corpus elutum mox veste contegitur maxime ob tegenda vulnera, quae multimodis impressa haud sine magno gemitu 25 cernebantur.

Ceterum ubi Troiani muros ingressi clausere portas et finis instandi factus est, nostri spoliata armis hostilia cadavera adportataque in flumine praecipitant memores paulo ante in Patroclo insolentiae barbarorum; dein captivos omnes, uti quemque ceperant, in ordine Achilli offerunt. Isque 30 vino multo sopita iam favilla reliquias in urnam collegerat, decretum quippe animo gerebat, secum in patrium solum uti adveheret vel, si fortuna in se casum mutaret, una atque eadem sepultura cum carissimo sibi omnium contegi. Itaque eos, qui oblati erant, deduci ad bustum, una etiam Priami filios ibique seorsum aliquantum a favilla iugulari iubet, scilicet inferias 35 Patrocli manibus. Ac mox regulos canibus dilaniandos iacit confirmatque se non prius desinere pernoctando humi, quam in auctorem tanti luctus sui sanguine vindicasset.

aboleo, -ere, -evi, -itum: to destroy
abstineo, -tinere, -tinui, -tentum: to keep off, hold back, restrain
abstraho, -trahere, -traxi, -tractum: to remove, take away
accurro, -currere, -curri, -cursum: to run to, hasten
ad postremum: at last; finally
adolescens, adolescentis: youth, teenager
adporto, -are: to bring, carry
adsto, -stare, -stiti: to stand nearby
adtempto, -are: to attack, to try
adveho, -vehere, -vexi, -vectum: to bring, carry
advolo, -are: to hasten
alimonia, -ae: support, social status
aliquantum: a certain amount, a bit
amplior, -ius: further, more
anxius, -a, -um: worried
atrox, -cis: cruel, savage, fierce
auriga, -ae: charioteer
bello, -are: to wage war
benignus, -a, -um: kind, generous
bustum, -i: pyre, tomb, grave
cadaver, cadaveris: corpse, cadaver
comminor, -ari: to threaten
concilio, -are: to unite, unify
coniecto, -are: to conclude, infer
coniveo, -ere: to overlook
consolatio, consolationis: consolation, solace
contego, -tegere, -texi, -tectum: to cover, shield, bury, enclose
contemptus, -us: contempt, disdain
contumelia, -ae: insult, abuse, attack
convalesco, -valere, -valui: to heal, become strong
conventus, -us: meeting, assembly
cum…tum…: both…and, also even; not only…but also…
de industria: 'on purpose'
defessus, -a, -um: exhausted, worn out, tired
deformo, -are: to disgrace, deform, dishonor
defungor, -fungi, -functus sum: to die

dego, -ere, degi: to pass time, live
dehonestamentum, -i: disgrace, dishonor
deprecor, -ari: to pray, beg
desuper: from above
dilanio, -are: to rip apart
dispergo, -spergere, -spersi, -spersum: to scatter, disperse
dissolvo, -solvere, -solvi, -solutum: to disperse, break up, destroy
distribuo, -tribuere, -tribui, -tributum: to distribute
divello, -vellere, -velli, -vulsum: to tear away, tear apart
divinitus: divinely
effectus, -us: performance, execution
eluo, -luere, -lui, -lutum: to wash, cleanse
epulae, -arum or epulum, -i: banquet
erga: *prep. with acc.* towards
expeto, -petere, -petivi, -petitum: to demand, exact
fanum, -i: shrine, temple
fatigo, -are: to wear out, become fatigued
favilla, -ae: ashes, embers
favor, favoris: goodwill, support
fodio, -ere, fodi, fossum: to dig, stick
fretus, -a, -um: *with abl.* relying on
genu, -us: knee
gratias ago, -ere, egi, actum: to thank
hoc modo: 'in this way'
honorificus, -a, -um: respectfully, honorably
honos, honoris: honor, clout, office
hortatus, -us: encouragment
hostilis, -e: hostile
illudo, -ludere, -lusi, -lusum: to mock, ridicule
imperfectus, -a, -um: unfinished
imprimo, -primere, -pressi, -pressum: to press upon, inflict
inclinatio, inclinationis: inclination
incolumitas, incolumitatis: safety, preservation
incutio, -cutere, -cussi, -cussum: to strike
indignatio, indignationis: outrage, indignation
inferia, -ae: offerings to the dead

ingravesco, -ere: to burden
innoxius, -a, -um: innocent, unharmed
insideo, -ere: to remain
insolentia, -ae: pride, arrogance
intus: inside, within
iracundia, -ae: wrath, anger
iugulo, -are: to put to death, to sacrifice
lacero, -are: to slander, attack, mutilate
lamentor, -ari: to lament, mourn
lenio, -ire: to soothe, calm, lighten
levamen, levaminis: alleviation
libens, -ntis: in good will
liberaliter: courteously
lictor, lictoris: guard, official
loco: *with gen.* 'in the place of'
magnifico, -are: to glorify, esteem
magnificus, -a, -um: splendid, magnificent
mandatum, -i: command, order
manes, manium: ghosts, shades, shade of a particular person, remains
meritum, -i: honor, merit
misceo, -ere, mixi, mixtum: to mix, unite, restore
miserandus, -a, -um: wretched, pitiful
multimodis: in many ways
nitor, niti, nisus sum: to struggle, strive
obsecro, -are: to beseech, beg
obsequium, -i: indulgence
obviam: *adv.* on the way, in the way, against
obvolvo, -volvere, -volui, -volutum: to wrap, encircle, hide
occipio, -cipere, -cepi, -ceptum: to begin
ornamentum, -i: decoration, ornament
patientia, -ae: patience, understanding
pernicies, -iei: destruction, death
pernocto, -are: to spend the night, to guard in vigil
perpetior, -i, -pessus sum: to endure
perquiro, -quirere, -quisivi, -quisitum: to inquire, ask
persto, -stare, -stiti, -statum: to remain, persist
pertempto, -are: to try, attempt
perterritus, -a, -um: terrified
pertinacia, -ae: determination, defiance, stubbornness

pessimus, -a, -um: worst
praecipue: especially
praesentia, -ae: presence, power
principio grassandi facto a pecoribus: 'at first, attacking the livestock'
probrum, -i: abuse, insult
promptus, -a, -um: ready, eager
pronuntio, -are: to announce, declare
propere: quickly
prosterno, -sternare, -stravi, -stratum: to strike down, overthrow, lay prostrate
proturbo, -are: to drive off
pudibundus, -a, -um: relating to the genitals
quicquam: any
quoquam: anywhere
recordatio, recordationis: recalling, memory
redemptio, redemptionis: restoration, recovery
regulus, -i: prince
relaxo, -are: to loosen, relax
reliquiae, -arum: remains
remedium, -i: remedy, cure
remeo, -are: to return
renovo, -are: to restore, renew
restitutio, restitutionis: restoration, return
retento, -are: to hold
sacrificium, -i: sacrifice
salubritas, salubritatis: health, welfare
saluto, -are: to welcome, greet
seorsum: separately, especially
separo, -are: to separate, divide
sollicitudo, sollicitudinis: anxiety, concern
solor, -ari: to console, comfort
sopitus, -a, -um: shocked, numb
subterfugio, -fugere, fugi: to escape
superiaceo, -iacere, -iacui: to lie over
tanquam: just as, as if
tentorium, -i: tent
tero, -ere, trivi, tritum: to wear out, use up
transmitto, -ere, -misi, -missum:
ulterius: further, longer
urna, -ae: urn

vasto, -are: to devastate, destroy
vicarius, -a, -um: substitute, proxy
victima, -ae: sacrifice, victim
vigor, vigoris: strength
viritim: person by person, individually

Greeks and Trojans battle over the body of Patroclus.
Attic black-figure calyx krater, ca. 340 B.C.

Gathering Facts and Evidence:
How do the witness accounts corroborate or refute the following claims?

- Achilles captured many women as war-prizes and distributed them among the Greek soldiers

- Agamemnon's prize was Chryseis, the daughter of Chryses, a priest of Apollo

- Chryses begged Agamemnon to return his daughter

- Agamemnon refused to return the captive woman to her father

- Achilles was enraged by Agamemnon's refusal to return Chryseis

- A plague occurred due to Agamemnon's refusal to return Chryseis

- Agamemnon took Achilles' captive woman, Briseis, to make up for the loss of his own

- Chryses returned his daughter to Agamemnon

- Achilles refused to fight because Agamemnon took Briseis

- Agamemnon sent an envoy to convince Achilles to return to battle

- Patroclus criticized Achilles and went into battle wearing Achilles' armor

- Hector killed Patroclus in battle and stripped his armor

- Agamemnon gave Briseis back to Achilles in order to reconcile and regain his support on the battlefield

- Achilles was angry that Hector dismembered Patroclus

- Achilles mourned the death of Patroclus

3.

Defendant: Alexander/Paris
Charge: Desertion from Battle

Witness #1 *Dares 21*

Menelaus Alexandrum persequi coepit: quem respiciens Alexander sagitta Menelai femur transfigit. Ille dolore commotus pariter cum Aiace Locro non cessat eum persequi. Quos ut vidit Hector instantes fratrem suum persequi, suppetias ei venit cum Aenea. Quem Aeneas clipeo protexit, et
5 secum de proelio ad civitatem adduxit.

femur, femoris: thigh
instans, -ntis: immediate, threatening
protego, -tegere, -texi, -tectum: to protect

suppetiae, -arum: support, assistance
transfigo, -ere, -fixi, -fixum: to pierce, stab

Witness #2 *Dictys 2.39-40*

Ceterum Menelaus forte conspicatus Alexandrum magno impetu ruit, quem evitans neque diutius sustinere ausus Alexander fugam capit. At ubi procul animadvertit Hector concurrens cum Deiphobo comprehendere fratrem, eumque verbis maledictisque acrioribus insecuti ad postremum
10 cogunt, uti progressus in medias acies eundem Menelaum conquiescentibus reliquis solitario certamine lacesseret. Igitur reducto ad bellum Alexandro progressoque ante aciem, quod signum lacessentis videbatur, postquam procul animadvertit Menelaus, nunc demum occasionem invadendi inimicissimum sibi maxime oblatam ratus et iamque confidens omnium
15 iniuriarum poenas lui sanguine eius, omnibus animis adversum pergit. Sed ubi eos contra se tendere paratos armis atque animis uterque exercitus animadvertit, signo dato recedunt cuncti.

Iamque uterque pleno gradu adversum incedens intra iactum teli pervenerant, cum Alexander, praevenire cupiens simulque ratus primo
20 iaculi eventu locum vulneri inventurum, praemittit hastam eaque inlisa

clipeo facile decussa est. Dein Menelaus magno impetu iaculatur, haud sane dissimili casu; namque parato iam ad cavendum ictumque declinante hoste telum humi figitur. At ubi novis iaculis manus utriusque redarmatae sunt, pergunt contra: tum demum Alexander ictus femur cadit ac ne mox hosti
5 ultionem cum summa gloria concederet, pessimo exemplo intercessum est. Nam cum ad interficiendum eum educto gladio prorueret Menelaus, <u>ex occulto</u> sagitta Pandari vulneratus in ipso impetu repressus est. Igitur ab nostris clamore orto simulque cum ira indignantibus, quod duobus seorsum adversum se hisque maxime, quorum gratia bellum conflatum
10 esset, decernentibus repente a Troianis pessimo more intercederetur, rursus globus barbarorum ingruens Alexandrum e medio rapit.

ad postremum: at last, finally
bello, -are: to wage war
conflo, -are: to bring together
conquiesco, -quiescere, -quievi, -quietum: to rest, to stop
conspicor, -ari: to catch sight of
declino, -are: to bend, avoid
decutio, -cutere, -cussi, -cussum: to shake down, strike down
dissimilis, -e: different
diutius: for any longer
eventus, -us: outcome, experience
evito, -are: to avoid
ex occulto: 'in an ambush'
figo, -ere, fixi, fixum: to fix, attach, stab
globus, -i: mass, troop
iaculor, -ari: to throw, cast
iaculum, -i: dart, javelin
icio, -ere, ici, iactum: to strike, hit
illido, -lidere, -lisi, -lisum: to strike against

indignor, -ari: to be offended
ingruo, -gruere, -grui: to attack, befall
ruo, ruere, rui, -tum: to rush, fall upon, fall to ruin
intercedo, -cedere, -cessi, -cessum: to intervene
intra iactum: 'within range'
lacesso, -ere, -ivi, -itum: to provoke
maledictum, -i: curse, abuse, insult
pessimus, -a, -um: worst
poenas luo, -ere, lui: to pay the penalty
praevenio, -ire: to precede, surpass
proruo, -ere, -rui, -rutum: to rush forth
redarmo, -are: to reload, refill one's weapons
reprimo, -primere, -pressi, -pressum: to hinder, restrain
sane: indeed
seorsum: separately, especially
solitarius, -a, -um: single, alone
ultio, ultionis: vengeance, revenge

Witness #3 *Ilias Latina 306-316*

Tum vero ardescit, quamvis manus ense carebat,
Et iuvenem arrepta prosternit casside victor
Ad sociosque trahit, et, ni caligine caeca
15 Texisset Cytherea virum subiectaque mento
Fortia laxatis rupisset vincula nodis,

Ultimus ille dies Paridi foret. Abstrahit auro
Fulgentem galeam secum Menelaus et ardens
In medios mittit proceres rursusque recurrit
Et magnam validis contorsit viribus hastam
5 In cladem Phrygii, sua quem Venus eripit hosti
Ac secum in thalamos defert testudine cultos.

abstraho, -trahere, -traxi, -tractum: to remove, take away
ardesco, -ere, -arsi: to become inflamed, to blaze up
arripio, -ripere, -ripui, -reptum: to seize, snatch
caligo, caliginis: darkness, shade
cassis, cassidis: helmet
clades, cladis: disaster
contorqueo, -torquere, -torsi, -tortum: to twist, turn
laxo, -are: to loosen, undo
mentum, -i: chin
nodus, -i: knot
procer, proceris: noble, chief
prosterno, -sternare, -stravi, -stratum: to strike down, overthrow, lay prostrate
recurro, -currere, -curri: to run back, return, revert
testudo, testudinis: protection, awning

Gathering Facts and Evidence:
How do the witness accounts corroborate or refute the following claims?

- Alexander/Paris fought a duel with Menelaus

- Menelaus was wounded in the thigh

- Menelaus dragged Alexander/Paris by his helmet

- Alexander/Paris fought valiantly

- Alexander/Paris fled the battle

- Hector saved Alexander/Paris with help from Aeneas

- The Trojans escorted Alexander/Paris to safety

- Venus saved Alexander/Paris

4.

Defendant #1: Diomedes
Charge: Murder of Rhesus

Defendant #2: Odysseus/Ulysses
Charge: Murder of Rhesus

Witness #1   *Vat. Myth. 1.203*

Rhesus Rex Thraciae fuit qui, cum ad Troiae venisset auxilia clausisque portis tentoria locasset in litore, Dolone prodente, qui missus fuerat speculator, a Diomede et Ulixe est interfectus, qui et ipsi speculatum venerant. Abducti sunt equi quibus pendebant fata Troiana.

abduco, -ducere, -duxi, -ductum: to kidnap, abduct, lead away, seduce
speculator, speculatoris: spy, scout
speculor, -ari: to scout, examine, spy
tentorium, -i: tent

Witness #2   *Dictys 2.45*

5   Per idem tempus Rhesus, Eione genitus, haud alienus a Priami amicitia pacta mercede cum magnis Thracum copiis adventabat. Is incedente iam vespera paulisper moratus apud paeninsulam, quae anteposita civitati continenti eius adiungitur, secunda circiter vigilia ingressus Troianos campos explicitisque tentoriis ibidem opperiebatur. Quod ubi Diomedes cum Ulixe vigilias in
10 ea parte curantes procul animadvertere, rati Troianos a Priamo exploratum missos arreptis armis mox presso gradu circumspicientes omnia pergunt ad eum locum. Tum fatigatis ex itinere custodibus et ob id somno pressis eosque et interius progressi in ipsis tentoriis regem interficiunt. Dein nihil ultra audendum rati currum eius et cum egregiis insignibus equos ad naves
15 ducunt.

advento, -are: to approach, come near
antepono, -ponere, -posui, -positum: to precede, prefer
arripio, -ripere, -ripui, -reptum: to seize, snatch
circiter: around, approximately

circumspicio, -spicere, -spexi, -spectum: to consider, survey
continens, continentis: mainland
explico, -are: to unwrap, unroll, describe
fatigo, -are: to wear out, become fatigued
ibidem: in the same place, at the same time
id est: 'that is' ("i.e.")

incedo, -cedere, -cessi, -cessum: to approach
merces, mercedis: wages, pay, bribe
opperior, -iri, -itus sum: to wait
paciscor, -i, pactus sum: to agree, bargain
paeninsula, -ae: peninsula
paulisper: for a little while
vigilia, -ae: watch, shift

Theft of the horses of Rhesus. Apulian red-figure krater, ca. 340 B.C.

Witness #3 *Ilias Latina 729-740*

Post haec tentoria Rhesi
[Diomedes et Ulixes] intrant atque ipsum somno vinoque sepultum
Obtruncant, spoliantque virum, fusosque per herbam
Exanimant socios. Tristi tum caede peracta
5 Praeda umeros onerant, multo candore nitentes
Thracas equos rapiunt, quos nec praecederet Eurus
Nec posset volucri cursu superare sagitta.
Inde iterum Argolicas primae sub tempore lucis
Ad classes redeunt, quos Nestoris excipit aetas
10 Ac recipit portis. Postquam sua castra tenebant,
Facta duci referunt: laudat Pelopeius heros,
Fessaque iucundae tradunt sua membra quieti.

candor, candoris: clarity, brightness
Eurus, -i: the southeast wind
exanimo, -are: to kill, stun
niteo, -ere: to shine, glimmer
obtrunco, -are: to kill, murder, slay
onero, -are: to burden, weigh down

pr(a)ecedo, -cedere, -cessi, -cessum: to precede
sepelio, -ire: to bury
umerus, -i: shoulder
volucer, -cris, -cre: winged, swift

Gathering Facts and Evidence:
How do the witness accounts corroborate or refute the following claims?

- Rhesus was a Trojan ally

- Rhesus made camp en route to Troy

- Diomedes and Odysseus thought Rhesus was a spy

- Diomedes and Odysseus killed Rhesus while he slept

- Diomedes and Odysseus stole Rhesus's horses

5.

Defendant #1: Diomedes
Charge: Murder of Dolon

Defendant #2: Odysseus/Ulysses
Charge: Murder of Dolon

Witness #1   *Dares 22*

Ulixes et Diomedes noctu legati vadunt. Occurrit illis Dolon ex Troianis. Qui cum interrogarentur, quid ita armati noctu ad oppidum venissent, dixerunt se ab Agamemnone legatos ad Priamum missos. Quos ut audivit Priamus venisse et desiderium suum exposuisse, in consilium omnes duces
5 convocat, quibus refert legatos venisse ab Agamemnone, et indutias ad triennium petere. Hectori suspectum videtur quod tam longum tempus postulassent. Priamus dicere imperat, quid cuique videatur. Omnibus placitum est indutias in triennium dare. Interim Troiani moenia renovant, suos saucios curant, cum ingenti honore suos quisque funerat.

desiderium, -i: desire, wish, longing
honos, honoris: honor, clout, office
indutiae, -arum: truce, armistice
quid cuique videatur: 'what seemed appropriate to each one,' (i.e., everyone's opinion)
renovo, -are: to restore, renew
saucius, -a, -um: wounded
sepelio, -ire: to bury
suspicio, -spicere, -spexi, -spectum: to suspect, regard
triennium, -i: three years
vado, -ere, vasi: to go, hasten

Witness #2   *Dictys 2.37*

10 Namque apud Troiam Hector causam tumultus eorum cupidus persciscere filium Eumedis Dolonem multis praemiis promissisque inlectum ad postremum, uti exploratum res Graecorum egrederetur, mittit isque non longe a navibus avidus ignara cognoscendi, dum cupit suscepti negotii fidem complere, in manus Diomedis, qui eum locum cum Ulixe custodiebat,
15 devenit, ac mox ab his comprehensus refert cuncta atque occiditur.

ad postremum: at last, finally
avidus, -a, -um: desiring, eager
devenio, -ire: to arrive, reach
inlicio, -licere, -lexi, -lectum: to entice
perscisco, -sciscere, -scivi, -scitum: to learn

Witness #3 — *Ilias Latina 704-727*

Dumque iter horrendum loca per non tuta paventes
Carpebant, venit ecce Dolon, quem Troia pubes
Miserat, ut Danaum sollerti pectore vires
Perspiceret sensusque ducum plebisque referret.
5 Quem procul ut vidit socius Diomedis Ulixes,
Abdiderunt occultantes sua corpora furtim
Post densos frutices, dum spe percussus inani
Tros Eumediades cursu praecederet illos.
Ne facile oppressus gressum in sua castra referret.
10 Post, ubi transierat fidens animoque manuque,
Prosiluere viri iuvenemque evadere cursu
Conantem capiunt ferroque manuque minantur.
Ille timore pavens: "Vitam concedite" dixit,
"Hoc unum satis est; quodsi perstatis in ira,
15 Quanta ex morte mea capietis praemia laudis?
At si cur veniam tacitis exquiritis umbris:
Maxima Troia mihi currum promisit Achillis
Si vestras cepisset opes. Haec dona secutus
In dubios casus, coram quod cernitis ipsi,
20 Infelix cecidi. Nunc vos per numina divum,
Per mare, per Ditis fluctus obtestor opaci,
Ne rapere hanc animam crudeli caede velitis.
Haec pro concessa referetis dona salute:
Consilium Priami remque omnem ex ordine gentis
25 Expediam Phrygiae." Postquam quid Troia pararet
Cognovere viri, fauces mucrone recluso
Diffindunt iuveni.

abdo, -dere, -didi, -ditium: to hide, withdraw
diffindo, -findere, -fidi, -fissum: to split, cleave, open
dis, ditis: underworld
exquiro, -quirere, -quisivi, -situm: to investigate, inquire
faux, faucis: throat
fidens, -ntis: confident, courageous
frutex, fruticis: shrub, bush

furtim: secretly
gressus, -us: step, course
horrendus, -a, -um: horrible, dreadful
mucro, mucronis: swordpoint
obtestor, -ari: to entreat, vow
occulto, -are: to hide, conceal
opacus, -a, -um: shady, dark, shadowy
paveo, -ere, pavi: to panic, fear
persto, -stare, -stiti, -statum: to remain, persist
pr(a)ecedo, -cedere, -cessi, -cessum: to precede
prosilio, -ire: to jump out, jump forth
pubes, puberis: adult
quodsi: but if
recludo, -ere, -clusi, -clusum: to open, expose
sollers, -tis: clever, skillful

Gathering Facts and Evidence:
How do the witness accounts corroborate or refute the following claims?

- Diomedes and Odysseus encountered Dolon at night

- Diomedes and Odysseus were sent by Agamemnon to secure an armistice

- Dolon was sent to spy on the Greeks

- The Greeks and Trojans agreed to a three-year peace

- Dolon survived the encounter with Diomedes and Odysseus

- Dolon provided the Greeks with information under duress

- Dolon begged for his life

- Diomedes and Odysseus killeds Dolon

6.

Defendant: Patroclus
Charge: Despoliation of Sarpedon

Witness #1   *Hyginus 106*

(See *Hyginus 106*, pages 42-43)

Witness #2   *Quintus 4.287-290*

Propterea in media <spectantium> corona Thetis currum et equos ei dedit
Aeripedes, quos magni vis ante Patrocli
Egerat ex Troum acie, divo Sarpedone perempto.

aeripes, aeripedis: bronze-footed   **propterea:** therefore
perimo, -imere, -emi, -emptum: to
    destroy, slaughter

Witness #3   *Dares 28*

Annus circumactus est. Palamedes exercitum educit instruit, Deiphobus contra. Achilles iratus in proelium non prodit. Palamedes occasionem
5 nactus impressionem in Deiphobum facit eumque obtruncat. Proelium acre insurgit, ab utrisque partibus, multa millia hominum cadunt. Palamedes in prima acie versatur hortaturque, ut proelium fortiter gerant. Contra eum Sarpedon Lycius occurrit eumque Palamedes interficit. Eo facto laetus in acie versatur. Cui exultanti et glorianti Alexander Paris sagitta collum
10 transfigit. Phryges animadvertunt, tela coniciunt atque ita Palamedes occiditur. Rege occiso Argivi cedunt, Troiani persequuntur, castra oppugnant, naves incendunt, cuncti impressionem faciunt, turpiter Achivi terga vertunt, in castra confugiunt. Achilli nuntiatum est, dissimulat. Aiax Telamonius fortissime defendit. Nox proelium dirimit. Argivi in castris
15 Palamedis scientiam aequitatem bonitatem clementiam lamentantur. Troiani Sarpedonem et Deiphobum deflent.

aequitas, aequitatis: fairness
bonitas, bonitatis: goodness, generosity
circumago, -agere, -egi, -actum: to spend, pass time
clementia, -ae: mercy
confugio, -fugere, -fugi: to flee, take refuge
defleo, -flere, -flevi, -fletum: to mourn, weep
dirimo, -rimere, -remi, -remptum: to divide, break off
exulto, -are: to rejoice
glorior, -ari: to boast
impressio, impressionis: attack
insurgo, -surgere, -surrexi, -ctum: to rise up
lamentor, -ari: to lament, mourn
obtrunco, -are: to kill, murder, slay
transfigo, -ere, -fixi, -fixum: to pierce, stab

Witness #4 *Dictys 3.7-9*

At in alia belli parte Patroclus et Lycius Sarpedon locati in cornibus nullis propinquorum praesentibus signo inter se dato solitarii certaminis extra aciem processere, moxque telis adversum iactis, ubi uterque intactus est, curru desiliunt atque arreptis gladiis pergunt obviam. Iamque crebris
5 adversum se ictibus congressi, neque vulneratus quisquam, multum diei consumpserant, cum Patroclus amplius audendum ratus colligit in arma sese et cautius contectus ingressusque hostem complectitur, manu dextra poplitem succidens, quo vulnere debilitatum atque exsectis nervis invalidum propulsat corpore ruentemque interficit.

10 Quod ubi animadvertere Troiani, qui iuxta steterant, gemitum magno clamore tollunt, relictisque ordinibus signo dato arma in Patroclum vertunt, scilicet Sarpedonis interitum publicam cladem rati. . . .

Tum apud Troiam circa Sarpedonis cadaver cunctis deflentibus ac praecipue feminis luctu atque gemitu omnia completa sunt, quis non alii
15 casus acerbissimi, ne interitus quidem Priamidarum, prae desiderio eius cordi insederant. Tantum in eo vivo praesidium et interfecto spes ablata credebatur.

amplior, -ius: further, more
arripio, -ripere, -ripui, -reptum: to seize, snatch
cadaver, cadaveris: corpse, cadaver
cautus, -a, -um: cautious
clades, cladis: disaster
congredior, -gredi, -gressus sum: to meet
contego, -tegere, -texi, -tectum: to cover, shield, bury, enclose
debilitas, debilitatis: weakness
desiderium, -i: desire, wish, longing
desilio, -silire, -silui, -sultum: to leap down, jump down
exseco, are, -cui: to cut
icio, -ere, ici, iactum: to strike, hit
insideo, -ere: to remain
intactus, -a, -um: untouched, unharmed
interitus, -us: destruction, ruin

invalidus, -a, -um: weak, powerless
nervus, -i: tendon, sinew
obviam: *adv.* on the way, in the way, against
poples, poplitis: knee
prae: *prep. with abl.* before, because of

praecipue: especially
propulso, -are: to repel, drive off
solitarius, -a, -um: single, alone
succido, -cidere, -cidi, -cisum: to cut down

Witness # 5 *Ilias Latina 520-528*

. . . Post hos Iovis incluta proles
Sarpedon subiit funestaque proelia miscet.
Quem contra infelix non aequis dimicat armis
Tlepolemus magno satus Hercule, sed neque vires
5   Hunc servare patris nec tot potuere labores,
Quin caderet tenuemque daret de corpore vitam.
Saucius egreditur medio certamine belli
Sarpedon fraudisque subit commentor Ulixes
Et septem iuvenum fortissima corpora fundit.

commentor, commentoris: inventor
funestus, -a, -um: deadly, full of death
inclutus, -a, -um: famous, renowned
misceo, -ere, miscui, mixtum: to unite, restore, mix

saucius, -a, -um: wounded
sero, -ere, sevi, satum: to beget, create, sow

Gathering Facts and Evidence:
How do the witness accounts corroborate or refute the following claims?

- Patroclus and Sarpedon met in single combat

- Sarpedon was killed by Patroclus

- Sarpedon was killed by someone other than Patroclus

- Patroclus despoiled Sarpedon's corpse and stole his horse and chariot

7.

Defendant: Hector
Charge: Despoliation of Patroclus

Witness #1   *Excidium Troiae p. 11*

(See *Excidium Troiae p. 11*, page 42)

Witness #2   *Hyginus 106*

(See *Hyginus 106*, pages 42-43)

Witness #3   *Dares 19*

Postquam magna caedes utrimque facta est, advenit Achilles: is totum exercitum in fugam convertit, redegitque in Troiam. Nox proelium dirimit, Agamemnon exercitum in terram educit, castra facit. Postera die Hector exercitum ex urbe educit, et instruit. Agamemnon contra clamore magno
5 occurrit: proelium acre et iracundum fit: fortissimus quisque in primis cadit. Hector Patroclum occidit, et eum spoliare parat.

dirimo, -rimere, -remi, -remptum: to divide, break off
iracundus, -a, -um: angry, hostile
redigo, -ere, -egi, -actum: to drive off, drive back

Witness #4   *Dictys 3.9-10*

Sed postquam dies aliquot triti et vulnerati convaluerant, arma expedire et producere militem placet. . . . Inter quae tam foeda tanta inclinatione rerum Patroclus fortunam belli vincere adgressus, dum hortatur suos simul
10 atque instat hostibus promptior quam bellandi mos est, telo Euphorbi ictus ruit. Statimque Hector advolans eum opprimit ac desuper vulneribus multis fodit; moxque nititur abstrahere proelio, scilicet insolentia gentis

suae inludere cupiens per universa genera dehonestamenti. Quod ubi Aiaci cognitum est, relicto ubi pugnaverat propere accurrit, iamque eripere cadaver occipientem proturbat hasta.

abstraho, -trahere, -traxi, -tractum: to remove, take away
accurro, -currere, -curri: to run to, hasten
advolo, -are: to hasten
bello, -are: to wage war
cadaver, cadaveris: corpse, cadaver
convalesco, -valere, -valui: to heal, become strong
dehonestamentum, -i: disgrace, dishonor
desuper: from above
nitor, niti, nisus sum: to struggle, strive
fodio, -ere, fodi, fossum: to dig, stick
illudo, -ludere, -lusi, -lusum: to mock, ridicule
inclinatio, inclinationis: inclination
insolentia, -ae: pride, arrogance
promptus, -a, -um: ready, eager
propere: quickly
proturbo, -are: to drive off
tero, -ere, trivi, tritum: to wear out, use up

Gathering Facts and Evidence:
How do the witness accounts corroborate or refute the following claims?

- Achilles refused to fight (angry about Briseis)

- Patroclus wore Achilles' armor into battle

- Hector killed Patroclus

- Hector stripped the armor from Patroclus's corpse

- Hector mutilated Patroclus's corpse

8.

Defendant: Achilles
Charge: Murder and Mutilation of Hector
Mitigating Factor: Return of Body for Burial

Witness #1   *Excidium Troiae p. 11-12*

Dum Achilles Troiam veniret, Hector filius Priami regis Troianorum petivit monomachiam cum Achille pugnare. Et quia Achilles ab Agamemnone et Menelao laesus fuerat pro Briseida, quam apud Troiam per muros exposuerat, et eam sibi coniunxerat, et postea ei ab Agamemnone sublata
5 est. Ipse dolor fecit eum contra Hectorem nolle exire. Sed Patroclum Hector occidit; dum hoc Achilli nuntiatum fuisset, dolore nimio Patrocli amici sui percussus petivit se una cum Hectore pugnaturum, et diem inter se constituerunt quando utrique ad se ad dimicandum venirent. . . .

Venit dies statuta ut contra Hectorem ad dimicandum exiret; quem Achilles
10 sub mamilla percutiens ante muros interfecit, et continuo super eum sedens cum amicis suis—id est, Eace et Aiace Telamonio—eum armis exui iussit et mandavit duos equos indomitos ad currum iungi, et corpus Hectoris post currum talaribus ligari et post muros trahi. Hoc cum Priamo regi patri eius vel Hecubae matri necnon et Polyxenae sorori eius virgini nuntiatum
15 fuisset, super portam civitatis collocantes viderunt corpus Hectoris post currum ligatum. Ac illi cum lacrimis deprecati sunt deposita trutina contra corpus eius aurum pensari et sibi corpus eius donari; quod Achilles pietate ductus iussit concedi.

deprecor, -ari: to pray, beg
exuo, -uere, -ui, -utum: to strip, remove clothes
id est: 'that is' ("i.e.")
indomitus, -a, -um: wild, untamed
ligo, -are: to bind, tie

mamilla, -ae: breast
monomachia, -ae: duel
necnon: also, nor
penso, -are: to weigh, balance
talaris, talaris: ankle
trutina, -ae: balance, scale

Witness #2 — *Hyginus 106*

(See *Hyginus 106*, pages 42-43)

Witness #3 — *Quintus 1.104-115*

". . . Hector enim te vi bellica longe antestabat:
Et tamen, licet tam fortis, succubuit et Troas ingenti maerore affecit:
Qui illum universi, non aliter ac Deum, in urbe suspiciebant.
Sed mihi etiam venerandisque parentibus magno erat honestamento
5 Quam diu vixit. Atque utinam me super ingesta terra occuluisset
Antequam ipse, mentum hasta transfixus, animam efflasset!
At nunc rem acerbissimam magno meo malo aspexi:
Quando eum circa urbem veloces Achillis equi
Crudeliter raptabant. Is me viro orbavit
10 Cui mea libata virginitas: qui cruciatus per omne
Vitae tempus mihi est acerbissimus."
Sic intra animum suum loquebatur <cogitabat> pulchra Eetionis nata
   [Andromacha],
Mariti recordans.

antesto, -stare, -steti: to excel, surpass
bellicus, -a, -um: warlike, martial
cruciatus, -us: torture, torment
efflo, -are: to breathe out, die
honestamentum, -i: ornament, grace, reward
ingero, -gerere, -gessi, -gestum: to heap upon
libo, -are: to make a libation, to offer as a sacrifice, to diminish
maeror, maeroris: sorrow
mentum, -i: chin
nata, -ae: daughter, child
occulo, -ere, -lui, -cultum: to cover, hide

orbo, -are: to bereave, deprive
quam diu: 'as long as'
rapto, -are: to seize, carry off
recordor, -ari: to recall
succumbo, -cumbere, -cubui, -cubitum: to succumb, surrender, give way
suspicio, -spicere, -spexi, -spectum: to suspect, regard
transfigo, -ere, -fixi, -fixum: to pierce, stab
velox, -cis: swift, rapid
veneror, -ari: to revere, worship
virginitas, virginitatis: virginity

Witness #4 — *Dares 24, 25*

15 At ubi tempus pugnae supervenit, Andromacha uxor Hectoris in somnis vidit ne Hector in pugnam procederet: et cum ad eum visum referret, Hector muliebria verba abicit. Andromacha maesta ad Priamum misit, ut

ille prohibeat, ne ea die pugnaret. Priamus Helenum Alexandrum Troilum Aenean et Memnonem iubet accersi, ut illi in pugnam prodirent: in pugnam misit. Hector ut ista cognovit, multum increpans Andromacham arma ut proferret poposcit nec retineri ullo modo potuit. Maesta Andromacha
5 summissis capillis Astyanactem filium protendens ante pedes Hectoris eum revocare non potuit tunc planctu femineo oppidum concitat, ad Priamum in regiam currit, refert quid in somnis viderit et Hectorem velle in pugnam prodire, nec posse proiecto ad genua filio suo revocari. Priamus omnes in pugnam prodire iussit, Hectorem retinuit. Agamemnon Diomedes
10 Achilles Aiax Locrus ut videre Hectorem non prodisse, acriter pugnaverunt multosque duces Troianorum occiderunt. Hector ut audivit tumultum in bello et sine se Troianos laborare, prosiliit in bellum. Statimque Eioneum obtruncat, Iphinoum sauciavit, Leonteum occidit, Stheneli femur iaculo figit. Quem ut Achilles respexit et tot acerrimos duces ab eo interfectos,
15 animum in illum dirigebat, ut illi obvius fieret. Considerabat enim Achilles nisi Hectorem occideret plures de Graecorum numero eius dextera perituros. Multa millia hominum interea trucidantur. Acre proelium conliditur. Hector Polypoetem ducem fortissimum occidit et cum spoliare coepisset, Achilles supervenit. Fit pugna maior, clamor ab oppido et a toto
20 surgit exercitu. Hector Achillis femur sauciat. Ille dolore accepto magis eum persequi coepit nec destitit, nisi occideret. Quo interempto Troianos in fugam vertit et maxima caede eos usque ad portam fugavit: cui tamen Memnon fortissime restitit. Et acriter inter se certaverunt, laesi utrique discesserunt. Nox proelium dirimit. Achilles de bello saucius redit. Noctu
25 Troiani Hectorem lamentantur. . . . Priamus Hectorem suo more ante portam sepelivit ludosque funebres facit.

conlido, -lidere, -lisi, -lisum: to dash together
considero, -are: to consider, suppose, reckon
dirimo, -rimere, -remi, -remptum: to divide, break off
femineus, -a, -um: womanly, woman's
femur, femoris: thigh
figo, -ere, fixi, fixum: to fix, attach, stab
funebris, -e: funeral, funerary
genu, -us: knee
iaculum, -i: dart, javelin
increpito, -are: to rebuke, reproach
interimo, -imere, -emi, -emptum: to destroy, kill
lamentor, -ari: to lament, mourn
muliebris, -e: womanly, woman's
obtrunco, -are: to kill, murder, slay
planctus, -us: lamentation, beating
prosilio, -ire: to jump out, jump forth
protendo, -tendere, -tendi, -tentum: to stretch out, extend
saltus, -us: leap, bound
saucio, -are: to wound
saucius, -a, -um: wounded
submissus, -a, -um: lowered, submissive, humble, unkempt
supervenio, -ire: to arrive
visus, -us: sight, vision

Witness #5   Dictys 3.6, 15, 16, 17, 20; 4.1

Ceterum Hector postquam ad se agmine infesto tendi videt, causas odii recordatus non ulterius impetum viri experiri ausus ex acie subterfugit. Eumque Achilles insecutus quantum acies hostium patiebatur, ad postremum iaculatus aurigam eius interficit, postquam Hector per aliam
5   partem relicto curru aufugerat.

Igitur Achilles paucis fidis adiunctis secum, insidiatum propere pergit, atque hostem securum sui praevortit. Tum ingredi flumen occipientem, circumvenit. Ita eumque et omnes, qui comites regulo, dolum huiusmodi ignoraverant, ex improviso interficit. At quendam filiorum Priami
10 comprehensum, mox excisis manibus ad civitatem remittit, nuntiatum quae gesta erant. Ipse cum caede inimicissimi, tum memoria doloris ferox, spoliatum armis hostem, mox constrictis in unum pedibus, vinculo currui postremo adnectit. Dein ubi ascendit ipse, Automedonti imperat, daret lora equis. Ita curru concito per campum, qua maxime visi poterat,
15 pervolat, hostem mirandum in modum circumtrahens: genus poenae novum, miserandumque.

At apud Troiam ubi spolia Hectoris desuper e muris animadvertere quae Graeci praecepto regis ante ora hostium praetulerant: et ille qui excisis manibus acerbissimae rei indicium in se ipse pertulerat, rem ut gesta erat,
20 disseruit; tantus undique versus per totam civitatem luctus atque clamor editus, ut aves etiam consternatae vocibus, alto decidisse crederentur, nostris cum insultatione reclamantibus. Ac mox ex omni parte urbs clauditur. Foedatur regni habitus, atque in modum lugubrem, funestumque, obducta facies civitatis . . . nullam salutis spem interempto Hectore haberi, quippe
25 is solus omnium in ea civitate adversum tot millia imperatoresque hostium varia semper victoria certaverat. Fortior quam felicior cui fama bellandi incluto per gentes numquam tamen vires consilio superfuerant.

Interim apud Graecos, ubi Achilles ad naves rediit et cadaver Hectoris in ore omnium est, dolor, quem ob Patrocli interitum paulo ante perceperant,
30 nece metuendi hostis et ob id praecipua laetitia circumscribitur.

At lucis principio Priamus lugubri veste miserabile tectus, cui dolor non decus regium, non ullam tanti nominis atque famae speciem reliquam fecerat, manibus vultuque supplicibus ad Achillem venit. . . .

Dein sequebatur vehicula plena auri atque argenti pretiosaeque vestis, cum
35 super murum despectantes Troiani comitatum regis oculis prosequerentur.

Quo viso repente silentium ex admiratione oritur ac mox reges avidi noscere causas adventus eius procedunt obviam. Priamus ubi ad se tendi videt, protinus in os ruit pulverem atque alia humi purgamenta capiti aspargens. Dein orat uti miserati fortunas suas precatores secum ad Achillem
5 veniant. . . .

Sed postquam Troianis palam est regem perfecto negotio inviolatum atque integro comitatu regredi, admirati laudantesque Graeciae pietatem ad caelum ferunt, quippe quis animo ita haeserat nulla spe impetrandi cadaveris ipsumque et qui cum eo fuissent retineri a Graecis, maxime ob
10 Helenae, quae non remitteretur, recordationem.

ad postremum: at last, finally
admiratio, admirationis: admiration, wonder
adnecto, -nectere, -nexui, -nexum: to tie
adsoleo, -ere: to be accustomed, to be usual
aspargo, -spargere, -sparsi, -sparsum: to sprinkle, scatter
aufugio, -fugere, -fugi: to escape, flee
auriga, -ae: charioteer
avidus, -a, -um: desiring, eager
bello, -are: to wage war
cadaver, cadaveris: corpse, cadaver
circumscribo, -ere, -scripsi, -scriptum: to define, rule, decide
circumtraho, -trahere, -traxi, -tractum: to drag around
comitatus, -us: retinue, following
consterno, -sternere, -stravi, -stratum: to lay low, bring down
constringo, -stringere, -strinxi, -ctum: to bind, tie
cum…tum…: both…and, also even; not only…but also…
decido, -cidere, -cidi: to fall down
despecto, -are: to look down, despise
desuper: from above
dissero, -serere, -serui, -sertum: to discuss, treat
ex improviso: 'unexpectedly'
excido, -cidere, -cisi, -cissum: to cut out, cut off
foedo, -are: to spoil, befoul
funestus, -a, -um: deadly, full of death
habitus, -us: clothes
huiusmodi: of this kind
iaculor, -ari: to throw, cast
in ore omnium: 'in front of everyone'
inclutus, -a, -um: famous, renowned
insidior, -ari: to ambush, plot
insultatio, insultationis: insult, offense
interitus, -us: destruction, ruin
inviolatus, -a, -um: unharmed
lora do, dare, dedi, datum: to whip, spur
lugubris, -e: mourning, mournful
mirandus, -a, -um: wonderful, strange
miserabilis, -e: pitiful, wretched
miserandus, -a, -um: wretched, pitiful
misereor, -eri, miseratus sum: to pity
nex, necis: death, murder
obduco, -ere, -duxi, -ductum: to cover, spread
obviam: on the way, in the way, against
occipio, -cipere, -cepi, -ceptum: to begin
percipio, -cipere, -cepi, -ceptum: to feel, to gather
postremo: finally, behind;
praecipuus, -a, -um: special
praevolo, -are: to hasten, fly before
praevorto, -vortere, -verti, -versum: to surprise, anticipate
precator, precatoris: suppliant
pretiosus, -a, -um: precious, valuable
propere: quickly
prosequor, -sequi, -secutus sum: to follow, pursue, accompany

purgamentum, -i: filth, dirt
reclamo, -are: to shout, resound, contradict
recordatio, recordationis: recalling, memory
regredior, -gredi, -gressus sum: to return
regulus, -i: prince

subterfugio, -fugere, fugi: to escape
ulterius: further, longer
vehiculum, -i: vehicle, wagon
versus or **versum:** towards
viso, -ere, visi, visum: to look at, see, watch

Achilles dragging Hector. Mosaic, Vatican Museum, ca. 3rd c. A.D

Gathering Facts and Evidence:
How do the witness accounts corroborate or refute the following claims?

- Andromache had a vision and warned Hector not to fight
- Andromache warned Priam; Priam kept Hector from fighting
- Hector fought despite warnings from his family
- Achilles, upset about loss of Briseis, refused to fight
- Hector killed Patroclus
- Hector stole Achilles' armor from Patroclus's corpse
- Hector stole armor from Polypoetes
- Thetis gave Achilles new armor so he could fight Hector
- Achilles and Hector fought in single combat
- Hector fled from Achilles
- Achilles killed Hector in battle
- Achilles killed Hector in an ambush (not in battle)
- Achilles dragged Hector's corpse around the city walls
- Achilles mutilated Hector's brother and sent him to Troy to report Hector's death
- The Trojans watched Achilles abuse Hector's corpse
- Hector's body was ransomed with gold
- Priam entered the Greek camp to ransom Hector's corpse
- Hector's body was recovered immediately; no desecration occurred
- The Trojans admired Achilles' treatment of Priam and Hector

9.

Defendant: Achilles
Charge: Murder of Troilus

Witness #1   *Vat. Myth. 3.210*

Troilus Priami et Hecubae filius cum equos extra muros exerceret, ab Achille per insidias vulneratur, exanimisque in urbem equis religatus refertur. Cui dictum erat quod si ad annos XX pervenisset, Troia everti non potuisset.

everto, -vertere, -verti, -versum: to overthrow

exanimis, -e: dead, lifeless
religo, -are: to tie up, bind

Witness #2   *Quintus 4.418-435*

    . . . Quare pulchra ei arma Pelei coniunx dedit
5 Troili praestantis: quem iuvenum longe optimum
    In sacra Troia Hecuba peperit; nec fructum cepit
    Honorificum <de ipso>. Iam enim saevi eum Achillis
    Hasta simul ac robor, vita spoliarant:
    Ceu in roscido et florenti horto
10 Aquosam iuxta fossam, crescentem
    Vel spicam vel papaver, antequam fructum consequatur,
    Quispiam falce acuta resecat, nec sinit
    Ad dulcem pervenire finem, nec ad alteram sementem durare
    Metens <segetem> inanem et feminis expertem, splendido aere
15 Quae tamen a rorifluo vere maturum incrementum acceptura esset:
    Eodem modo etiam natum Priami, Deos forma aequiparantem
    Pelides obtruncaverat, cum adhuc impubis esset, ac sponsae
    Ignarus, cum pueris adhuc tenerae aetatis more ludens. . . .

aequiparo, -are: to compare, equal
aquosus, -a, -um: watery
ceu: just like, like
duro, -are: to last, endure, prevail

expers, -tis: free of, without
falx, falcis: sickle
floreo, -ere, -ui: to blossom, bloom, flower

honorificus, -a, -um: respectfully, honorably
impubes, -eris: young, unmarried, beardless, prepubescent
incrementum, -i: growth, increase, offspring
meto, -ere, messui, messum: to reap, harvest
obtrunco, -are: to kill, murder, slay
papaver, papaveris: poppy
quispiam: anyone, someone

reseco, -are: to cut back
robur, roboris: strength, choice
rorifluus, -a, -um: dew-bringing, dewy
roscidus, -a, -um: dewy, moist
seges, segetis: crop
sementis, sementis: growing season
spica, -ae: head of wheat
splendidus, -a, -um: brilliant, distinguished, outstanding
sponsa, -ae: bride, fiance
ver, veris: spring

Witness #3 *Dares 31, 32, 33*

Tempus pugnae supervenit. Agamemnon Menelaus Diomedes Aiax exercitum educunt. Contra Troiani. Fit magna caedes, pugnatur acriter, uterque exercitus inter se saeviunt. Troilus Menelaum sauciat, multos interficit, Argivos in castra fugat. Nox proelium dirimit. Postera die
5 Troilus et Alexander exercitum educit, contra omnes Argivi prodeunt, acriter utrimque pugnatur. Troilus Diomeden sauciat, in Agamemnonem impressionem facit necnon faciem ipsius sauciat, Argivos caedit. Per aliquot dies pugnatur acriter, multa millia hominum ex utraque parte trucidantur. Agamemnon ut vidit maiorem partem exercitus se cotidie amittere neque
10 sufficere posse, mittit indutias petere in sex menses. Priamus concilium cogit, indicat Argivorum legationem. Troilus negat dari tam longo tempore indutias, sed potius impressionem fieri, naves incendi. Priamus <u>quid cuique videatur</u> dicere imperat. Omnibus placitum est debere fieri quod Argivi petunt. Tunc fiunt indutiae in sex menses. Agamemnon honorifice suos
15 sepeliendos curat, Diomeden Menelaum saucios curat. Troiani aeque suos sepeliunt. . . .

Tempus pugnae supervenit. Troiani exercitum educunt. Contra Argivi prodeunt. Achilles Myrmidones instruit, ad Agamemnonem paratos mittit. Fit pugna maior, acriter saevitur. Troilus enim in prima acie Argivos caedit,
20 Myrmidones persequitur, impressionem facit in castra, multos occidit, plurimos sauciat. Aiax Telamonius obstitit. Troiani victores in oppidum revertuntur. . . .

Tempus pugnae supervenit. Troiani exercitum educunt. Contra Agamemnon omnes duces in pugnam cogit. Proelio commisso fit magna caedes,
25 acriter saeviunt. Postquam primum tempus diei transiit, prodit in proelio

Troilus caedit prosternit: Argivi fugam cum clamore fecerunt. Achilles ut vidit Troilum ita saevire et Argivis insultare simulque sine intermissione prosternere, Argivos laborare, prosiluit in bellum. Eum continuo Troilus praecepit et sauciat. Achilles de proelio saucius redit. Pugnatur continuis
5 diebus sex. Die septimo dum uterque exercitus proelio commisso fugaretur, Achilles, qui aliquot dies vexatus in pugnam non prodierat, Myrmidones instruit: hortatur alloquitur, ut fortiter impressionem in Troilum faciant. Postquam maior pars diei transiit, prodit Troilus ex equo laetus. Argivi clamore magno fugam faciunt, Myrmidones supervenere, impressionem in
10 Troilum faciunt, de quorum numero multi a Troilo occiduntur: dum acriter proeliatur, equus Troili saucius corruit, Troilum implicitum excutit. Eum Achilles cito adveniens occidit, ex proelio trahere coepit, et subtraxisset, nisi Memnon eripuisset, et Achillem vulnere sauciasset.

alloquor, -loqui, -locutus sum: to address, speak
continuus, -a, -um: uninterrupted
corruo, -ruere, -rui: to fall down, topple
desiderium, -i: desire, wish, longing
dirimo, -rimere, -remi, -remptum: to divide, break off
implico, -are, -ui, -itum: to tangle
impressio, impressionis: attack
indutiae, -arum: truce, armistice
insulto, -are: to triumph over, insult
intermissio, intermissionis: interruption
interventus, -us: interference, intervention
iracundus, -a, -um: angry, hostile
necnon: also, nor
obsto, -are, -stiti, -statum: to resist, oppose
prodeo, -ire: to go forth, advance
proelior, -ari: to battle, strive
prosterno, -sternare, -stravi, -stratum: to strike down, overthrow, lay prostrate
quid cuique videatur: 'what seemed appropriate to each one,' (i.e., everyone's opinion)
saevio, -ire: to be fierce, to rage
saucio, -are: to wound
saucius, -a, -um: wounded
sepelio, -ire: to bury
septimus, -a, -um: seventh
sufficio, -ficere, -feci, -fectum: to provide, supply, suffice
supervenio, -ire: to arrive
trucido, -are: to slaughter

Witness #4 — *Dictys 4.9*

At post paucos dies Graeci instructi armis processere in campum, lacessentes,
15 si auderent, ad bellandum Troianos. Quibus dux Alexander cum reliquis fratribus militem ordinat, atque adversum pergit. Sed priusquam ferire inter se acies, aut iaci tela coepere, barbari solutis ordinibus fugam faciunt. Caesique eorum plurimi, aut in flumen praecipites dati, cum hinc atque inde ingrueret hostis, atque undique adempta fuga esset. Capti etiam
20 Lycaon et Troilus Priamidae, quos in medium productos Achilles iugulari

iubet: indignatus, nondum sibi a Priamo super his quae secum tractaverat, mandatum. Quae ubi animadvertere Troiani, tollunt gemitus et clamore lugubri Troili casum miserandum in modum deflent, recordati aetatem eius admodum immaturam: qui in primis pueritiae annis, cum verecundia 5 ac probitate, tum praecipue forma corporis amabilis, atque acceptus popularibus adolescebat.

admodum: completely, excessively, very
adolesco, -ere, adolevi, adultum: to grow up
amabilis, -e: attractive, delightful
bello, -are: to wage war
cum…tum…: both…and, also even; not only…but also…
defleo, -flere, -flevi, -fletum: to mourn, weep
desolo, -are: to forsake, abandon
immaturus, -a, -um: immature, unripe
indignor, -ari: to be offended
ingruo, -gruere, -grui: to attack, befall
iugulo, -are: to put to death, to sacrifice
lacesso, -ere, -ivi, -itum: to provoke

lugubris, -e: mourning, mournful
mandatum, -i: command, order
miserandus, -a, -um: wretched, pitiful
ordino, -are: to arrange, govern
popularis, popularis: fellow citizens, people
praeceps, -cipitis: headfirst, headlong
praecipue: especially
Priamides, -ae: descendant of Priam
probitas, probitatis: honesty, integrity
pueritia, -ae: boyhood, youth
recordor, -ari: to recall
tracto, -are: to deal, handle, treat
verecundia, -ae: modesty, respect

Gathering Facts and Evidence:
How do the witness accounts corroborate or refute the following claims?

- Troilus, a mighty warrior, led the Trojans into battle

- Troilus was too young for battle

- Troilus killed while riding horses (not engaged in battle)

- Achilles killed Troilus

- Troilus was captured alive and executed by Achilles

- Achilles stripped the armor from Troilus

10.

Defendant: Achilles
Charge: Despoliation of Penthesilea

Witness #1   *Excidium Troiae p. 11*

Primum Achilles cum filio Neptuni dimicavit et eum occidit; deinde cum Penthesilea regina Amazonarum, etiam et ipsam sub mamilla percutiens de equo iactavit, cum qua dum exanime concubuit.

concumbo, -cumbere, -cubui, -cubitum: **mamilla, -ae:** breast
   to lie with, be intimate with
exanimis, -e: dead, lifeless

Witness #2   *Quintus 1.399-401, 590-594,*
642-646, 652-653, 655-660, 716-719

    Sic etiam Achivum natos, in acie invadens,
5 Martia virgo, partim occidit, partim in fugam egit.
    Troades autem procul Mavortia mulieris facinora
    Admirantur. . . .
    . . . [Achilles] inruit, valida manu protendens
    Lethalem et prolixam hastam, a Chirone fabricatam;
10 Ac subito supra papillam bellicosam Penthesileam
    Vulnerat dextram, cui niger profluit cruor
    Repente, subitoque membris debilitatur. . . .
    "Iaceto nunc in pulvere, canum esca et volucrum,
    Infelix. Quis enim te seduxit, contra me
15 Ut venires? An forte putasti, e pugna reversam
    Te asportaturam infinita praemia a Priamo grandaevo
    Interfectis Argivis?" . . .
    Sic fatus, hastam extraxit Pelei filius [Achilles]
    Ex rapido equo et misera Penthesilea
20 Eique de capite detraxit cassidem micantem

Instar solis radiorum aut fulgurum Iovis
Cuius, etiam in pulvere et sanguine iacentis
Pulchra facies ex fronte amabili reluxit
Quamvis extinctae. Atque ut obeuntes viderunt
5 Argivi obstupuerunt: quoniam Deabus similis erat. . . .
At Pelei filius valde contristabatur
Delectabilem puellae speciem in pulvere contuens:
Ideo nociva aegritudo ipsius cor edebat
Non minus quam nuper ob Patroclum amicum interfectum. . . .

aegritudo, aegritudinis: illness, sickness
amabilis, -e: attractive, delightful
asporto, -are: to carry off, take away
bellicosus, -a, -um: warlike
cassis, cassidis: helmet
contristo, -are: to sadden, to make sad
contueor, -tueri, -tuitus sum: to consider, reflect, gaze
debilito, -are: to weaken, disable
delectabilis, -e: delightful, pleasant
esca, -ae: food, vittles
extraho, -trahere, -traxi, -tractum: to pull out
fabrico, -are: to manufacture, forge
fulgur, fulguris: lightning
grandaevus, -a, -um: old
infinitus, -a, -um: unending, neverending
inruo, -ruere, -rui: to rush in, attack
instar: image, likeness
lethalis, -e: deadly

Martius, -a, -um: belonging to Mars (god of war); martial, warlike
Mavortius, -a, -um: belonging to Mars (god of war); martial, warlike
mico, -are, -cui: to flicker, glimmer, shine
nocivus, -a, -um: harmful, injurious
obeo, -ire: to die, to meet
obstupesco, -ere, -stupui: to be amazed, astounded
papilla, -ae: breast
profluo, -fluere, -fluxi, -fluxum: to flow through, proceed
prolixus, -a, -um: long, courteous
protendo, -tendere, -tendi, -tentum: to stretch out, extend
radius, -i: ray, beam
reluceo, -lucere, -luxi: to glimmer
seduco, -ducere, -duxi, -ductum: to separate, seduce, sway
valde: really, very, a lot

Witness #3 — Dares 36

10 Postera die Agamemnon coepit exercitum ante portam instruere, et Dardanos in proelium provocare. Priamus subsistere, urbem munire et quiescere usque dum Penthesilea cum Amazonibus superveniret. Penthesilea postea supervenit, et exercitum contra Argivos eduxit. Fit proelium ingens, per aliquot dies pugnatur. Argivi in castris opprimuntur. Cui vix Diomedes
15 obsistit: alioquin castra vastasset, naves incendisset Argivorum et universum exercitum devastasset.

Proelio dirempto Agamemnon suos in castris retinet. Interim Penthesilea prodit cotidieque devastat Argivos in bellum provocat. Agamemnon ex consilio castra munit tueturque et in bellum non prodit, usque dum advenit Menelaus cum Neoptolemo. Neoptolemus ut advenit patris sui
5 arma accipit, circa patris tumulum lamentatur clamore magno. Penthesilea ex consuetudine aciem instruit et prodit usque ad castra Argivorum. Prodit Neoptolemus Myrmidonas instruit, et contra educit. Agamemnon exercitum instruit. Acriter ambo concurrunt. Neoptolemus stragem facit. Penthesilea occurrit et fortiter cominus stetit, dum per aliquot dies acriter
10 pugnaverunt, ambo multos occiderunt. Penthesilea Neoptolemum sauciat: ille dolore accepto Amazonidum ductricem Penthesileam obtruncat. Eo facto totum exercitum Troianorum in urbem fugat. Argivi cum exercitu murum circumdant, ut foras Troiani exire non possent.

alioquin: otherwise, in general
devasto, -are: to destroy
dirimo, -rimere, -remi, -remptum: to divide, break off
ductrix, ductricis: leader, commander
foras or **foris:** outdoors
lamentor, -ari: to lament, mourn
obsisto, -ere, -stiti, -stitum: to oppose, resist
obtrunco, -are: to kill, murder, slay

prodeo, -ire: to go forth, advance
provoco, -are: to challenge, provoke
refugio, -ere, -fugi: to flee, escape
saucio, -are: to wound
strages, stragis: slaughter, massacre
subsisto, -ere, -stiti: to make a stand, remain
supervenio, -ire: to arrive
vehemens, -ntis: violent, excessive

Witness #4 *Dictys 4.2-3*

Interim per eosdem dies Penthesilea cum magna Amazonum manu
15 reliquisque ex finitimo populis supervenit. Quae postquam interemptum Hectorem cognovit, perculsa morte eius, regredi domum cupiens, ad postremum multo auro atque argento ab Alexandro inlecta, ibidem opperiri decreverat. Dein exactis aliquot diebus, copias suas armis instruit, ac seorsum a Troianis, ipsa suis modo bellatoribus satis fidens in pugnam pergit, cornu
20 dextro sagittariis, altero peditibus instructo, medios equites collocat, in quibus ipsa. Contra ab nostris ita occursum, ut sagittariis Menelaus atque Ulysses, et cum Teucro Meriones peditibus Aiaces duo, Diomedes, Agamemnon Tlepolemus, et cum Ialmeno Ascalaphus opponerentur; in equites ab Achille et reliquis ducibus pugnaretur. Hoc modo instructo
25 utrimque exercitu, conflixere acies. Cadunt sagittis reginae plurimi, neque ab Teucris secus bellatum. Interim Aiaces et qui cum his erant pedites,

contra quos steterant, caedere ac restantes detrudere umbonibus, moxque repulsos obtruncare. Neque, quoad deletae peditum copiae, finis fit.

At Achilles inter equitum turmas Penthesileam nactus, hasta petit; neque difficilius quam feminam equo deturbat, manu comprehendens coma, atque ita graviter vulneratam detrahens. Quod ubi visum est, tum vero nullam spem in armis rati fugam faciunt. Clausisque civitatis portis, nostri reliquos, quos fuga bello exemerat, insecuti obtruncant; feminis tamen abstinentes manus parcentesque sexui. Dein uti quisque victor interfectis quos adversum ierat, regrediebatur: Penthesileam visere seminecem etiam nunc admirarique audaciam. Ita brevi ab omnibus in eundem locum concursum, placitumque uti quoniam naturae sexusque conditionem superare ausa esset, in fluvium, reliquo adhuc ad persentiendum spiritu: aut canibus dilanianda iaceretur. Achilles interfectam eam sepelire cupiens, mox a Diomede prohibitus est. Is namque percontatus circumstantes, quidnam de ea faciendum esset, consensu omnium pedibus attractam in Scamandrum praecipitat: scilicet poena postremae desperationis atque amentiae. Hoc modo Amazonum regina deletis copiis quibuscum auxiliatum Priamo venerat, ad postremum ipsa spectaculum dignum moribus suis praebuit.

ad postremum: at last, finally
abstineo, -tinere, -tinui, -tentum: to keep off, hold back, restrain
amentia, -ae: craziness, insanity
attraho, -trahere, -traxi, -tractum: to drag, draw
auxilior, -ari: to help, assist
bellator, bellatoris: warrior, warlike
bello, -are: to wage war
circumsto, -stare, -steti: to stand around, surround, badger
comprehendo, -hendere, -hendi, -hensum: to judge, perceive, reckon, seize, grab hold of
conditio, conditionis: arrangement, agreement, condition
confligo, -fligere, -flixi, -flictum: to collide, clash
consensus, -us: agreement
desperatio, desperationis: despair, hopelessness
detrudo, -trudere, -trusi, -trusum: to push, expel, force

deturbo, -are: to dislodge, eject
dilanio, -are: to rip apart
eximo, -imere, -emi, -emptum: to set free, release, remove
fidens, -ntis: confident, courageous
ibidem: in the same place, at the same time
inlicio, -licere, -lexi, -lectum: to entice
interimo, -imere, -emi, -emptum: to destroy, kill
opperior, -iri, -itus sum: to wait
oppono, -ponere, -posui, -positum: to oppose, set against
percello, -cellere, -culi, -culsum: to beat down, strike down, overthrow
percontor, -ari: to investigate, inquire
persentio, -sentire, -sensi, -sensum: to feel deeply
postremus, -a, -um: last, worst, wicked
praecipito, -are: to cast, throw down
quisnam, quidnam: who, what, how on earth
quoad: as far as, until

regredior, -gredi, -gressus sum: to return
resto, -stare, -stiti: to remain, survive
sagittarius, -i: archer
secus: otherwise, differently
seminex, -necis: half-dead
seorsum: separately, especially

sepelio, -ire: to bury
sexus, -us: sex, gender
turma, -ae: troop, squadron
umbo, umbonis: shield boss, shield
viso, -ere, visi, visum: to look at, see, watch

Gathering Facts and Evidence:
How do the witness accounts corroborate or refute the following claims?

- Penthesilea, Queen of the Amazons, fought for Troy with the promise of reward

- Achilles killed Penthesilea

- Neoptolemus killed Penthesilea

- Penthesilea was stabbed in the chest

- Achilles despoiled/abused Penthesilea's corpse

- Achilles tortured Penthesilea (drowned in river)

- Achilles dishonored Penthesilea's corpse (food for dogs)

- Achilles dishonored Penthesilea's corpse (threw in river)

- Achilles admired beauty/courage of Penthesilea

- Achilles wanted to bury Penthesilea but was denied

11.

Defendant: Achilles
Charge: Despoliation of Memnon

Witness #1 *Quintus 2.31-32, 359-361, 450-452; 538-548*

Memnon magnanimus, adducens infinitas cohortes
Gentium, quae Aethiopiam incolunt, nigros homines producentem. . . .
Sperabat enim se Troianis lumen, Danaisque exitium
Fore: sed Fatum lugubre falsa eum spe ludebat,
5 Iuxta assistens, et ad pugnam instigans.
"En Mars adest: adsit etiam virtus,"
Sic fatus [Achilles] longum manibus ensem corripit,
Nec segnius ex alia parte Memnon. . . .
. . . Percelebres Deorum filii, nec desinebant
10 Mutuis in se iris exasperari: at <tandem> contentio libravit bilances
Pugnae ferales, eaeque non amplius aequilibres erant.
Ergo Memnoni Dea nato in ima pectoris
Pelides [Achilles] vulnus infligit, et per transversum lividus ensis
Erumpit, atque protinus iucundum eius aevum abruptum erat.
15 Procumbit igitur in nigram saniem et vasta ipsius arma intonant,
Tellusque reboat, et socii passim metu consternantur.
Spolia quidem Myrmidones detrahunt: at undique Troes
    Fuga dissipantur, quos rapide Achilles insequitur, acri impetu turbini
        comparandus.

abrumpo, -rumpere, -rupi, -ruptum: to break off, remove
aequilibris, -e: horizontal, equilibrium, level
amplior, -ius: further, more
assisto, -sistere, -stiti: to stand by, defend
bilanx, bilancis: two scales, balance
consterno, -sternere, -stravi, -stratum: to lay low, bring down

contentio, contentionis: combat, effort, struggle
dissipo, -are: to scatter, disperse
en: look!
erumpo, -rumpere, -rupi, -ruptum: to break out, break through
exaspero, -are: to irritate, vex
feralis, -e: fatal, lethal
imus, -a, -um: deepest

infinitus, -a, -um: unending, neverending
infligo, -ere, -flixi, -flictum: to strike, dash
instigo, -are: to incite, goad, instigate
intono, -are: to thunder
libro, -are: to balance, brandish
lividus, -a, -um: gray, livid
lugubris, -e: mourning, mournful
magnanimus, -a, -um: great souled, courageous
mutuus, -a, -um: mutual, reciprocal, equal
perceleber, -bris, -bre: famous
procumbo, -cumbere, -cubui, -cubitum: to fall down, be laid low
reboo, -are: to resound, echo
sanies, -iei: blood, gore
segnis, -e: slow, sluggish
transversus, -a, -um: transverse, across
turbo, turbinis: whirlwind

Witness #2 *Dares 33*

[Troilum] Achilles cito adveniens occidit, et ex proelio trahere coepit, et subtraxisset, nisi Memnon eripuisset, et Achillem vulnere sauciasset. Achilles de proelio saucius redit. Memnon insequitur et cum multis impressionem facit. Ut respexit eum Achilles, restitit: curato itaque vulnere et aliquantum
5   proeliatus Memnonem multis plagis occidit et ipse vulneratus ab eo ex proelio recessit. Postquam Persarum dux occisus est, et Troianorum exercitus fusus est, reliqui in oppidum confugerunt, portasque clauserunt.

aliquamdiu: for some time
confugio, -fugere, -fugi: to flee, take refuge
ductor, ductoris: leader, commander
fundo, -ere, fudi, fusum: to pour, scatter
interventus, -us: interference, intervention
plaga, -ae: blow, strike
proelior, -ari: to battle, strive
saucio, -are: to wound
saucius, -a, -um: wounded
resisto, -ere, -sti: to stop, resist

Witness #3 *Dictys 4.4, 5, 6, 7, 8*

At sequenti die Memnon, Tithoni atque Aurorae filius, ingentibus Indorum atque Aethiopum copiis supervenit, magna fama: quippe in unum multis
10   milibus armatis vario genere spes etiam votaque de se Priami superaverat. . . .

At ubi triti aliquot dies, et miles bellum cupit, simul cum luce exercitus omnis signo dato in proelium ducitur, cumque his Troiani, et qui intra moenia socii fuerant. At contra Graeci instructi pro tempore opperiri, debilitati aliquantum animos metu ingentis atque incogniti hostis. Igitur
15   ubi intra teli iactum ventum est, tum vero barbari clamore ingenti ac dissono, ruinae in modum irrumpunt: nostri confirmati inter se, satis

impigre vim hostium sustentavere. Sed postquam acies renovatae, atque in ordinem reformatae sunt, et iaci hinc atque inde tela coepere, cadunt utriusque exercitus plurimi. Neque finis fit, quoad Memnon curru vectus adhibito secum fortissimo quoque, medios Graecorum invadit, primum
5 quemque obvium fundens, aut debilitans. Ita iam plurimis nostrorum interfectis, duces, ubi fortuna belli versa, neque spes reliqua nisi in fuga est, victoriam concessere. Eo die incensae naves deletaeque omnes forent, ni nox perfugium laborantium ingruentes hostes ab incepto cohibuisset. Tanta in Memnone bellandi vis, peritiaque, et nostris adversae res.

10 Moxque Aiax ubi tempus visum est, inter utramque aciem progressus, lacessit regem, praedicto prius Ulyssi et Idomeneo a ceteris uti se defenderent. Igitur Memnon ubi ad se tendi videt, curru desilit, confligitque pedes cum Aiace, magno utriusque partis metu atque expectatione. Tum dux noster summa vi umbonem scuti eius telo in aliquantum foratum, gravis atque
15 summis viribus ingruens impulit, vertitque in latus. Quo viso, regis comites accurrere, Aiacem exturbare nitentes. Tum Achilles ubi a barbaris intercedi videt, pergit contra, et nudatum scuto hostis iugulum hasta transfigit.

Ita praeter spem interfecto Memnone animi hostium commutantur, et Graecis aucta fiducia: iamque Aethiopum versa acie, nostri instantes
20 caedunt plurimos. . . .

At ubi a nostris in castra recessum est, missi ab Troianis, qui peterent eorum, qui in bello ceciderant, humandi veniam. Ita collectos suos quisque igni cremant et more patrio sepeliunt seorsum ab ceteris cremato Memnone, cuius reliquias urna conditas per necessarios regis remisere in patrium
25 solum.

accurro, -currere, -curri: to run to, hasten
aliquantum: a certain amount, a bit
bello, -are: to wage war
cohibeo, -hibere, -hibui, -hibitum: to restrain, check
commuto, -are: to change, alter
confligo, -fligere, -flixi, -flictum: to collide, clash
cremo, -are: to cremate, burn
debilito, -are: to weaken, disable
desilio, -silire, -silui, -sultum: to leap down, jump down
dissonus, -a, -um: different, discordant
expectatio, expectationis: wait, expectation
exturbo, -are: to drive off, agitate
fiducia, -ae: confidence, trust
foro, -are: to pierce
humo, -are: to bury
iactus, -us: throw, strike
impiger, -a, -um: active, energetic
incognitus, -a, -um: unknown
ingruo, -gruere, -grui: to attack, befall
intercedo, -cedere, -cessi, -cessum: to intervene
irrumpo, -rumpere, -rupi, -ruptum: to break in, rush in

iugulum, -i: throat
lacesso, -ere, -ivi, -itum: to provoke
necessarius, -i: kin, close friend
nitor, niti, nisus sum: to struggle, strive
nudo, -are: to strip, remain unprotected
opperior, -iri, -itus sum: to wait
perfugium, -i: refuge, shelter
peritia, -ae: skill, experience
praedico, -dicere, -dixi, -dictum: to predict, foretell, mention previously
quoad: as far as, until
reformo, -are: to regroup
reliquiae, -arum: remains
renovo, -are: to restore, renew
ruina, -ae: collapse, ruin, destruction
seorsum: separately, especially
sepelio, -ire: to bury
supervenio, -ire: to arrive
sustento, -are: to hold off, defend, maintain, support
tero, -ere, trivi, tritum: to wear out, use up
transfigo, -ere, -fixi, -fixum: to pierce, stab
umbo, umbonis: shield boss, shield
urna, -ae: urn
veho, -ere, vexi, vectum: to bear, carry, travel

Gathering Facts and Evidence:
How do the witness accounts corroborate or refute the following claims?

- Memnon arrived at Troy with reinforcements

- Memnon's presence shook Greek morale

- Memnon was wounded trying to recover Troilus's body

- Ajax wounded Memnon

- Achilles killed Memnon in single combat

- Achilles despoiled Memnon's body

- The Trojans lost morale and fled after Memnon's death

- Memnon's body was buried respectfully (no desecration)

12.

Defendant #1: Paris
Charge: Murder of Achilles

Defendant #2: Polyxena
Charge: Murder of Achilles

Witness #1   *Vat. Myth. 1.36*

Achilles a matre tinctus in Stigia palude toto corpore invulnerabilis fuit excepta ea parte qua tentus fuit. Qui cum, amatam Polyxenam in templo accipere, statuisset, insidiis Paridis post simulacrum latentis occisus est. Unde fingitur quod tenente Apolline Paris direxerit tela.

invulnerabilis, -e: invincible
simulacrum, -i: image, effigy

tingo, -ere, -nxi, -nctum: to dye, wet, imbue

Witness #2   *Excidium Troiae p. 11-13*

5 Venit dies statuta ut contra Hectorem ad dimicandum exiret; quem Achilles sub mamilla percutiens ante muros interfecit, et continuo super eum sedens cum amicis suis—id est, Eace et Aiace Telamonio—eum armis exui iussit et mandavit duos equos indomitos ad currum iungi, et corpus Hectoris post currum talaribus ligari et post muros trahi. Hoc cum Priamo regi patri
10 eius vel Hecubae matri necnon et Polyxenae sorori eius virgini nuntiatum fuisset, super portam civitatis collocantes viderunt corpus Hectoris post currum ligatum. Ac illi cum lacrimis deprecati sunt deposita trutina contra corpus eius aurum pensari et sibi corpus eius donari: quod Achilles pietate ductus iussit concedi. Et trutina foras muros eiecta corpus Hectoris ex
15 una parte positum est, ex alia vero parte aurum ponebatur: et dum omne aurum finitum fuisset et non aequaretur corpus Hectoris, Polyxena soror eius virgo armillas et brachiales suas eiecit et in trutina posuit. Achilles vero videns speciem virginis amore eius accensus Priamo regi mandavit: "Dono vobis aurum et corpus si istam dederitis mihi uxorem." Quod Priamus rex

concessit. Et data Achilli filia sua aurum et corpus Hectoris filii sui accepit et sepelivit.

Polyxena vero dum Achilli coniuncta fuisset et eam nimie diligeret, a Priamo rege patre eius vel ab Hecuba matre eius mandatur, dicens: "Credimus quia debes dolere tantae iuventutis fratris tui contra quem nec unus hominum manum ausus est levare, et ad secretam Achillis partem ubi poterit a ferro adiri nobis praevenire: et dum occisus fuerit et mors fratris tui vindicata fuerit meliore coniugio coequali nostro te poterimus dare." Hoc dum Polyxena audiret, coepit Achillem per amplexus et blanimenta provocare ut ei locum occultum ubi a ferro adiri poterat ostenderet. Et quia nihil est quod mulieres non extorqueant de viris ut eis fateantur ut coniuges cari habent, secretum locum in tali nervo ubi a ferro adiri poterat ei ostendit. Hoc dum Polyxena agnosceret parentibus suis nuntiavit, qui dum audissent finxerunt se devotionem in templo Apollinis habere et ei sacrificium offere, ad quam devotionem petierunt Achillem una cum Polyxena filia eorum interesse. Quibus Achilles consensum praebuit et ad devotionem templi Apollinis venit. Quia mos erat ut quando unusquisque ad sacrificandum templa ingrediebatur, inermis et nuda planta ingrediebatur, hoc etiam Achilles fecit. Et dum ad templum veniret, arma deposuit et caligam ferream de pede eiecit, et inermis nuda planta templum ingressus est. Et cum tura Apollini offeret, Alexander qui et Paris filius regis frater Hectoris magnus sagittarius de post statuam Apollinis Achillem in talo sagittavit, et quia sagittam veneno toxicaverat, Achilli venenum per membra serpuit. Et dum se Achilles male coepisset sentire, titiones de ara tollens, quantoscumque in templo invenit interfecit, et sic mortuus est. Eas vero, et Aiax Telamonius amici Achillis venerunt et corpus eius a Priamo rege petierunt. Et eis concessum est. Quod corpus foras ab urbe tulerunt, et super eum planctum magnum fecerunt.

amplexus, -us: embrace
armilla, -ae: bracelet
blandimentum, -i: flattery, flirting
brachiale, brachialis: bracelet, armlet
caliga, -ae: sandal
coaequalis, -e: same age, equal
consensus, -us: agreement
deprecor, -ari: to pray, beg
devotio, devotionis: consecration, devotion, ritual, offering
extorqueo, -torquere, -torsi, -torsum: to extract, twist out, torture
exuo, -uere, -ui, -utum: to strip, remove clothes
foras or **foris:** outdoors
id est: 'that is' ("i.e.")
indomitus, -a, -um: wild, untamed
inermis, -e: unarmed, defenseless
levo, -are: to diminish, weaken, raise, lift up
ligo, -are: to bind, tie
mamilla, -ae: breast
necnon: also, nor
nervus, -i: tendon, sinew

occultus, -a, -um: hidden, concealed
penso, -are: to weigh, balance
plango, -ere, planxi, planctum: to mourn
planta, -ae: sole of foot
provoco, -are: to challenge, provoke
quantuscumque, -acumque, -umcumque: however great
sacrificium, -i: sacrifice
sacrifico, -are: to sacrifice
sagittarius, -i: archer
sagitto, -are: to shoot, wound by arrow

sepelio, -ire: to bury
serpo, -ere, serpsi, serptum: to creep, crawl
statua, -ae: statue
talaris, talaris: ankle
talus, -i: ankle
titio, titionis: firebrand, kindling
toxico, -are: to poison
trutina, -ae: balance, scale
tus, turis: incense
unusquisque: each one

Witness #3   *Hyginus 107*

Hectore sepulto cum Achilles circa moenia Troianorum vagaretur ac diceret, se solum Troiam expugnasse, Apollo iratus Alexandrum Parin se simulans talum, quem mortalem habuisse dicitur, sagitta percussit et occidit. Achille occiso ac sepulturae tradito Aiax Telamonius, quod frater patruelis eius
5   fuit, postulavit a Danais ut arma sibi Achillis darent; quae ei ira Minervae obiurgata sunt ab Agamemnone et Menelao et Ulyssi data. Aiax iniuria accepta per insaniam pecora sua et se ipsum vulneratum occidit eo gladio quem ab Hectore muneri accepit dum cum eo in acie contendit.

insania, -ae: madness, insanity
obiurgo, -are: to reproach, insult
patruelis, -e: cousin
sepelio, -ire: to bury

sepultura, -ae: burial
talus, -i: ankle
vagor, -ari, -atus sum: to wander, boast

Witness #4   *Quintus 3.10-13, 21-26, 28-43, 52-63, 66-68, 82-85*

Pelides [Achilles] autem ira inflammatus propter sodalem Antilochum
10   Horrendum in Troianos se accingebat: qui et ipsi
Quamvis exhorrescentes hasta clarum Achillem
E moenibus erumpebant, prompti ad bellum. . . .
Pelides autem inter hos numerosam profligabat turbam
Hostium et undique ferax sanguine tellus
15   Madescebat et stragibus arctabantur fluenta
Xanthi et Simoentis. Ille autem a tergo premens strages faciebat

Usque ad urbem: quia pavor homines occuparat.
Et forte omnes exitio tradidisset, . . . Danaisque viam patefecisset
In urbem Priami et opulentam expugnasset civitatem
Nisi implacabili in eum ira graviter exarsisset Phoebus.
5 Ut vidit densas heroum cohortes letho sterni.
Quare extemplo de caelo ferae in morem, iter arripuit
Pharetram umero gestans et immedicabiles sagittas
Et stetit Aeacidae ex adverso; circumque eum
Corytus et arcus immane resonabant: ex oculis vero illius
10 Magna vis ignis emicabat; et sub pedibus terra movebatur:
Mox horrificum extulit clamorem potens deus, ut Achillem
E duello averteret, consternatum dei voce
Prodigiosa, et Troas e pernicie liberaret:
"Procul hinc o Pelida a Troianis te subducito, non enim aequum est
15 Ut amplius infestas hostibus manus afferas
Ne vel deorum te quispiam ex caelo pessumdet."
Sic dixit. At ille nihil extimuit immortalem dei vocem.
[Et Achilles respondit:]
"Phoebe . . . abscede hinc, et ad ceterorum deorum sedem
20 Te recipe. Ne te feriam quantumvis immortalem."
Sic fatus, seorsum linquit deum et in Troianos tendit
Qui adhuc promiscue ante urbem fugiebant.
Hos itaque insectatur. At toto pectore excandescens
Phoebus, animum suum his verbis affatur.
25 "O di! Quantus huic mentem furor agit perpetuo. At eius
Nec ipse Iupiter deinceps nec quisquam alius, impetum sustinebit,
Dum adeo luxuriat, et diis ipsis adversatur."
Sic ait; et inter nubes conspectum sui recondit
Aeraque pretendens, inimicum emittit telum
30 Et continuo eum sauciat in malleolum pedis; statimque aegritudo
Cor subit. . . .
Hoc modo prostratum fuit humi spectabile Aeacidae corpus.
Et circumspiciens, ferali et immoderato clamore infrendit
"Quis occulte pestiferum in me contorsit iaculum?"
35 Dixit; et lethalem sagittam duris manibus
E vulnere immedicabili evellit; et sanguis ipsi
Erupit cum cruciatu; lethumque eius cor subegit.
Telum igitur magna indignatione abiecit.

abscedo, -cedere, -cessi, -cessum: to withdraw, depart
accingo, -cingere, -cinxi, -cinctum: to equip, arm, ready
adversor, -versari, -versatus sum: to oppose, resist
aegritudo, aegritudinis: illness, sickness
affor, -fari, -fatus sum: to address, speak
amplior, -ius: further, more
arcto, -are: to pack, limit
arripio, -ripere, -ripui, -reptum: to seize, snatch
circumspicio, -spicere, -spexi, -spectum: to consider, survey
consterno, -sternere, -stravi, -stratum: to lay low, bring down
contorqueo, -torquere, -torsi, -tortum: to twist, turn
corytus, -i: quiver
cruciatus, -us: torture, torment
deinceps: one after another; successively
duellum, -i: war
emico, -are: to glisten, glimmer, sparkle, shoot forth
erumpo, -rumpere, -rupi, -ruptum: to break out, break through
evello, -vellere, -velli, -vulsum: to pluck out, tear out
exardesco, -ardere, -arsi, -arsum: to break out, blaze forth
excandesco, -ere, -dui: to glow, become hot
effero, efferre, extuli, elatum: to produce, bring out, remove
exhorresco, -horrescere, -horrui: to be terrified, to shudder at
extemplo: immediately
extimeo, -ere: to be afraid of
feralis, -e: fatal, lethal
ferax, -cis: prolific, fruitful
gesto, -are: to bear, carry, wear
hero, herois: demigod, hero
horrendus, -a, -um: horrible, dreadful
horrificus, -a, -um: dreadful, terrible
iaculum, -i: dart, javelin
immedicabilis, -e: incurable
immoderatus, -a, -um: immoderate, unrestrained

implacabilis, -e: implacable
indignatio, indignationis: outrage, indignation
inflammo, -are: to inflame, kindle, excite
infrendeo, -ere: to gnash one's teeth
insector, -ari: to follow, pursue
lethalis, -e: deadly
lethum, -i: death, ruin
luxurio, -are: to run amok
madesco, -ere, -ui: to become wet
malleolus, -i: hammer (shape)
numerosus, -a, -um: numerous
occulte: secretly
opulentus, -a, -um: wealthy, mighty
patefacio, -facere, -feci, -factum: to open, make accessible
pavor, pavoris: panic
pernicies, -iei: destruction, death
pessumdo, -dare, -dedi, -datum: to end, ruin, destroy
pestifer, -a, -um: destructive, injurious
pharetra, -ae: quiver
praetendo, -tendere, tendi, -tentum: to extend, stretch out, allege
prodigosus, -a, -um: unnatural, wonderful
profligo, -are: to overcome, bring an end to
promisce: in common, together
promptus, -a, -um: ready, eager
prosterno, -sternare, -stravi, -stratum: to strike down, overthrow, lay prostrate
quantumvis: although, however, howevermuch you like
quispiam: anyone, someone
recondo, -ere, -didi, -ditum: to put away
resono, -are: to resound, echo
saucio, -are: to wound
seorsum: separately, especially
sodalis, sodalis: comrade, companion
spectabilis, -e: notable
strages, stragis: slaughter, massacre
subduco, -ducere, -duxi, -ductum: to remove, withdraw
subigo, -igere, -egi, -actum: to subdue, drive under
umerus, -i: shoulder

Witness #5   Dares 27, 34

Postquam dies anni venit, quo Hector sepultus est, Priamus et Hecuba et Polyxena ceterique Troiani ad sepulcrum eius profecti sunt. Quibus obvius fit Achilles: Polyxenam contemplatur, figit animum, amare eam vehementer coepit. Tunc ardore compulsus odiosam vitam in amore consumere coepit,
5 et aegre ferebat ademptum imperium Agamemnoni sibique Palamedem praepositum. Amore cogente Phrygio servo fidelissimo mandata dat ferenda ad Hecubam et ab ea sibi uxorem poscit: hoc si fecerit, se cum suis Myrmidonibus domum rediturum, quod cum ipse fecerit, ceteros quoque idem facturos. Servus proficiscitur ad Hecubam venit mandata dicit.
10 Hecuba respondit se velle, sed si Priamo viro suo placeat: dum ipsa cum Priamo agat, servus reverti iubetur. Servus quod egisset Achilli nuntiat. Agamemnon cum magno commeatu ad castra revertitur. Hecuba cum Priamo de conditione Achillis loquitur. Priamus respondet fieri non posse, non ideo, quod eum adfinitate indignum existimet, sed si ei dederit et ille
15 discesserit ceteros non discessuros et iniquum esse filiam suam hosti iungere. Quapropter si id fieri vellet, pax perpetua fiat, et exercitus discedat, foederis iura sanciantur: si id factum sit, se ei libenter filiam daturum. Itaque cum servus ad Hecubam missus esset ab Achille, eadem Hecuba quae cum Priamo egerat servo dicit: servus Achilli nuntiat: Achilles vulgo queritur,
20 unius mulieris Helenae causa totam Graeciam et Europam advocatam esse, tanto tempore tot millia hominum periisse, tot pericula adiri, libertatem in ancipiti esse, unde fieri pacem debere, exercitus recedere.

Hecuba maesta quod duo filii eius fortissimi Hector et Troilus ab Achille interfecti essent, consilium muliebre temerarium iniit ad dolorem suum
25 ulciscendum. Alexandrum filium accersit, orat, hortatur ut se et suos fratres ulciscatur, insidias Achilli faciat, et eum nec opinantem occidat: quoniam ad se miserit, et rogaverit ut sibi Polyxena in matrimonio daretur: se ad eum missuram Priami verbis ut pacem foedusque inter se firment, constituant in fano Apollonis Thymbraei, ante portam: eo Achillem
30 venturum, collocuturum: ibi insidias collocari: satis vitae suae esse si eum occiderit, quod temerarius Alexander erat, cito se promisit facturum. Noctu ducuntur de exercitu fortissimi, et in fano Apollinis collocantur: signum accipiunt. Hecuba ad Achillem, Priami verbis, sicut condixerat, nuntium mittit. Achilles laetus Polyxenam amans, postera die ad fanum se
35 venturum constituit.

Et insequenti die cum Antilocho filio Nestoris ad constitutum venit, simulque introivit in fanum ex insidiis occurrunt, undique tela coniciunt:

eos Paris Alexander hortatur. Achilles cum Antilocho, brachio sinistro cooperto, dextro ensem tenens facit impetum.

Achilles multos occidit. Alexander Antilochum et Achillem multis plagis confodit. Ita Achilles ex insidiis nequicquam fortiter faciens animam
5 amisit: quem Alexander auferri et volucribus proiici iubet. Id ne fieret Helenus multa commemorans prohibet, et eos de fano eiici iubet, et suis tradi: Achillem et Antilochum in castra afferunt. Agamemnon Achillem magnifico funere effert.

affinitas, affinitatis: relation, marriage tie
anceps, -itis: ambiguous, undecided
ardor, ardoris: eagerness, passion
colloquor, -loqui, -locutus sum: to speak, converse
comitatus, -us: retinue, following
compello, -pellere, -puli, -pulsum: to rebuke, accost, force
condico, -dicere, -dixi, -dictum: to arrange, agree
conditio, conditionis: arrangement, agreement, condition
confodio, -fodere, -fodi, -fossum: to stab, pierce
conloquor, -loqui, -locutus sum: to negotiate, discuss
contemplor, -ari: to regard, consider
ductor, ductoris: leader, commander
exin or **exinde:** thereafter
fanum, -i: shrine, temple
figo, -ere, fixi, fixum: to fix, attach, stab

funebris, -e: funeral, funerary
indutiae, -arum: truce, armistice
interimo, -imere, -emi, -emptum: to destroy, kill
libens, -ntis: in good will
magnificus, -a, -um: splendid, magnificent
mandatum, -i: command, order
muliebris, -e: womanly, woman's
nequicquam: in vain
odiosus, -a, -um: hateful, annoying
opinor, -ari: to suppose
plaga, -ae: blow, strike
porro: further, next
praepono, -ponere, -posui, -positum: to command, prefer
quapropter: therefore, why
temerarius, -a, -um: rash, reckless
ulciscor, -i, ultus sum: to avenge
vehemens, -ntis: violent, excessive

Witness #6   *Dictys 3.2-3, 3.24, 27, 4.10-11*

At apud Troiam forte quadam die Hecuba supplicante Apollini Achilles
10 avidus visere cerimoniarum morem cum paucis comitibus supervenit ... Etiam Hecubae filiae nondum nuptae Polyxena et Cassandra, Minervae atque Apollinis, antistes novo ac barbaro redimita ornatu effusis hinc atque inde crinibus precabatur suggerente sibi Polyxena <u>apparatum sacri</u> eius. Ac tum forte Achilles versis in Polyxenam oculis pulchritudine virginis capitur.
15 Auctoque in horas desiderio, ubi animus non lenitur, ad naves discedit. Sed ubi dies pauci fluxere et amor magis ingravescit, accito Automedonte

aperit ardorem animi; ad postremum rogat, uti ad Hectorem virginis causa iret. Hector vero daturum se in matrimonium sororem mandat, si sibi universum exercitum proderet.

Dein Achilles soluturum se omne bellum pro Polyxena tradita pollicetur.
5 Tum Hector: aut proditionem ab eo confirmandam, aut filios Plisthenis atque Aiacem interficiendos, alias de tali negotio nihil se auditurum. Ea ubi Achilles accepit, ira concitus exclamat: se eum, cum primum tempus bellandi foret, interempturum.

. . .

[Post Hectoris mortem] moxque Polyxena ingresso Achille obvoluta genibus
10 eius sponte servitium sui pro absolutione cadaveris [Hectoris] pollicetur. Quo spectaculo adeo commotus iuvenis, ut qui inimicissimus ob mortem Patrocli Priamo eiusque regno esset, tum recordatione filiae ac parentis ne lacrimis quidem temperaverit. Itaque manu oblata Polyxenam erigit praedicta prius mandataque cura Phoenici super Priamo, ut delectaretur.
15 Sed rex nihil se luctus neque praesentium miseriarum remissurum ait. Tum Achilles confirmare non prius cupitis eius satis futurum quam mutato in melius habitu cibum etiam secum sumeret. Ita rex veritus, ne quae concessa viderentur, ipse recusando impediret, dein omnia quaeque imperarentur facienda decrevit.

20 Dein omnia quae ad redimendum filium advectae erant, ante conspectum iuvenis exponi imperat. Ex quibus quicquid auri atque argenti fuit tolli Achilles iubet, vestis etiam quod ei visum est; reliquis in unum collectis Polyxenam donat et cadaver tradit. Quo recepto rex in gratiamne impetrati funeris an si quid Troiae accideret securus iam filiae, amplexus Achillis
25 genua orat, uti Polyxenam suscipiat sibique habeat. Super quae iuvenis aliud tempus atque alium locum tractatumque fore respondit; interim cum eo reverti iubet. Ita Priamus recepto Hectoris cadavere ascensoque vehiculo cum his, qui se comitati erant, ad Troiam redit.

. . .

Deinde transactis paucis diebus solemne Thymbraei Apollinis incessit, et
30 requies bellandi per indutias interposita: tum utroque exercitu sacrificio insistente, Priamus tempus nactus, Idaeum ad Achillem super Polyxena cum mandatis mittit. Sed ubi Achilles in luco ea quae perlata erant ab Idaeo, separatim ab aliis recognoscit, cognita re apud naves suspicio alienati ducis, et ad postremum indignatio exorta. Namque antea rumorem

proditionis ortum clementer per exercitum in verum traxerant. Ob quae, simul uti concitatus militis animus leniretur, Aiax cum Diomede et Ulysse ad lucum pergunt. Hique ante templum resistunt, opperientes si egrederetur, Achillem, simulque uti rem gestam iuveni referrent; de cetero
5 etiam deterrerent, in colloquio clam cum hostibus agere.

Interim Alexander compositis iam cum Deiphobo insidiis, pugione accinctus ad Achillem ingreditur, confirmator veluti eorum quae Priamus pollicebatur: moxque ad aram, quo ne hostis dolum persentisceret, aversusque a duce adsistit. Dein ubi tempus visum est, Deiphobus amplexus
10 inermem iuvenem, quippe in sacro Apollinis nihil hostile metuentem, exosculari, gratularique super his quae consensisset, neque ab eo divelli aut omittere. Quoad Alexander librato gladio procurrens aversum hostem, per utrumque latus geminato ictu transfigit. At ubi dissolutum vulneribus animadvertere, parte alia quam venerant, proruunt, reque ita maxima, et
15 super vota omnium perfecta, in civitatem recurrunt. Quo viso Ulysses, "Non temere est," inquit "quod hi turbati ac trepidi repente prosiluere." Dein ingressi lucum, circumspicientesque universa, animadvertunt Achillem stratum humi, exsanguem, atque etiam tum seminecem. Tum Aiax, "Fuit" inquit, "confirmatum, ac verum per mortales, nullum hominum existere,
20 qui te vera virtute superaret: sed uti palam est, tua te inconsulta temeritas prodidit." Dein Achilles extremum adhuc retentans spiritum, "Dolo me atque insidiis," inquit "Deiphobus atque Alexander Polyxenae gratia circumvenere." Tum exspirantem eum duces amplexi cum magno gemitu atque exosculati postremum salutant.

absolutio, absolutionis: release, absolution
accio, -ire: to call, summon
ad postremum: at last, finally
adsto, -stare, -stiti: to stand nearby
adveho, -vehere, -vexi, -vectum: to bring, carry
alieno, -are: to transfer, lose one's mind
antesto, -stare, -steti: to excel, surpass
antistes, antistitis: priest
apparatum sacri: 'the preparation for the sacred rite'
bello, -are: to wage war
cadaver, cadaveris: corpse, cadaver
cerimonia, -ae: sacred ceremony, holy obeisance
circumspicio, -ere, -spexi, -spectum: to consider, survey
clemens, -ntis: merciful, gentle
confirmator, confirmatoris: guaranteer
consentio, -sentire, -sensi, -sensum: to agree, resolve
desiderium, -i: desire, wish, longing
deterreo, -ere: to frighten, discourage
dissolvo, -solvere, -solvi, -solutum: to disperse, break up, destroy
divello, -vellere, -velli, -vulsum: to tear away, tear apart
exclamo, -are: to shout, exclaim
exorior, -iri, -rsus sum: to arise
exosculor, -ari: to kiss
exsanguis, -e: dead, bloodless
exspiro, -are: to exhale, die
geminatus, -a, -um: twin, double
genu, -us: knee

gratulor, -ari: to congratulate, rejoice
habitus, -us: clothes
hostilis, -e: hostile
incedo, -cedere, -cessi, -cessum: to approach
ingravesco, -ere: to burden
interpono, -ponere, -posui, -positum: to interpose, place
lenio, -ire: to soothe, calm, lighten
libro, -are: to balance, brandish
miseria, -ae: misery, unhappiness
ne...an...: whether...or...
nupta, -ae: bride
obvolvo, -volvere, -volui, -volutum: to wrap, encircle, hide
opperior, -iri, -itus sum: to wait
ornatus, -a, -um: dressed, decorated
persentisco, -ere: to begin to feel
postremus, -a, -um: last, worst, wicked
praedico, -dicere, -dixi, -dictum: to predict, foretell, mention previously
procurro, -currere, -curri, -cursum: to run forward
proditio, proditionis: betrayal, treason
proruo, -ere, -rui, -rutum: to rush forth
prosilio, -ire: to jump out, jump forth
pugio, pugionis: dagger
pulchritudo, pulchritudinis: beauty
quicquid: whatever
recognosco, -noscere, -novi, -nitum: to recognize, recall
recordatio, recordationis: recalling, memory
recurro, -currere, -cucurri: to run back, return, revert
redimio, -ire: to crown
redimo, -ere, -emi, -emptum: to redeem, restore
requies, requietis: relief, pause
retento, -are: to hold
saluto, -are: to welcome, greet
seminex, -necis: half-dead
separatim: separately, apart
servitium, -i: slavery
sollemnis, -e: solemn, religious
sponte: willingly
suggero, -gerere, -gessi, -gestum: to supply, add
supervenio, -ire: to arrive
supplico, -are: to entreat, beseech
temeritas, temeritatis: rashness
tempero, -are: to regulate, control
tracto, -are: to deal, handle, treat
transfigo, -ere, -fixi, -fixum: to pierce, stab
transigo, -ere, -egi, -actum: to pierce, stab, complete, pass time
trepidus, -a, -um: fearful, afraid
vehiculum, -i: vehicle, wagon
viso, -ere, visi, visum: to look at, see, watch

Achilles ambushing Troilos and Polyxena. Attic black-figure hydria, ca. 560-550 B.C.

Gathering Facts and Evidence:
How do the witness accounts corroborate or refute the following claims?

- Achilles saw Polyxena in the temple and fell in love

- Achilles offered to marry Polyxena

- Achilles arranged a secret marriage with Polyxena

- Hector hindered the marriage between Achilles and Polyxena

- Polyxena offered gold for the return of Hector's body

- Polyxena offered to give herself as a slave for the return of Hector's body

- Priam and Hecuba used Achilles' feelings for Polyxena to betray him

- Polyxena was actively involved in a conspiracy to kill Achilles

- Achilled was killed in the Temple of Apollo

- Paris killed Achilles with an arrow

- Apollo killed Achilles with an arrow

- Paris and Deiphobus killed Achilles with swords

13.

Defendant: Odysseus/Ulysses
Charge: Wrongful Death of Ajax

Witness #1   *Hyginus 107*

(See *Hyginus 107*, page 88)

Witness #2   *Quintus 4.111-117; 5.1-3, 318-320, 352-360, 404-407, 411-12, 456-457, 465, 482-488*

    . . . Et statim venit
    Argivum in coetum: ubi remanserant prompti
    Alii, ut in ludo frequenti decertarent;
    Alii, ut athletarum spectaculo animum oblectarent.
5 Quibus in unum coactis Thetis, caerulea redimita vitta
    Praemia allata deposuit, et hortatrix fuit Graiugenis
    Ut protinus certamen inirent. . . .
    . . . Sed cum multifariam confecta essent certamina
    Tandem magnanimi Achillis celestia arma
10 In medium collocat diva Thetis. . . .
    Et tunc Troiani diiudicarunt acerbam hanc litem
    Heroum: palmamque ac caelestia arma tribuerunt
    Omnes unanimi sententia bellaci Ulyssi. . . .
    Sed Aiax in Graecos exacerbatus, neque cenae
15 Memor erat in tabernaculo, neque somnus ipsum
    Amplectebatur: sed furiatus armis se induit strenuis:
    Arripuitque ensem acutum, et atrocia animo deliberavit,
    Utrum ipse incenderet naves, et omnes exitio traderet
    Argivos, an solum tristifico gladio
20 Membratim concideret sine mora dolosum Ulyssem.
    Haec ita secum agitabat. Quibus et <u>e vestigio</u> finem imposuisset
    Nisi Minerva ei rapidum immisisset furorem.

Aiax interim invicto Orioni similis
Ibat crudelem gestans rabiem in pectore.
Tandem in oves impetum facit, . . .
Sic Aiax magna indignatione in oves incurrit,
5   Putans triste exitium Danais se inferre.
Aiax igitur ut vidit oves humi palpitantes
Obstupuit toto pectore. Sensit enim fraudem esse
A superis et . . . his verbis lamentatus est: "Hei mihi! cur adeo superis exosus sum?"
10 Haec ubi dixerat strenuus Telamonis praestans filius
Ensem Hectoreum per iugulum adigit. Mox sanguis illi
Cum sibilo erumpit, et ipse in pulverem extenditur. . . .
Et circum circa nigra terra valde ingemit, eo cadente.
Atque tunc Graeci frequentes accesserunt, ut conspicati sunt
15 In pulvere iacentem.

adigo, -igere, -egi, -actum: to drive, force, compel
arripio, -ripere, -ripui, -reptum: to seize, snatch
athleta, -ae: athlete
atrox, -cis: cruel, savage, fierce
bellax, -cis: warlike, martial
caeruleus, -a, -um: blue
coetus, -us: meeting, assembly
concido, -cidere, -cidi, -cisum: to slaughter, cut down
delibero, -are: to consider, deliberate
diiudico, -are: to judge
dolosus, -a, -um: treacherous, cunning
e vestigio: 'from that moment'
erumpo, -rumpere, -rupi, -ruptum: to break out, break through
exacerbo, -are: to provoke
exosus, -a, -um: hated, despised
extendo, -tendere, -tendi, -tentum: to stretch out, extend
furio, -are: to madden, enrage
gesto, -are: to bear, carry, wear
Graiugena, -ae: Greek
hei or **heu** or **heus:** alas, woe
hero, herois: demigod, hero
hortatrix, hortatricis: encourager
incurro, -currere, -curri, -cursum: to rush against, run into, attack

indignatio, indignationis: outrage, indignation
ingemisco, -gemere, -gemui: to groan
invictus, -a, -um: unconquered, undefeated
iugulum, -i: throat
lamentor, -ari: to lament, mourn
lis, litis: strife, lawsuit, quarrel
magnanimus, -a, -um: great souled, courageous
membratim: limb from limb
multifariam: on many sides, in many places
oblecto, -are: to delight
obstupesco, -ere, -stupui: to be amazed, astounded
palpito, -are: to tremble, quiver
promptus, -a, -um: ready, eager
rabies, -ei: madness, fury, rage
redimio, -ire, -ii, -itum: to crown
sibilus, -i: hiss
strenuus, -a, -um: vigorous, active
tabernaculum, -i: tent
tristificus, -a, -um: sorrow-bringing
unanimis, -e: harmonious, unanimous
valde: really, very, a lot
vitta, -ae: ribbon, fillet

Suicide of Telamonian Ajax. Attic Black-Figure Amphora, ca. 530 B.C.

Witness #3 *Dictys 5.14-15*

Interim super Palladio ingens certamen inter se ducibus exortum Aiace Telamonius expostulante in munus sibi pro his, quae in singulos universosque virtute atque industria sua contulerat. Qua re coacti paene omnes, simul uti ne laederetur animus tanti viri, cuius praeclara facinora
5 vigiliasque pro exercitu in animo retinebant, concedunt Aiaci retinentibus solis omnium Diomede atque Ulixe sua quippe opera id ablatum.

Itaque veluti iudicio amborum merita spectantes, quis etiam nunc bellum in manibus atque hostiles multae nationes circumstreperent, nullo dilectu virorum fortium spretisque Aiacis tot egregiis facinoribus ac frumenti, quod
10 ex Thracia advexerat, per totum exercitum distributione Ulixi Palladium tradunt.

Interim Aiax indignatus et ob id victus dolore animi palam atque in ore omnium vindictam se sanguine eorum, a quibus impugnatus esset, exacturum denuntiat. Itaque ex eo Ulixes, Agamemnon ac Menelaus
15 custodiam sui augere et quo tutiores essent, summa ope invigilare.

At lucis principio Aiacem in medio exanimem offendunt perquirentesque mortis genus animadvertere ferro interfectum.

adveho, -vehere, -vexi, -vectum: to bring, carry
circumstrepo, -strepere, -strepui, -strepitum: to resound, make noise
denuntio, -are: to announce
dilectus, -us: choice, selection, discernment, troops
distributio, distributionis: division, distribution
exanimis, -e: dead, lifeless
exorior, -iri, -rsus sum: to arise
expostulo, -are: to demand, ask for
hostilis, -e: hostile

id est: 'that is' ("i.e.")
impugno, -are: to attack
indignor, -ari: to be offended
industria, -ae: purpose, hard work
insinuo, -are: to insinuate, work one's way into
invigilo, -are: to guard, watch over
meritum, -i: honor, merit
offendo, -fendere, -fendi, -fensum: to meet, check, offend
opus esse: 'it is needed'
vigilia, -ae: watch, shift

Gathering Facts and Evidence:
How do the witness accounts corroborate or refute the following claims?

- Ajax and Odysseus competed for Achilles' equipment

- Ajax was upset that Odysseus won Achilles' equipment

- Ajax vowed revenge

- In his madness, Ajax killed sheep, thinking they were Greeks

- Ajax killed himself, undone by the situation

- Ajax died under mysterious circumstances

14.

Defendant #1: Diomedes
Charge: Child Endangerment
(Neoptolemus Brought to Troy)

Defendant #2: Odysseus/Ulysses
Charge: Child Endangerment
(Neoptolemus Brought to Troy)

Witness #1   *Excidium Troiae p. 13*

Nuntiatum est Agamemnoni et Menelao Achillem occisum fuisse; nimie contristati sunt; et iterato templa consuluerunt et eis responsum est quia per stirpem Achillis Troia deiceretur. Et ad Licomedem regem legatos direxerunt, ut eis Pyrrhum nepotem suum filium Achillis de Diadamia
5 natum dirigeret. Quod et factum est. Et dum Pyrrhus filius Achillis duodecim annorum ad Troiam veniret, et ei de morte patris sui dictum fuisset, furore accensus coepit cogitare qualiter mortem patris sui posset vindicare. Quid multa?

contristo, -are: to sadden, to make sad   **quid multa?:** 'Why say more?'
iterato: again, once more   **stirps, stirpis:** race, stock
qualiter: how

Witness #2   *Quintus 6.64-69, 97-8; 7.169-*
172, 175-184, 191-195, 219-222

"Sed agite filium Tydei, belloque fortem Ulyssem
10 Continuo ad Scyrum nigra in navi mittamus,
Qui strenuum Achillis filium persuasum hortationibus suis
Adducant, ingens enim nobis universis lumen exhibebit."
Hunc in modum sapientis Thestoris natus loquitur, populique corona
Laetabunda acclamat. . . .

Tunc cum sollerti Ulysse Tydei filius
Velocem navem in mare infinitum protraxit. . . .
Ceterum legati in Scyrum nigrae navis cursu tandem appellunt:
Offenduntque Achillis filium ante suum palatium
5   Nunc quidem sagittas et pila eiaculantem
Nunc vero citatis equis sese exercitantem. . . .
Statim igitur illi obviam processerunt, admirabundi, quod viderent
Cordatum Achillem formosi corporis similitudine ab illo exprimi.
Quos praeveniens tali oratione excepit:
10 "Salvete plurimum hospites ad aedes meas profecti,
Ac significate qui sitis, qua etiam in re
Meam requirentes operam per sterile salum huc veneritis?"
Sic aiebat sciscitans: respondit autem semideus Ulysses,
"Nos belligero Achilli necessitudine devincti sumus
15 Cui te aiunt edidisse prudentem Deidamiam. . . .
Quare misericordem benignumque te offer quamprimum et Argivis succurre
Ad Troiam profectus. Sic enim bello finis erit.
Atque inaestimabilia tibi munera largientur nobiles Achivi
Egoque ipse arma divini parentis tui reddam. . . ."
20 Sic locuto respondit strenuus Achillis filius.
"Si ergo me advocant Achivi, deum responsis moniti;
Cras sine mora abeamus super latum ponti gurgitem
Si quid lucis Graecis exoptantibus afferam."

acclamo, -are: to cry out, shout
admirabundus, -a, -um: wondrous
advoco, -are: to summon, call
belliger, -a, -um: warlike, powerful in war
benignus, -a, -um: kind, generous
cito, -are: to spur, urge, hasten
cordatus, -a, -um: wise, prudent
cras: tomorrow
devincio, -vincire, -vinxi, -vinctum: to bind, tie, attach
eiaculor, -ari: to throw, hurl, cast
exercito, -are: to practice, train
exhibeo, -hibere, -hibui, -hibitum: to produce, show, display
exopto, -are: to long for, desire
exprimo, -primere, -pressi, -pressum: to form, copy, press
gurges, gurgitis: whirlpool, eddy
hortatio, hortationis: encouragement
inaestimabilis, -e: priceless
infinitus, -a, -um: unending, neverending
laetabundus, -a, -um: greatly rejoicing
largior, -iri: to bestow, lavish
misericors, -dis: pitiful, compassionate
necessitudo, necessitudinis: connection, kinship
obviam: on the way, in the way, against
offendo, -fendere, -fendi, -fensum: to meet, check, offend
palatium, -i: palace
pilum, -i: javelin
praevenio, -ire: to precede, surpass
protraho, -trahere, -traxi, -tractum: to drag, force
quamprimum: as soon as possible
salum, -i: sea

salve(te): greetings!
sciscitor, -ari: to ask, inquire, investigate
semideus, -a, -um: demigod
si quis, si quid: if some…, if any…
significo, -are: to show, indicate
similitudo, -inis: likeness, imitation

sollers, -tis: clever, skillful
sterilis, -e: barren, empty
strenuus, -a, -um: vigorous, active
succurro, -currere, -curri, -cursum: to assist, aid, help
velox, -cis: swift, rapid

Witness #3 — Dares 35

Deinde concilium convocat: Argivos alloquitur, placet omnibus ut quid faciendo opus sit Dii consulantur. Mittunt continuo qui consulere debeant: qui responsum accipiunt, per Achillis progeniem finem negotii fieri. Cum haec nuntii retulissent, Aiax ait: cum Achilli filius Neoptolemus
5 supersit, eum oportere accersiri ad exercitum, ut patrem suum ulciscatur: tandemque placet Agamemnoni et omnibus consilium. Datur negotium Menelao. Hic Scyrum proficiscitur ad Lycomedem avum eius, imperat, ut nepotem suum mittat. Quod Lycomedes Argivis libenter concedit.

accerso, -ere, -ivi, -itum: to summon, fetch, call
alloquor, -loqui, -locutus sum: to address, speak

commendo, -are: to entrust
libens, -ntis: in good will
principor, -ari: to rule

Gathering Facts and Evidence:
How do the witness accounts corroborate or refute the following claims?

- It was prophesied that only Achilles' bloodline could conquer Troy
- Odysseus and Diomedes fetched Neoptolemus to fight in Troy
- Menelaus fetched Neoptolemus to fight in Troy
- Neoptolemus was too young to go to war

15.

Defendant: Odysseus/Ulysses
Charge: Depraved Indifference
(Abandonment of Philoctetes)

Witness #1 *Vat. Myth. 1.59*

Philoctetes fuit Phiantis filius, Herculis comes, quem Hercules, cum hominem in Aethna monte deponeret, petiit ne alicui sui corporis reliquias indicaret. De qua re eum iurare compulit et ei pro munere dedit sagittas Hydrae felle tinctas. Postea Troiano bello responsum est sagittis Herculis
5 opus esse ad Troiae seu Ilii expugnationem. Inventus itaque Philoctetes, cum ab eo Hercules quaereretur, et negaret primo se scire ubi esset Hercules, tandem confessus est mortuum esse. Idem cum acriter ad indicandum sepulcrum eius cogeretur, pede locum percussit cum nollet dicere. Postea pergens ad bellum, cum exerceretur, sagittae unius casu vulneratus est in
10 pede quo percusserat tumulum. Ergo cum foetorem insanabilis vulneris Graeci ferre non possent, diu equidem pro oraculi necessitate ductum tandem apud Lemnum sublatis reliquerunt sagitiis.

compello, -pellere, -puli, -pulsum: to force, incite
diutius: for any longer
expugnatio, expugnationis: attack
fel, fellis: poison
foetor, foetoris: smell, stench
hydra, -ae: hydra (a monster)

insanabilis, -e: incurable
opus esse: it is needed
oraculum, -i: oracle, prophecy
reliquiae, -arum: remains
tingo, -ere, -nxi, -nctum: to dye, wet, imbue

Witness #2 *Hyginus 102*

Philoctetes Poeantis et Demonassae filius cum in insula Lemno esset, coluber eius pedem percussit, quem serpentem Iuno miserat, irata ei ob id quia solus
15 praeter ceteros ausus fuit Herculis pyram construere, cum humanum corpus est exutum et ad immortalitatem traditum. Ob id beneficium Hercules suas sagittas divinas ei donavit. Sed cum Achivi ex vulnere taetrum odorem

ferre non possent, iussu Agamemnonis regis in Lemno expositus est cum sagittis divinis. Quem expositum pastor regis Actoris nomine Iphimachus Dolopionis filius nutrivit. Quibus postea responsum est sine Herculis sagittis Troiam capi non posse. Tunc Agamemnon Ulyssem et Diomedem
5 exploratores ad eum misit. Cui persuaserunt, ut in gratiam rediret et ad expugnandam Troiam auxilio esset, eumque secum sustulerunt.

coluber, colubri: serpent, snake
construo, -stuere, -struxi, -structum: to construct, build
exuo, -uere, -ui, -utum: to strip, remove clothes
id est: 'that is' ("i.e.")

immortalitas, immortalitatis: immortality
nutrio, -ire and nutrior, -iri: to nourish, raise, support
pyra, -ae: pyre, bier
taeter, -a, -um: disgraceful, foul

Witness #3   *Quintus 9.326-328, 332-335,*
                      353-357, 391-413, 425-428

Non enim in fatis erat urbem Ilii capi
Priusquam Philoctetes violentus in castra Graecorum
Venisset, lacrimabilis belli egregie peritus. . . .
10 Huic morigeri cum a tristi proelio digressi fuissent,
Atridae ablegarunt in Lemnum, bene habitatam,
Fortem Tydei filium, et bellipotentem Ulyssem,
Navi citata. . . .
Cum itaque Lemnum deo sacram et antrum contigissent
15 Saxeum: ubi decumbebat clari Poeantis filius:
Exin stupor eos incessit; ubi viderunt
Hominem inter saevos cruciatus suspiria ducentem,
Et in rigido solo reclinatum: circaque ipsum
Multae avium plumae in toro stratae erant. . . .
20 Et iuxta tabernaculum ampla ei pharetra adiacebat
Sagittis referta: unde evolabant aliae ad praedam <avium et ferarum>
Aliae in hostes, quae imbutae erant exitiali Hydrae
Pestiferae veneno: et ante ipsum immanis arcus
Depositus erat prope, inflexis cohaerens cornibus,
25 Indefatigatae Herculis manus quem fabricarant.
Ceterum cum animadvertisset illos ad speluncam longe lateque patentem accedere
Confestim properavit in utrumque torquere
Vulnifica tela, gravissima ira affectus

Quod ipsum antea inter magnos gemitus reliquissent
Solum, in deserto maris litore.
Et sine mora perfecisset, quod ferox ei animus destinarat,
Nisi tristem ei iram diluisset Minerva,
5   Cum viros familiares videret; qui propius ad illum
Accesserunt maerentibus similes; amboque ipsum
In antro convexo assidentes utrinque
De pestifero vulnere et cruciatibus acerbissimis
Percunctantur: hic autem suas eis aerumnas commemorat:
10 Qui bono ipsum animo esse iubent, promittuntque,
Se effecturos, ut flebile vulnus
Post funestam calamitatem et cruciatum, sanetur,
Si modo ad Graecorum exercitum se conferat, quem etiam ipsum
Apud classem aegerrime id ferre, afferunt, nec non ipsos
15 Atridas una cum illis.
Hi itaque mox eum ad navem et horrisonum litus
Laeti transferunt, una cum telis eius.
Abstergentque ipsi corpus ac incurabile vulnus
Spongia cavernosa et eluunt multa aqua.

ablego, -are: to send away, remove
abstergeo, -tergere, -tersi, -tersum: to clean away, wipe away
adiaceo, -iacere, -iacui: to lie beside, be adjacent
aerumna, -ae: hardship, toil, labor
assideo, -sidere, -sedi, -sessum: to sit near, comfort
bellipotens, -ntis: mighty in war
cavernosus, -a, -um: hollow, full of holes
cito, -are: to spur, urge, hasten
cohaereo, -haerere, -haesi, -haesum: to hold together, cling, adhere
commemoro, -are: to recall, remember
confestim: immediately
convexus, -a, -um: hollow, arched, vaulted
cruciatus, -us: torture, torment
decumbo, -cumbere, -cubui: to lie down
desertus, -a, -um: abandoned, deserted, remote
destino, -are: to determine, decide

digredior, -gredi, -gressus sum: to depart, deviate
diluo, -luere, -lui, -lutum: to dissolve, remove, resolve
eluo, -luere, -lui, -lutum: to wash, cleanse
evolo, -are: to fly, hurry
exin or **exinde:** thereafter
exitialis, -e: destructive, deadly
fabrico, -are: to manufacture, forge
flebilis, -e: wretched, sad
funestus, -a, -um: deadly, full of death
horrisonus, -a, -um: resounding
imbuo, -buere, -bui, -butum: to saturate, tint
incedo, -cedere, -cessi, -cessum: to approach
incurabilis, -e: incurable
indefatigatus, -a, -um: unflagging
inflecto, -flectere, -flexi, -flexum: to bend, curve, affect
lacrimabilis, -e: deplorable

longe lateque: 'far and wide'
maereo, -ere: to mourn, lament
morigerus, -a, -um: compliant, accomodating
necnon: also, nor
patens, -ntis: open, accessible
percunctor, -ari: to inquire, ask, investigate
peritus, -a, -um: experienced, skilled
pestifer, -a, -um: destructive, injurious
pharetra, -ae: quiver
pluma, -ae: down, feathers
propius: nearer, more closely
reclino, -are: to lean back, recline
refertus, -a, -um: stuffed, filled
rigidus, -a, -um: hard, stiff
sano, -are: to heal
saxeus, -a, -um: stony, rocky
spongia, -ae: sponge
stupor, stuporis: astonishment
suspirium, -i: sigh
tabernaculum, -i: tent
torus, -i: bed, couch
torqueo, -ere, torsi, tortum: to twist, torment, torture
violentus, -a, -um: violent, vehement
vulnificus, -a, -um: inflicting wounds

Recall of Philoctetes. Marble, ca. mid-2nd century B.C.

Witness #4 — *Dictys 2.14*

Interim in eo sacrificio Philocteta haud procul ab ara templi eius adstans morsu serpentis forte contingitur. Dein ab omnibus, qui animadverterant, clamore sublato Ulixes adcurrens serpentem interficit. Neque multo post Philocteta cum paucis, uti curaretur, Lemnum insulam mittitur, namque
5 in ea sacri Vulcani antistites inhabitare ab accolis dicebantur soliti mederi adversus venena huiusmodi.

accola, -ae: neighbor
accurro, -currere, -curri: to run to, hasten
adsto, -stare, -stiti: to stand nearby
antistes, antistitis: priest

huiusmodi: of this kind
inhabito, -are: to inhabit
medeor, -eri: to heal
morsus, -us: bite
sacrificium, -i: sacrifice

Gathering Facts and Evidence:
How do the witness accounts corroborate or refute the following claims?

- Philoctetes was Hercules' companion

- Philoctetes owned Hercules' bow and arrows

- A prophecy stated that only Hercules' arrows could conquer Troy

- Philoctetes was bitten by a snake on his foot

- Philoctetes was wounded by Hercules' arrow, not a snake

- Philoctetes was sent to Lemnos to be healed

- Philoctetes was abandoned on Lemnos with help

- Philoctetes was abandoned on Lemnos without help

- Odysseus saved Philoctetes from a snake

- Odysseus and Diomedes fetched Philoctetes and brought him back to the Greek camp

- Odysseus caused Philoctetes to be abandoned on Lemnos

16.

Defendant: Oenone
Charge: Depraved Indifference (Death of Paris)

Witness #1　　　　　*Quintus 10.47-52, 223-230, 243-245, 259-265, 270, 304- 311, 324-331, 464-468, 483-488*

... Tum invicti Iovis vultus
Despicit e caelo accingentes se ad bellum
Troas contra Achivos; et cuiusque animum excitat,
Ut pertinax duellum utrique intendat
5　Exercitui. Prope enim erat, ut Alexander mortem oppeteret
Philoctetae manibus, pro coniuge laborem suscipiens. ...
Cumque <Cleodorum> itaque Paris lugubri telo prostravisset,
Mox strenuus egregii Poeantis filius [Philoctetes],
Impetu facto, subito intendens arcum, magno illum clamore incessit:
10　"Proh canis! Quam [subito] tibi necem cum fato exitiali
Inferam! Dum cominus aequiparare me contendis.
Atque sic fiet, ut respirent, qui tua causa tristissimo
Bello vexantur: statim enim exitialum malorum finis erit,
Te hic interempto, quia tu illis perniciem affers."
15　... Sic Paris acerbissimo transfixum cruciatu pectus habens,
Ex acie se proripit. ...
Verum sopor celerem Parin haud corripit usque dum illuxit.
Nemo enim ipsi medetur, quamvis opitulari studerent
Omnis generis remediis. Siquidem fatale ei erat,
20　Ut Oenones manibus exitiales Parcas evitaret,
Si medicaretur ipsum. Quocirca ut oraculis morem gereret,
Iter suscepit invitus; tristis enim adduxit eum necessitas
In uxoris conspectum; ...
Venit igitur ad nobilem Oenonen [et dixit:]
25　"Verum o veneranda omitte iram, et malignis obsta Parcis
Repente: etiamsi per stultum errorem aliquid in te deliquerim."
Sic dixit: illius vero turbidam mentem non inflexit.

Quin conviciis hominem incessens magno cruciatu affectum sic compellavit.
"Quid? Tune in conspectum meum prodire audes? Quem olim <tam perfide>
In aedibus deseruisti, gravissimo luctu percitam
5 Ob Tyndaridem [Helenam] tot malorum conciliatricem: cuius tu concubitu
In sinu gaudens fruebare. . . .
Quin e tectis te meis hinc amoliris, et ad Helenam contendis,
Cuius diu noctuque, summa cum indignatione te oportet
Iuxta lectum quiritari, acerbissimo dolore confectum
10 Donec molestissimis <his> cruciatibus te levet."
Ita fata, plorantem a caris aedibus dimisit;
Stolida! Non enim fatum suum perpendebat. Namque futurum erat,
Ut illo exstincto, ipsam quoque Parcae sequerentur
E vestigio. . . .
15 . . . Illa vero nullam,
Ubi coram illum [mortuum Parin] vidit, emisit vocem quamlibet afflicta:
Sed cum faciem decoram pallio involvisset,
Subito in pyram se coniicit, magnumque excitavit luctum
Et conflagravit iuxta maritum. . . .
20 Ceterum ubi rapidus ignis aestus utrumque consumpsit
Oenonen simul et Parin, et in unum <eos> cinerem redegit:
Tandem pyram vino restinguunt, et ossa eorum
In cratere aureo condunt, circumque illa monimentum
Continuo educunt, arduasque superimponunt
Columnas, quarum una in hanc, altera in illam partem conversa est.

accingo, -cingere, -cinxi, -cinctum: to equip, arm, ready
adfligo, -fligere, -flixi, -flictum: to weaken, knock down
aequiparo, -are: to compare, equal
amolior, -iri: to remove, get rid of
columna, -ae: pillar
cominus: hand-to-hand
compello, -are: to address, accost
conciliatrix, conciliatricis: matchmaker, unifier
concubitus, -us: marriage, wedlock, concubinage
conflagro, -are: to burn, blaze up, alight
convicium, -i: noise, chatter
crater, crateris: bowl, crater
cruciatus, -us: torture, torment
decorus, -a, -um: graceful, pretty, proper
delinquo, -linquere, -liqui, -lictum: to fail, abandon one's duty
despicio, -spicere, -spexi, -spectum: to regard, look down from, despise
diutius: for any longer
duellum, -i: war
e vestigio: 'from that moment'
etiamsi: even if, although
evito, -are: to avoid
exitialis, -e: destructive, deadly
fatalis, -e: deadly, fatal
incedo, -cedere, -cessi, -cessum: to approach
incesso, -cessere, -cessivi: to attack
indignatio, indignationis: outrage, indignation
inflecto, -flectere, -flexi, -flexum: to bend, curve, affect

inlucesco, -lucescere, -luxi: to shine, live
interimo, -imere, -emi, -emptum: to destroy, kill
invictus, -a, -um: unconquered, undefeated
involvo, -volvere, -volvi, -volutum: to wrap in, involve, enshroud
levo, -are: to diminish, weaken, raise, lift up
lugubris, -e: mourning, mournful
malignus, -a, -um: wicked, barren, scanty
medeor, -eri: to heal
medicor, -ari: to heal, cure
monimentum, -i: monument, memorial
nex, necis: death, murder
obsto, -are, -stiti, -statum: to resist, oppose
opitulor, -ari: to help, aid
oppeto, -petere, -petivi, -petitum: to meet, encounter, die
oraculum, -i: oracle, prophecy
pallium, -i: cloak, covering
Parcae, -arum: the Fates
percio, -ire: to stir up, set in motion
perfidus, -a, -um: treacherous, faithless, false
pernicies, -iei: destruction, death
perpendo, -pendere, -pendi, -pensum: to consider, examine
pertinax, -cis: tenacious, obstinate
ploro, -are: to mourn, lament, grieve
prodeo, -ire: to go forth, advance
proh: oh! ah!
proripio, -ripere, -ripui, -reptum: to snatch, drag, hasten
prosterno, -sternare, -stravi, -stratum: to strike down, overthrow, lay prostrate
pyra, -ae: pyre, bier
quamlibet: as much as you please
quirito, -are: to shriek, scream
quocirca: therefore, on account of this, because of this
redigo, -ere, -egi, -actum: to drive off, drive back
remedium, -i: remedy, cure
respiro, -are: to abate, recover
restinguo, -ere, -stinxi, -stinctum: to extinguish, quench
siquidem: if indeed, since, because
sopor, soporis: sleep
stolidus, -a, -um: stupid, foolish
strenuus, -a, -um: vigorous, active
superimpono, -ponere, -posui, -positum: to lay over, place upon
transfigo, -ere, -fixi, -fixum: to pierce, stab
turbidus, -a, -um: wild, confused
veneror, -ari: to revere, worship

Oenone, Paris, and Cupid. Sarcophagus detail, Palazzo Altemps, ca. 2nd c. A.D.

Witness #2   *Dares 35*

Contra Troiani prodeunt. Proelium committitur, in prima acie Aiax versatur. Clamore magno orto multi ex utraque parte cadunt. Alexander arcum tenens, multos interficit, Aiacis latus nudum figit. Aiax saucius per hostes persequi Alexandrum coepit, nec destitit, nisi prosterneret. Aiax
5 fessus vulnere in castra refertur, sagitta exempta statim moritur. Alexandri corpus ad urbem refertur.

Postera die Priamus Alexandrum in oppido sepelit, quem magno ululatu Helena prosecuta est, quoniam ab eo honorifice tractata sit.

eximo, -imere, -emi, -emptum: to set free, release, remove
figo, -ere, fixi, fixum: to fix, attach, stab
honorificus, -a, -um: respectfully, honorably
prosequor, -sequi, -secutus sum: to follow, pursue, accompany
prosterno, -sternare, -stravi, -stratum: to strike down, overthrow, lay prostrate
saucius, -a, -um: wounded
sepelio, -ire: to bury
tracto, -are: to deal, handle, treat
ululatus, -us: wailing, howling

Witness #3   *Dictys 4.19-20, 21*

Tum Philocteta progressus adversum Alexandrum lacessit, si auderet
10 sagittario certamine. Ita concessu utriusque partis Ulysses atque Deiphobus spatium certaminis definiunt. Igitur primus Alexander incassum sagittam contendit, dein Philocteta insecutus sinistram manum hosti transfigit, reclamanti per dolorem dextrum oculum perforat: ac iam fugientem tertio consecutus vulnere per utrumque pedem traiicit, fatigatumque
15 ad postremum interficit: quippe Herculis armatus sagittis, quae infectae hydrae sanguine, haud sine exitio corpori figebantur.

Quod ubi animadvertere barbari, magna vi irruunt, eripere Alexandrum cupientes; multisque suorum interfectis a Philocteta negotium tamen peragunt, atque in civitatem reportant. . . .

20 Interim Alexandri funus per partem aliam ad Oenonem, quae ei ante Helenae raptum nupserat, necessarii sui, uti sepeliretur, perferunt. Sed fertur Oenonem viso cadavere Alexandri adeo commotam, uti amissa mente obstupefieret ac paulatim per maerorem deficiente animo concideret. Atque ita uno eodem funere cum Alexandro contegitur.

ad postremum: at last, finally
cadaver, cadaveris: corpse, cadaver
concessus, -us: permission
concido, -cidere, -cidi: to fall, succumb
contego, -tegere, -texi, -tectum: to cover, shield, bury, enclose
definio, -ire: to limit, mark, assign
fatigo, -are: to wear out, become fatigued
hydra, -ae: hydra (a monster)
incassum: in vain
inficio, -ficere, -feci, -fectum: to taint, poison
inruo, -ruere, -rui: to rush in, attack
lacesso, -ere, -ivi, -itum: to provoke
maeror, maeroris: sorrow
necessarius, -i: kin, close friend
nubo, -ere, nupsi, nupsum: to marry
obstupefio, -fieri, -factum: to become astounded, stupefy
perforo, -are: to pierce
raptus, -us: abduction, rape
reclamo, -are: to shout, resound, contradict
reporto, -are: to carry back, deliver
sagittarius, -i: archer

Gathering Facts and Evidence:
How do the witness accounts corroborate or refute the following claims?

- Oenone was Alexander/Paris's spurned first wife

- Alexander/Paris was killed in battle by Ajax

- Alexander/Paris was killed in battle by Philoctetes

- Alexander/Paris was wounded by Philoctetes

- It was prophesied that only Oenone could heal Alexander/Paris

- Alexander/Paris attempted to reconcile with Oenone on his deathbed but was rejected

- Oenone regretted her refusal to heal Alexander/Paris

- Oenone died of grief

- Oenone threw herself on Alexander/Paris's pyre

- Oenone and Alexander/Paris were buried together

III.
FUIT ILIUM

1.

Defendant: Deiphobus
Charge: Trafficking Stolen Goods
(Marrying Helen and Claiming Her Dowry)

Witness #1   *Quintus 10.344-347*

Illae [curae] autem inter se conferebant,
Ut sors funesta exitiali consilio
Destinasset, incestas Helenae nuptias conciliare
Deiphobo.

concilio, -are: to unite, unify
destino, -are: to determine, decide
exitialis, -e: destructive, deadly

funestus, -a, -um: deadly, full of death
incestus, -a, -um: sinful, incestuous
nuptiae, -arum: marriage, wedding

Witness #2   *Dares 27-28, 35*

5   Annus circumactus est. Palamedes exercitum educit instruit, Deiphobus contra. Achilles iratus in proelium non prodit. Palamedes occasionem nactus impressionem in Deiphobum facit eumque obtruncat. Proelium acre insurgit, acriter ab utrisque partibus, multa millia hominum cadunt.

    . . . Priamus Alexandrum in oppido sepelit, quem magno ululatu Helena
10 prosecuta est, quoniam ab eo honorifice tractata sit. Quam Priamus et Hecuba ut filiam aspexerunt, et diligenter curavere, quod nunquam despexisset Troianos et Argivos desiderasset.

circumago, -agere, -egi, -actum: to spend, pass time
despicio, -spicere, -spexi, -spectum: to regard, look down from, despise
honorificus, -a, -um: respectfully, honorably
impressio, impressionis: attack
insurgo, -surgere, -surrexi, -ctum: to rise up

obtrunco, -are: to kill, murder, slay
prodeo, -ire: to go forth, advance
prosequor, -sequi, -secutus sum: to follow, pursue, accompany
sepelio, -ire: to bury
tracto, -are: to deal, handle, treat
ululatus, -us: wailing, howling

Witness #3 *Dictys 4.22*

Ceterum Troiani, ubi hostis muris infestus, magis magisque saevit, neque iam resistendi moenibus spes ulterius est, aut vires valent, cuncti proceres seditionem adversus Priamum extollunt, atque eius regulos. Denique accito Aenea filiisque Antenoris, decernunt inter se, uti Helena cum his
5 quae ablata erant, ad Menelaum duceretur. Quod postquam Deiphobus cognovit, traductam ad se Helenam matrimonio sibi adiungit.

accio, -ire: to call, summon
extollo, -ere: to lift up, raise
procer, proceris: noble, chief
regulus, -i: prince

saevio, -ire: to be fierce, to rage
seditio, seditionis: insurrection, mutiny
ulterius: further, longer

Gathering Facts and Evidence:
How do the witness accounts corroborate or refute the following claims?

- Deiphobus married Helen after Alexander/Paris's death

- The Trojan leaders revolted; demanded and plotted Helen's return to the Greeks

- Deiphobus married Helen to keep her from being returned to the Greeks

- Deiphobus was killed in battle and didn't marry Helen

- Priam kept Helen in Troy after Alexander/Paris's death; Helen didn't remarry

2.

Defendant: Helenus
Charge: Treason

Witness #1   *Vat. Myth. 1.40*

Helenus apud Arisbam captus a Graecis fuit et indicavit coactus fata Troiana in quibus etiam de Palladio. Unde dicitur a Pyrrho meruisse regna, quoniam praedixerat Pyrrho ut per terram rediret, dicens omnes Graecos, quod et contigit, naufragio esse perituros. Tunc Diomedes et Ulixes, ut alii
5 dicunt, cuniculis, ut alii, cloacis ascenderunt arcem et occisis custodibus sustulere simulacrum. Ideo autem hoc negotium his potissimum datur quia cultores fuerunt Minervae. Hoc cum postea Diomedes haberet, credens sibi non esse aptum propter sua pericula, transeunti Aeneae offerre conatus est. Sed cum se ille velato capite sacrificans convertisset, Nautes quiddam
10 accepit simulacrum.

cloaca, -ae: sewer, cistern   **potissimum:** above all
cultor, cultoris: supporter, worshipper   **sacrifico, -are:** to sacrifice
cuniculus, -i: tunnel   **simulacrum, -i:** image, effigy
naufragium, -i: shipwreck   **velo, -are:** to cover, hide, conceal

---

Witness #2   *Quintus 10.343-357*

Illae autem inter se conferebant,
Ut sors funesta exitiali consilio
Destinasset, incestas Helenae nuptias conciliare
Deiphobo. Acerbam praeterea Heleni indignationem,
15 Et stomachum propter uxorem istam. Utque Graecorum filii
Abreptum in excelsis montibus, dum Troianis
Irascitur, ad citas naves abducturi essent.
Ut denique eius instinctu robusti Tydei filius
Comitante Ulysse, super ardua irrumpens moenia,
20 Flebilem allaturus fit interitum Alcathoo,
Ubi sapientis Minervae simulacrum non invitum abstraxerit,

Quod munimentum urbis et ipsorum erat Troianorum.
Nullus enim deorum, licet maxima <in Troianos> iracundia exardescens,
Opulentam Priami urbem exscindere valebat,
Quamdiu haec dea curarum expers, pro illa staret.

abduco, -ducere, -duxi, -ductum: to kidnap, abduct, lead away, seduce
abripio, -ripere, -ripui, -reptum: to snatch away, remove
abstraho, -trahere, -traxi, -tractum: to remove, take away
concilio, -are: to unite, unify
destino, -are: to determine, decide
exardesco, -ardere, -arsi, -arsum: to break out, blaze forth
excelsus, -a, -um: high, lofty
exitialis, -e: destructive, deadly
expers, -tis: free of, without
exscindo, -scindere, -scidi, -scissum: to destroy utterly
flebilis, -e: wretched, sad
funestus, -a, -um: deadly, full of death

incestus, -a, -um: sinful, incestuous
indignatio, indignationis: outrage, indignation
instinctus, -us: inspiration, instigation
interitus, -us: destruction, ruin
iracundia, -ae: wrath, anger
irrumpo, -rumpere, -rupi, -ruptum: to break in, rush in
munimentum, -i: fortification, defense, protection
nuptiae, -arum: marriage, wedding
opulentus, -a, -um: wealthy, mighty
quamdiu: as long as, for as long as
robustus, -a, -um: oaken, strong, powerful
stomachus, -i: distaste, anger

Witness # 3   Dares 42

5   [Troia capta,] Postquam dies inluxit, Agamemnon omnes duces in arcem Minervae convocat, diis gratias agit, exercitum conlaudat, omnem praedam iubet in medio afferi, eam se pariter cum omnibus partiturum, simulque exercitum consulit, an placeat Antenori et Aeneae cum his qui una patriam prodiderant, servari quod illis confirmaverant. Exercitus totus conclamat
10 placere sibi. Itaque convocatis omnibus sua reddidit. Antenor rogat Agamemnonem, ut sibi liceat dicere: Agamemnon dicere iubet. Principio Antenor gratias Graiugenis agit simulque commemorat Helenum et Cassandram semper patri bellum dissuasisse, Achilli sepulcrum Helenum dixisse donari, et dixit Helenum omnia scire. Agamemnon ex concilii
15 sententia Heleno et Cassandrae libertatem dedit. Helenus pro Hecuba et Andromacha rogare coepit Agamemnonem, commemorans ab his semper eum dilectum esse. Agamemnon ad concilium refert: placuit illis libertatem reddi.

commemoro, -are: to recall, remember
conclamo, -are: to shout in unison
conlaudo, -are: to praise
deprecor, -ari: to pray, beg
Graiugena, -ae: Greek

hostia, -ae: victim, (animal) sacrifice
immolo, -are: to sacrifice
inlucesco, -lucescere, -luxi: to shine, live
partio, -ire: to distribute, divide
sepultura, -ae: burial

Witness #4 *Dictys 4.18, 5.9*

At postero die per Chrysem cognoscitur Helenum Priami fugientem scelus Alexandri apud se in templo agere. Moxque ob id missis Diomede et Ulixe tradidit sese deprecatus prius, uti sibi partem aliquam regionis, in qua reliquam vitam degeret semotam ab aliis concederent. Dein ad naves ductus
5 ubi concilio mixtus est, multa locutus non metu, ait, mortis se patriam parentesque deserere, sed deorum coactum aversione, quorum delubra violari ab Alexandro neque se neque Aeneam nequisse pati. Qui metuens Graecorum iracundiam apud Antenorem ageret senemque parentem. De cuius oraculo imminentia Troianis mala cum cognovisset, ultro supplicem
10 ad eos decurrere. Tunc nostris festinantibus secreta dinoscere, Chryses nutu uti silentium ageretur significat atque Helenum secum abducit. A quo doctus cuncta Graecis uti audierat refert, addit praeterea tempus Troiani excidii idque administris Aenea atque Antenore fore. Tum recordati eorum, quae Calchas dixerat, eadem cuncta congruentiaque animadvertunt.

. . .

15 Ob quae placet universis mitti Minervae donum quam honoratissimum. Tum accitus ad eam rem Helenus cuncta, quae clam se gesta erant, ac si praesens adfuisset. Ordine exponit additque finem iam advenisse Troianarum rerum, quippe quo maxime sustentaretur summa civitatis eius, Palladium fuisse: quo ablato exitium ingruere. Ceterum donum
20 Minervae fatale Troianis esse, equum ligno fabrefactum forma ingenti, cuius magnitudine muri solvendi essent, adnitente atque administro Antenore. Dein recordatus parentem Priamum residuosque fratres fletum edit miserabilem, consternatusque per dolorem atque obstupefactus ruit. Tum Pyrrhus collectum eum refectumque animi ad se deducit custodesque
25 addit veritus, ne qua per eum hostibus, quae gesta erant, patefierent. Quod ubi Helenus persensit, Pyrrhum, uti bonum animum gereret, hortatur, securum sui secretorumque; namque se cum eo etiam post patriae excidium multis tempestatibus in Graecia moraturum.

accio, -ire: to call, summon
administer, -i: assistant, supporter
adnitor, -niti, -nisus sum: to press against, strive for
aversio, aversionis: shunning, aversion
congruentia, -ae: agreement, symmetry
consterno, -sternere, -stravi, -stratum: to lay low, bring down
decurro, -currere, -curri, -cursum: to run, hasten
dego, -ere, degi: to pass time, live
delubrum, -i: shrine, temple, sanctuary
dinosco, -noscere, -novi, -notum: to know, distinguish
excidium, -i: destruction
fabrefacio, -facere, -feci, -factum: to create skillfully
fatalis, -e: deadly, fatal
festino, -are: to hasten, hurry, rush
fletus, -us: weeping, lament
honoratus, -a, -um: honored, distinguished, respected

id est: 'that is' ("i.e.")
imminens, -ntis: impending, threatening
ingruo, -gruere, -grui: to attack, befall
misceo, -ere, mixi, mixtum: to unite, restore
miserabilis, -e: pitiful, wretched
nutus, -us: nod, agreement, consent
obstupefio, -fieri, -factum: to become astounded, stupefy
oraculum, -i: oracle, prophecy
patefio, -fieri, -factum: to open, make accessible
persentio, -sentire, -sensi, -sensum: to feel deeply
queo, quire, quivi, quitum: to be able, can
recordor, -ari: to recall
residuus, -a, -um: remaining
semotus, -a, -um: remote, distant
significo, -are: to show, indicate
sustento, -are: to hold off, defend, maintain, support

Aeneas and Helenus sacrificing. Painted Limoges enamel plaque, ca. 1530.

Gathering Facts and Evidence:
How do the witness accounts corroborate or refute the following claims?

- Helenus remained in Troy until its destruction

- Helenus abandoned Troy

- Helenus's motive for leaving was Helen's remarriage

- Helenus's motive for leaving was Paris's murder of Achilles in a temple

- Helenus was captured by Greeks

- Helenus was tortured for information

- Helenus provided information under divine influence (unwillingly)

- Helenus told the Greeks about Palladium

- Helenus told the Greeks to make the Trojan horse

- Helenus returned Achilles' body to the Greeks

- Helenus begged for mercy to free the Trojan women (Hecuba and Andromache)

3.

Defendant #1: Diomedes
Charge: Theft of Palladium

Defendant #2: Odysseus/Ulysses
Charge: Theft of Palladium

Witness #1   *Vat. Myth. 1.40*

(See *Vat. Myth. 1.40*, page 117)

Witness #2   *Quintus 10.344-357*

(See *Quintus 10.344-357*, pages 117-118)

Witness #3   *Dictys 5.5, 5.8*

Praeterea cognoscunt ab Antenore editum quondam oraculum Troianis maximo exitio civitati fore, si Palladium quod in templo Minervae esset, extra moenia tolleretur: namque id antiquissimum signum caelo sublapsum. . . .

5   Atque eadem nocte Antenor clam in templum Minervae venit ubi multis precibus vi mixtis Theano, quae ei templo sacerdos erat, impulit, uti Palladium sibi traderet, habituram namque magna eius rei praemia. Ita perfecto negotio ad nostros venit hisque promissum offert, verum id Graeci obvolutum bene, quo ne intellegi a quoquam posset, vehiculo ad tentoria Ulixi per necessarios fidosque suos remittunt.

id est: 'that is' ("i.e.")
intellego (-ligo), intellegere (-ligere), intellexi, intellectum: to know, learn
misceo, -ere, mixi, mixtum: to unite, restore, mix
necessarius, -i: kin, close friend
obvolvo, -volvere, -volui, -volutum: to wrap, encircle, hide
oraculum, -i: oracle, prophecy
tentorium, -i: tent
vehiculum, -i: vehicle, wagon

Gathering Facts and Evidence:
How do the witness accounts corroborate or refute the following claims?

- Prophecy stated that Troy could not stand if the Palladium was removed from the city

- Helenus told the Greeks about the Palladium

- The gods helped the Greeks obtain the Palladium

- Diomedes and Odysseus entered Troy and stole the Palladium

- Antenor stole the Palladium and sent it to the Greeks (Diomedes and Odysseus were not involved)

4.

Defendant: Epeus
Charge: Destruction of Troy

Witness #1 *Excidium Troiae p. 13, 17*

Agamemnon et Menelaus Minervam deprecabantur ut eis responderet qualiter Troia adiri possit. Quibus dea respondit ut deberent dolos praeparare, et se veluti extediantes cum navibus vel exercitu a Troia tollerent ad provinciam suam reversuros, et apud Tenedos insulam se occultarent, et
5   ibi equus ligneus ex arte Minervae occulte fabricaretur ut per eum Troia introiretur. Quod audientes responsum, Minervae obedierunt et se ad Tenedos insulam cum navibus et exercitu contulerunt . . . qui dum apud Tenedos venirent, in occulto sinu se constituerunt, et equus ligneus ab eis fabricari coepit. . . .

10 Et dum regi Priamo singula nuntiata [de equo et Laocoontis morte] fuissent, iussit iuvenes vel innuptas puellas congregari cum lampadibus et equum intra urbem <sicut Sinon per dolos dixerat> ad templum Neptuni perduci. Cum ad portam venisset et equus intrare non potuisset quia mirae magnitudinis fuit, muri in circuitu portae elisi sunt, et sic equus super rotas
15 ambulans in urbem missus est. . . .

Dum equus in Troiam mitteretur, per sollemnitatem quia donum inimicorum Minervae oblatum Neptuno datum est. Epulum magnum fecerunt, et iacuit Troia somno vinoque sepulta. Et dum iam nox veniret, Sinon, videns Troiam vino sepultam iacere, ad equum ivit, et ostium quod
20 in dorso habuit aperuit; et exinde novem duces qui intra eum armati inclusi fuerunt exierunt—id est, Tessandrus, Stenelus, Ulixes, Acamas, Thoas, Pelides Neoptolimus, Macaon, Menelaus et Epeos doli fabricator—qui omnes per portas circumierunt. Et hostes Graecorum qui apud Tenedos fuerunt, levatis a Sinone signis de Troia, continuo in navibus venerunt. Et
25 dum portas omnes patentes invenirent, urbem per noctem introierunt et eam igne vel gladio cremaverunt.

circuitus, -us: path, circuit, surface, edge
circumeo, -ire: to surround, encircle
congrego, -are: to assemble, flock together
cremo, -are: to cremate, burn
deprecor, -ari: to pray, beg
dorsum, -i: back, behind
elido, -lidere, -lisi, -lisum: to destroy
epulae, -arum or epulum, -i: banquet
exin or **exinde:** thereafter
extedio, -are: to be sad, weary
fabricator, fabricatoris: creator, blacksmith
fabrico, -are: to manufacture, forge
id est: 'that is' ("i.e.")
innupta, -ae: unmarried
introeo, -ire: to enter, invade

lampas, lampadis: lamp, lantern, torch
levo, -are: to diminish, weaken, raise, lift up
ligneus, -a, -um: wooden
mirus, -a, -um: wonderful, strange
obedio, -ire: to obey, listen to
occulto, -are: to hide, conceal
occultus, -a, -um: hidden, concealed; occulte: secretly
ostium, -i: doorway, entrance, mouth (of a river)
qualiter: how
sepelio, -ire: to bury
sollemnitas, sollemnitatis: ritual, rite

Witness #2   Hyginus 108

Achivi cum per decem annos Troiam capere non possent, Epeus monitu Minervae equum mirae magnitudinis ligneum fecit; eoque sunt collecti Menelaus Ulysses Diomedes Thessander Sthenelus Acamas Thoas Machaon Neoptolemus; et in equo scripserunt "Danai Minervae dono dant" castraque
5 transtulerunt Tenedo. Id Troiani cum viderunt arbitrati sunt hostes abisse. Priamus equum in arcem Minervae duci imperavit, feriatique magno opere ut essent edixit. Id vates Cassandra cum vociferaretur inesse hostes, fides ei habita non est. Quem in arcem cum statuissent et ipsi noctu lusu atque vino lassi obdormissent, Achivi ex equo aperto a Sinone exierunt et portarum
10 custodes occiderunt, sociosque signo dato receperunt et Troia sunt potiti.

feriatus, -a, -um: holiday, festival
insum, -esse, -fui: to be within, to be inside
lassus, -a, -um: weary, tired, exhausted

monitus, -us: warning
obdormisco, -ire, -ivi: to fall asleep
opus esse: it is needed
vociferor, -ari: to shout, cry

Witness #3   *Quintus 12.24-46, 78-80,*
308-324 13.21, 40-41, 61

    Laertae filius [Ulixes], et contra haec verba edidit:
    ". . . Si vere in fatis est, ut belligeri Argivi
    Dolis Priami urbem expugnent:
    Fabricato equo, viri principes ad insidias occultas
5   Ingrediemur eum prompte. Copiae autem recedant
    Navibus in Tenedum et incendant omnia
    In castris: ut Troes ex urbe conspicati,
    Deposito metu in campum erumpant. Sed vir quispiam
    Audax, quem nemo inter Troianos novit
10 Extra equum maneat, Martium sibi animum indens:
    Qui simulet, se vim Argivorum praevalidam
    Pro reditu ipsum immolare volentium effugisse
    Cum se timide sub equum fabrefactum recepisset: quem condiderint
    Palladi, offensae propter hastigeros Troianos.
15 Et haec prolixe sciscitantibus ita commemoret
    Donec ei fidem, quamlibet difficiles, adhibeant:
    Eumque statim in urbem ducant, miserabilem visu
    Quo luctificae nobis irruptionis signum ostendat,
    Aliis quidem <in Tenedo> ardentem subito facem attollens
20 Alios vero ex capaci equo exire iubens
    Quando Troiani curarum expertes somnum carpent. . . .
    Equum fabricemus manibus Epei,
    Qui inter Argivos longe optimus exsistit
    Architecturae causa. Minerva enim fabrile opus ipsum docuit. . . ."
25 . . . Prope Dianae templum, in libero horto
    Monte nec nimis humili, nec in altum nimis porrecto
    Princeps equidem in vastum ascendit equum
    Filius Achillis, unaque fortis Menelaus,
    Et Ulysses, Sthenelusque ac divinus Diomedes.
30 Accessit etiam Philoctetes, et Anticlus, et Menestheus
    Simulque Thoas animosus, et rufus Polypoetes,
    Aiaxque, Eurypylusque et par deo Thrasymedes
    Merionesque et Idomeneus, ambo apprime illustres;
    Et cum illis Podalirius hasta bonus, Eurymachusque
35 Teucerque fortis, et Ialmenus magnanimus
    Thalpius, Antilochusque bellaxque Leonteus
    Et una Eumelus introit deo similis Euryalusque

Demophoonque et Amphimachus, validusque Agapenor
Nec non Acamas, et Meges fortis Phylei natus;
Alii denique intrarunt, qui longe optimi erant,
Quot videlicet equus capiebat; post quos subiit etiam Epeus
5 Qui magnum equum fabricarat, et sollertia sua noverat
Tum aperire, tum claudere illius equi recessus. . . .
Cum enim somnus in urbe alium alibi vinctum teneret,
. . . Lignei equi perplacide hinc illinc
Latera aperit, Epei hastati auspiciis. . . .
10 Statim igitur hi [Graeci] trucidabant
Hostes.

alibi: elsewhere
animosus, -a, -um: enthusiastic
apprime: above all, exceedingly
architectura, -ae: architecture
auspicium, -i: divination, omen, guidance
bellax, -cis: warlike, martial
belliger, -a, -um: warlike, powerful in war
capax, -cis: broad, roomy, capable
commemoro, -are: to recall, remember
erumpo, -rumpere, -rupi, -ruptum: to break out, break through
expers, -tis: free of, without
fabrefacio, -facere, -feci, -factum: to create skillfully
fabrilis, -e: of a workman or carpenter
hastatus, -a, -um: armed with a spear
hastiger, -a, -um: spear wielding, armed
illinc: there, from there
illustris, -e: bright, famous
immolo, -are: to sacrifice
indo, -dere, -didi, -ditum: to cause, introduce, to put on, insert
irruptio, irruptionis: bursting in, inruption
lucificus, -a, -um: grief-bringing
magnanimus, -a, -um: great souled, courageous
Martius, -a, -um: belonging to Mars (god of war); martial, warlike
miserabilis, -e: pitiful, wretched
necnon: also, nor
offendo, -fendere, -fendi, -fensum: to meet, check, offend
perplacidus, -a, -um: quiet, still
porrigo, -rigere, -rexi, -rectum: to extend, reach
praevalidus, -a, -um: very strong
prolixus, -a, -um: long, courteous
promptus, -a, -um: ready, eager
quamlibet: as much as you please
quispiam: anyone, someone
recessus, -us: retreat, opening
reditus, -us: return
sciscitor, -ari: to ask, inquire, investigate
sollertia, -ae: cleverness, skill
timidus, -a, -um: fearful, timid
trucido, -are: to slaughter
videlicet: clearly, plainly, manifestly, of course
visus, -us: sight, vision

Witness #4   *Dares 39-41*

Eodem die conveniunt clam Antenor Polydamas Ucalegon Amphidamas Dolon, dicunt se mirari pertinaciam regis, qui clausus cum patria et comitibus perire mallet quam pacem facere. Antenor ait se invenisse quid faciendum sit quod sibi et illis in commune proficiat dum sibi et illis foret
5 fides. Omnes se in fide astringunt. Antenor ut vidit se obstrictum, mittit ad Aenean, dicens, prodendam esse patriam, et sibi suisque cavendum esse, ad Agamemnonem de his aliquem mittendum esse, nam regem iratum de concilio surrexisse, quia ei pacem suaserit: vereri se ne quid novi consilii ineat. Itaque omnes promittunt, statimque Polydamantem qui ex his unus erat
10 ad Agamemnonem clam mittunt. Polydamas in castra Argivorum pervenit, Agamemnonem convenit, dixitque ea quae suis placerent. Agamemnon clam nocte omnes duces in concilium convocat refert eadem, <u>quid cuique videatur</u> dicere iubet. Omnibus placitum est, ut fides proditoribus servetur. Ulixes et Nestor vereri se dixere hanc temeritatem subire, Neoptolemus eos
15 refutat, dum inter se certant, placitum est signum a Polydamante exigi et id ipsum per Sinonem ad Aenean et Anchisen et Antenorem mitti. Sinon ad Troiam proficiscitur et quia nondum claves portae Amphimachi custodibus traditae erant, signo dato Sinon nomine Aeneae et Anchisae et Antenoris audito confirmatus Agamemnoni renuntiat. Tunc placitum est omnibus,
20 ut fides daretur iureiurando confirmaretur, Antenori, Aeneae, Ucalegoni, Polydamanti, Doloni, suisque parentibus, liberis, coniugibusque, et consanguineis propinquis, et amicis qui una coniurassent, omnibus fidem praestari, suaque omnia sacra et bona incolumia habere liceat. Hoc pacto confirmato et iureiurando adstricto suadet Polydamas noctu exercitum
25 ad portam Scaeam ut adducant, ubi extrinsecus caput equi pictum est, ibi praesidia habere noctu Antenorem cum Anchise, exercitusque noctu portam reseraturos eisque lumen prolaturos, id signum eruptionis fore.

Postquam pacta confirmata sunt, Polydamas in oppidum redit, facta renuntiat, dicit Antenori et Aeneae, ceterisque quibuscum actum erat, ut
30 suos omnes ad Scaeam portam adducant, noctu Scaeam portam aperiant, lumen ostendant, exercitum introducant. Antenor et Aeneas noctu ad portam praesto fuerunt, Neoptolemum susceperunt, exercitui portam reseraverunt, lumen ostenderunt, fugae praesidium sibi et suis omnibus ut esset postulaverunt. Neoptolemus irruptionem facit, Troianos caedit,
35 persequitur Priamum, quem ante aram Iovis obtruncat. Hecuba dum fugit cum Polyxena, Aeneae occurrit: Polyxenam ei tradidit, quam Aeneas ad patrem Anchisen abscondit. Andromache et Cassandra in aede Minervae se tegunt. Tota die et nocte Argivi non cessant vastare, praedam asportare.

abscondo, -ere, -didi, -ditum: to conceal
clavis, clavis: key
consanguineus, -a, -um: related by blood
consentio, -sentire, -sensi, -sensum: to agree, resolve
devasto, -are: to destroy
eruptio, eruptionis: sortie, sally, rush
extrinsecus: from outside, from without
invidiosus, -a, -um: envious, envied, hated
iureiuro, -are: to swear an oath
maturo, -are: to hasten
minime: not at all, least of all
obstringo, -ere, -strinxi, -strictum: to bind, tie, involve

obtrunco, -are: to kill, murder, slay
paciscor, -i, pactus sum: to agree, bargain
pertinacia, -ae: determination, defiance, stubbornness
proditor, proditoris: traitor
proficio, -ficere, -feci, -fectum: to progress, assist, advance, help
quid cuique videatur: 'what seemed appropriate to each one,' (i.e., everyone's opinion)
quo pacto: how, in what way
refuto, -are: to disprove, refute
renuntio, -are: to announce, report
resero, -are: to unbolt, open, unlock
sculpo, -ere, sculpsi, -ptum: to carve

Witness #5 — *Dictys 5.9 -12*

Ob quae placet universis mitti Minervae donum quam honoratissimum. Tum accitus ad eam rem Helenus cuncta, quae clam se gesta erant, ac si praesens adfuisset. Ordine exponit additque finem iam advenisse Troianarum rerum, quippe quo maxime sustentaretur summa civitatis eius, Palladium fuisse: quo ablato exitium ingruere. Ceterum donum Minervae fatale
5 Troianis esse, equum ligno fabrefactum forma ingenti, cuius magnitudine muri solvendi essent, adnitente atque administro Antenore. . . .

Interim firmatores pactae pacis ad Troiam eunt decem lecti duces, Diomedes, Ulixes, Idomeneus, Aiax Telemonius, Nestor, Meriones, Thoas, Philocteta, Neoptolemus atque Eumelus. Quos ubi in foro animadvertere
10 populares, laeti animos tollunt finem iam aerumnarum credentes. . . . Dein ubi tempus visum est, convivium publice coeptum in honore ducum coitae pacis Antenore deserviente Graecis atque omni modo benigne exhibente cuncta. . . .

Ceterum barbari Antenorem summis efferre laudibus, advenientem singuli
15 quasi deum venerari, solum quippe omnium credere auctorem pacis eius coitaeque cum Graecis amicitiae. Ita sopito iam exinde bello passim, uti quisque partium voluerat, nunc Graeci cum Troianis rursusque hi apud naves amice agere. Interim ubi foedus intervenerat, cuncti barbarorum socii, qui bello residui erant, gratulantes interventu pacis ad suos discedunt ne
20 opperientes quidem praemia tantorum discriminum atque aerumnarum, scilicet veriti, ne qua pacti fides apud barbaros dissolveretur.

Interim apud naves, uti Heleno placuerat, equus tabulatis exstruitur per Epium fabricatorem eius operis. Cui edito in immensum ima, quae sub pedibus erant, rotis interpositis suspenderat, scilicet quo attractu motus facilius foret. Quem offerri donum Minervae maximum omnium ore
5 agitabatur. . . .

Dein equum compactum adfabre confixumque ad muros movent praenuntiato Troianis, uti cum summa religione susciperent, Minervae scilicet sacrum dicatumque. Quare magna vis hominum portis egressa summa laetitia sacrificioque donum excipit attrahitque propius moenia,
10 sed postquam magnitudine operis impediri per portas ingressum animadvertere, consilium destruendorum desuper murorum capiunt, neque quisquam secus prae tali studio decernebat. . . .

Fessis dein multo vino atque somno barbaris, quae utraque per laetitiam securitatemque pacis intervenerant, multo silentio ad civitatem navigant
15 servantes signum, quod igni elato Sinon ad eam rem clam positus sustulerat. Moxque omnes postquam intravere moenia divisis inter se civitatis locis, ubi signum datum agnovere, caedere eos, quos fors obiecerat, atque obtruncare passim per domos atque vias, loca sacra profanaque, et si qui persenserant, priusquam armare se aut aliud pro salute capere quirent, opprimere.

accio, -ire: to call, summon
adfabre: in a workmanlike way
administer, -i: assistant, supporter
adnitor, -niti, -nisus sum: to press against, strive for
adscisco, -sciscere, -scivi, -scitum: to adopt, take up
aerumna, -ae: hardship, toil, labor
attraho, -trahere, -traxi, -tractum: to drag, draw
benignus, -a, -um: kind, generous
compactum, -i: agreement, agreed
configo, -figere, -fixi, -fixum: to fasten together
deservio, -ire: to serve, be a slave to
destruo, -struere, -struxi, -structum: to destroy, dismantle
desuper: from above
dico, -are: to consecrate, dedicate
dissolvo, -solvere, -solvi, -solutum: to disperse, break up, destroy

effero, efferre, extuli, elatum: to produce, bring out, remove
exhibeo, -hibere, -hibui, -hibitum: to produce, show, display
exstruo, -struere, -struxi, -structum: to build
fatalis, -e: deadly, fatal
firmator, firmatoris: one who establishes
gratulor, -ari: to congratulate, rejoice
honoratus, -a, -um: honored, distinguished, respected
honos, honoris: honor, clout, office
imus, -a, -um: deepest
ingruo, -gruere, -grui: to attack, befall
interpono, -ponere, -posui, -positum: to interpose, place
intervenio, -ire: to intervene, interrupt, delay
interventus, -us: interference, intervention
opperior, -iri, -itus sum: to wait

persentio, -sentire, -sensi, -sensum: to feel deeply
popularis, popularis: fellow citizens, people
prae: *prep. with abl.* before, because of
praenuntio, -are: to foretell, announce
profanus, -a, -um: ordinary, common, public
propius: nearer, more closely
queo, quire, quivi, quitum: to be able, can
residuus, -a, -um: remaining
sacrificium, -i: sacrifice
securitas, securitatis: peace of mind, carelessness
secus: otherwise
si quis, si quid: if some…, if any…
sopitus, -a, -um: shocked, numb
suspendo, -pendere, -pendi, -pensum: to support, prop up
sustento, -are: to hold off, defend, maintain, support
tabulatus, -a, -um: boarded, wooden
tractus, -us: dragging
veneror, -ari: to revere, worship

The Trojan horse. Mykonos pithamphora, ca. 7th c. B.C.

Gathering Facts and Evidence:
How do the witness accounts corroborate or refute the following claims?

- The Trojan horse was made with Minerva's blessing

- The Trojan horse was Odysseus's idea

- The Trojan horse was Helenus's idea

- Epeus built the Trojan horse

- The Greeks pretended to leave and hid on Tenedos island

- The Trojan horse was a trap

- The Trojan horse was a gift to the gods

- Sinon convinced the Trojans to let the horse into the city

- The Trojans destroyed their city walls to admit the horse

- The Trojans celebrated a religious festival in dedication of the horse

- Sinon signaled the Greeks to enter the city at night

- The warriors hidden inside the horse broke out in the night and killed sleeping Trojans

- There was no Trojan horse; Troy was betrayed by disgruntled Trojans

5.

Defendant: Sinon
Charge: Destruction of Troy

Witness #1   *Excidium Troiae p. 14-17*

Et dum iam Troia secura maneret, apud Tenedos divinae Palladis arte equus ligneus fabricatur. Et dum perfectus fuisset, coeperunt cogitare qualiter ipse equus Troiam perduceretur. Tunc unus de genere Palamedis Sinon nomine dixit: "Ego faciam ut equus ad Troiam ducatur."

5   Cui dixerunt: "Quo ordine?"

Sinon respondit: "Fusticate me, et me per noctem in paludibus Troiae perducite." Quod et factum est.

Luciscente vero die pastores Troiae . . . Sinonem invenerunt, quem vinctis a tergo manibus cum magno clamore ad Priamum regem perduxerunt. . . .

10   Cui Sinon sic respondit: "De genere Palamedis regis, quem Graeci interfecerunt, et dum pro morte eius vellem aliquid assumere, inter Graecos inimicitias concepi. Sed iuretur mihi quia eis non tradar et singula publicabo."

Quod dum ei iuratum fuisset, quod eis non traderetur neque contaminaretur,
15   etiam ipse isto more sacramentum dedit erectis ad sidere palmis: "Vos aeterni ignes," ait, "inviolabile vestrum testor numen, vos aer ensesque nefandi." Cumque sic sacramentum dedisset, rex accepto sacramento eum de vinculis solvit et tanquam proprium sic eum habere coepit. Cui ita dixit: "Iam noster eris. Obliviscere Graecos."

20   Sinon vero sciens se bene a rege fuisse susceptum dolos praeparavit, ut equus, sicut a suis discesserat, Troiam perduceretur; et coepit regi fiducialiter sic loqui: "Quando huc de provincia nostra ad vos exivimus, sacrificatum est de sanguine virginis, quem sic poposcit Apollo. Et iam nunc pro reditu nostro dum Apollinem deprecati fuissemus, sic respondit:
25   'Quando huc cogitastis navigare, sanguine me placastis virginis. Et nunc pro reditu vestro nisi iterato sanguine humano sacrificaveritis, nullo

modo ad propria vestra reditum habere potestis.' Cumque talia responsa acciperemus, omnes pavor invasit cuius animam posceret Apollo. Et cum sors emissa fuisset, super me cecidit ut de sanguine meo Apollini offeretur. Et sic invento loco fugiens huc ad regnum tuum devolutus sum. Interea
5 fecerunt equum mirae magnitudinis, quem templo Minervae quod foras muros fecerunt pro reditu suo volunt offere. Quem metum speret regnum tuum iam hic esse. Ergo iube eum a templo Minervae quod foras muros est tolli, et huc ipsum equum ad templum Neptuni quod intra urbem est <et in eius tutela Troia fabricata est> mitti; et necesse erit ut eis Apollo et
10 Minerva, quod sibi promissa perdi videntur, irascantur, et dum navigare coeperint vim tempestatis excitent et eos in pelagos demergant. Et hostibus carebitis." Talibus insidiis periurique hac arte Sinonis capta est quam non anni domuere decem, non mille carinae.

Haec cum rex a Sinone audiret, coepit eum tanquam proprium diligere et
15 in domo sua habere. Et cum ista geruntur, Graeci, ut superius dictum est, scientes Sinonem ad domum regis bene fuisse susceptum vel illa secreta quae locutus fuerat complevisset, et equum ligneum quem fecerant per noctem de Tenedos ad Troiam perduxerunt et eum ante templum Minervae quod foras muros est statuerunt. Et cum dies lucesceret et equus ad templum
20 Minervae visus fuisset, coepit populus pro videndo equo catervatim de civitate exire. . . .

Et dum regi Priamo singula nuntiata fuissent, iussit iuvenes vel innuptas puellas congregari cum lampadibus et equum intra urbem <sicut Sinon per dolos dixerat> ad templum Neptuni perduci. Cum ad portam venisset et
25 equus intrare non potuisset quia mirae magnitudinis fuit, muri in circuitu portae elisi sunt, et sic equus super rotas ambulans in urbem missus est. . . .

Dum equus in Troiam mitteretur, per sollemnitatem quia donum inimicorum Minervae oblatum Neptuno datum est. Epulum magnum fecerunt, et iacuit Troia somno vinoque sepulta. Et dum iam nox veniret,
30 Sinon, videns Troiam vino sepultam iacere, ad equum ivit, et ostium quod in dorso habuit aperuit; et exinde novem duces qui intra eum armati inclusi fuerunt exierunt—id est, Tessandrus, Sthenelus, Ulixes, Acamas, Thoas, Pelides Neoptolemus, Machaon, Menelaus et Epeos doli fabricator—qui omnes per portas circumierunt. Et hostes Graecorum qui apud Tenedos
35 fuerunt, levatis a Sinone signis de Troia, continuo in navibus venerunt. Et dum portas omnes patentes invenirent, urbem per noctem introierunt et eam igne vel gladio cremaverunt.

assumo, -sumere, -sumpsi, -sumptum: to claim, take for oneself
carina, -ae: keel, vessel
caterva, -ae: crowd, flock, troop; **catervatim:** in droves, en masse
circuitus, -us: path, circuit, surface, edge
concipio, -cipere, -cepi, -ceptum: to hold, conceive, imagine
congrego, -are: to assemble, flock together
contamino, -are: to pollute, infect, mingle
cremo, -are: to cremate, burn
demergo, -mergere, -mersi, -mersum: to sink, drown
deprecor, -ari: to pray, beg
devolvo, -volvere, -volui, -volutum: to roll down, fly away
domo, -are: to break, subjugate, dominate
dorsum, -i: back, behind
elido, -lidere, -lisi, -lisum: to destroy
epulae, -arum or epulum, -i: banquet
exin or **exinde:** thereafter
fabricator, -is: creator, blacksmith
fabrico, -are: to manufacture, forge
fiducialiter: confidently, trust-worthily
foras or **foris:** outdoors
fustico, -are: to beat, club
id est: 'that is' ("i.e.")
inimicitia, -ae: hostility, enmity

innupta, -ae: unmarried
introeo, -ire: to enter, invade
inviolabilis, -e: unassailable
iterato: again, once more
lampas, lampadis: lamp, lantern, torch
levo, -are: to diminish, weaken, raise, lift up
ligneus, -a, -um: wooden
lucisco, -ere, luxi: to begin to shine
mirus, -a, -um: wonderful, strange
nefandus, -a, -um: unspeakably evil
obliviscor, -i, -oblitus sum: to forget
ostium, -i: doorway, entrance, mouth (of a river)
pavor, pavoris: panic
periurium, -i: perjury, false swearing
placo, -are: to please, appease
promissum, -i: promise
publico, -are: to make known, publish
qualiter: how
reditus, -us: return
sacramentum, -i: oath of allegiance
sacrifico, -are: to sacrifice
sepelio, -ire: to bury
sollemnitas, sollemnitatis: ritual, rite
superior, -ius: superior, greater, higher
tanquam: just as, as if
testor, testoris: witness
tutela, -ae: protection, guard

Witness #2   *Hyginus 108*

(See *Hyginus 108*, page 125)

Witness #3   *Quintus 12.24-46; 78-80; 239-241; 348-351; 353-366, 414-416; 13.21-33*

Laertae filius [Ulixes], et contra haec verba edidit:
". . . Si vere in fatis est, ut belligeri Argivi
Dolis Priami urbem expugnent:
Fabricato equo, viri principes ad insidias occultas

Ingrediemur eum prompte. Copiae autem recedant
Navibus in Tenedum et incendant omnia
In castris: ut Troes ex urbe conspicati,
Deposito metu in campum erumpant. Sed vir quispiam
5 Audax, quem nemo inter Troianos novit
Extra equum maneat, Martium sibi animum indens:
Qui simulet, se vim Argivorum praevalidam
Pro reditu ipsum immolare volentium effugisse
Cum se timide sub equum fabrefactum recepisset: quem condiderint
10 Palladi, offensae propter hastigeros Troianos.
Et haec prolixe sciscitantibus ita commemoret
Donec ei fidem, quamlibet difficiles, adhibeant:
Eumque statim in urbem ducant, miserabilem visu
Quo luctificae nobis irruptionis signum ostendat,
15 Aliis quidem <in Tenedo> ardentem subito facem attollens
Alios vero ex capaci equo exire iubens
Quando Troiani curarum expertes somnum carpent. . . .
Equum fabricemus manibus Epei,
Qui inter Argivos longe optimus exsistit
20 Architecturae causa. Minerva enim fabrile opus ipsum docuit. . . ."
. . . Sino autem ei respondet, et infit,
Aliis reformidantibus: ingens enim facinus erat
Patraturus.
. . . Ceterum Troes animadvertunt in litore Hellesponti
25 Fumum, adhuc attollentem se per aera, neque naves
Vident . . . cuncti igitur hilares ad littus procurrunt,
Tum equum probe politum conspiciunt, et iuxta illum
Resistentes stupent. Nam opus erat immane.
Infelicem etiam Sinonem in propinquo vident,
30 Atque scitantes ex illo de Danais <Graecis> ex alia parte alius
In medio circumstando includunt: blandisque hinc inde
Verbis initio rogitant, sed post ea increpatione
Terribili, flagris etiam multis fallacem virum incessunt
Ad satis longum tempus. Is vero immotus tanquam saxum
35 Permanent, indefessa membra gerens. Tandem illi
Aures simul et nares a membra resecant
Plane deformantes; ut veritatem eloquatur
Quo pacto Danai cum navibus avecti sint, et num equus aliquid
Inclusum gestet. Is vero viribus animo sumptis
40 Talia in medio dolos nectens profatur. . . .

Tandem ad triste exitium mens illis se inflexit:
Quocirca ultro eum ad urbem ducebant,
Tandem miserti: et omnes inter se congregati
Catenam arduo equo repente iniciunt
5   Superne religatam. . . .
Cum enim somnus in urbe alium alibi vinctum teneret
Immoderate vino repletos et cibo;
Ibi demum ardentem Sino facem sustulit
Ignis flamma signum dans Argivis; et cor ipsius
10 Valde sollicitum erat in pectore, ne ipsum viderent
Strenui Troes, et mox omnia patefierent.
Verum illi in cubilibus ultimo somno indulgebant
Multo mero onerati. Graeci autem signo conspecto
Ex Tenedo classi ad navigandum sese accingunt.
15 Tum Sinon ipse ad equum accedit, et tacitam vocem edit
Tacitam omnino, ne quis forte inter Troianos exaudiret
Nisi Danum solummodo ductores, a quibus quam longissime
Somnus avolarat, Troiam expugnare cupientibus. . . .

accingo, -cingere, -cinxi, -cinctum: to equip, arm, ready
alibi: elsewhere
architectura, -ae: architecture
aveho, -vehere, -vexi, -vectum: to take away
avolo, -are: to fly away
belliger, -a, -um: warlike, powerful in war
blandus, -a, -um: flattering, charming
capax, -cis: broad, roomy, capable
catena, -ae: chain, binding
circumsto, -stare, -steti: to stand around, surround, badger
commemoro, -are: to recall, remember
cubile, cubilis: bed, bedroom
deformo, -are: to disgrace, deform, dishonor
ductor, ductoris: leader, commander
eloquor, -loqui, -locutus sum: to express, speak
erumpo, -rumpere, -rupi, -ruptum: to break out, break through
exaudio, -ire: to hear, listen to, heed
expers, -tis: free of, without

fabrefacio, -facere, -feci, -factum: to create skillfully
fabrilis, -e: of a workman or carpenter
fallax, -cis: treacherous, deceitful
flagrum, -i: scourge, whip
gesto, -are: to bear, carry, wear
hastiger, -a, -um: spear wielding, armed
hilaris, -e: cheerful
immoderatus, -a, -um: immoderate, unrestrained
immolo, -are: to sacrifice
immotus, -a, -um: unmoved
incendo, -cendere, -cendi, -censum: to burn, set fire to
incesso, -cessere, -cessivi: to attack
increpatio, increpationis: insult, rebuke
indefessus, -a, -um: unwearied
indo, -dere, -didi, -ditum: to cause, introduce, to put on, insert
indulgeo, -dulgere, -dulsi, -dultum: to indulge in, to give oneself over to
infit: *(only form attested)* begin, begin to speak
inflecto, -flectere, -flexi, -flexum: to bend, curve, affect

irruptio, irruptionis: bursting in, inruption
luctificus, -a, -um: grief-bringing
Martius, -a, -um: belonging to Mars (god of war); martial, warlike
merum, -i: unmixed wine
miserabilis, -e: pitiful, wretched
misereor, -eri, miseratus sum: to pity
naris, naris: nostril
necto, -ere, nexi, nexum: to bind, tie, attach
occultus, -a, -um: hidden, concealed
offendo, -fendere, -fendi, -fensum: to meet, check, offend
onero, -are: to burden, weigh down
patefio, -fieri, -factum: to open, make accessible
patro, -are: to accomplish
permaneo, -manere, -mansi, -mansum: to remain, stay
plane: distinctly, clearly
politus, -a, -um: polite, refined, urban
praevalidus, -a, -um: very strong
probus, -a, -um: excellent, fine
procurro, -currere, -curri, -cursum: to run forward

profor, -fari, -fatum: to declare, speak
prolixus, -a, -um: long, courteous
promptus, -a, -um: ready, eager
quamlibet: as much as you please
quispiam: anyone, someone
quo pacto: how, in what way
quocirca: therefore, on account of this, because of this
reformido, -are: to shun, dread, fear
religo, -are: to tie up, bind
repleo, -plere, -plevi, -pletum: to fill up, satisfy
reseco, -are: to cut back
rogito, -are: to ask eagerly
sciscitor, -ari: to ask, inquire, investigate
scitor, -ari, -itus: to inquire, ask
sollicitus, -a, -um: worried, anxious
solummodo: only, just
strenuus, -a, -um: vigorous, active
stupeo, -ere, -pui: to be amazed, astounded
superne: from above
terribilis, -e: terrible, dreadful
timidus, -a, -um: fearful, timid
valde: really, very, a lot
veritas, veritatis: truth, reality

Witness #4 *Dares 40*

Agamemnon clam nocte omnes duces in concilium convocat refert eadem, <u>quid cuique videatur</u> dicere iubet. Omnibus placitum est, ut fides proditoribus [Troianis] servetur. Ulixes et Nestor vereri se dixere hanc temeritatem subire, Neoptolemus eos refutat, dum inter se certant,
5   placitum est signum a Polydamante exigi et id ipsum per Sinonem ad Aenean et Anchisen et Antenorem mitti. Sinon ad Troiam proficiscitur et quia nondum claves portae Amphimachi custodibus traditae erant, signo dato Sinon nomine Aeneae et Anchisae et Antenoris audito confirmatus Agamemnoni renuntiat. Tunc placitum est omnibus, ut fides daretur
10 iureiurando confirmaretur, Antenori, Aeneae, Ucalegoni, Polydamanti, Doloni, suisque parentibus, liberis, coniugibusque, et consanguineis propinquis, et amicis qui una coniurassent, omnibus fidem praestari, suaque omnia sacra et bona incolumia habere liceat. Hoc pacto confirmato

et iureiurando adstricto suadet Polydamas noctu exercitum ad portam Scaeam ut adducant, ubi extrinsecus caput equi pictum est, ibi praesidia habere noctu Antenorem cum Anchise, exercitusque noctu portam reseraturos, eisque lumen prolaturos. Id signum eruptionis fore.

adstringo, -stringere, -strinxi, -strictum: to bind, agree, contract
clavis, clavis: key
consanguineus, -a, -um: related by blood
consentio, -sentire, -sensi, -sensum: to agree, resolve
eruptio, eruptionis: sortie, sally, rush
extrinsecus: from outside, from without
iureiuro, -are: to swear an oath
necnon: also, nor

paciscor, -i, pactus sum: to agree, bargain
proditor, proditoris: traitor
quid cuique videatur: 'what seemed appropriate to each one,' (i.e., everyone's opinion)
refuto, -are: to disprove, refute
renuntio, -are: to announce, report
resero, -are: to unbolt, open, unlock
sculpo, -ere, sculpsi, -ptum: to carve

Aeneas's flight from Troy. Federico Barocci, 1598.

Witness #5 — *Dictys 5.12*

5 Fessis dein multo vino atque somno barbaris, quae utraque per laetitiam securitatemque pacis intervenerant, multo silentio ad civitatem navigant servantes signum, quod igni elato Sinon ad eam rem clam positus sustulerat. Moxque omnes postquam intravere moenia divisis inter se civitatis locis, ubi signum datum agnovere, caedere eos, quos fors obiecerat, atque obtruncare
10 passim per domos atque vias, loca sacra profanaque, et si qui persenserant, priusquam armare se aut aliud pro salute capere quirent, opprimere.

effero, efferre, extuli, elatum: to produce, bring out, remove
intervenio, -ire: to intervene, interrupt, delay
obtrunco, -are: to kill, murder, slay
persentisco, -ere: to begin to feel
profanus, -a, -um: ordinary, common, public
queo, quire, quivi, quitum: to be able, can
securitas, securitatis: peace of mind, carelessness
si quis, si quid: if some…, if any…

Gathering Facts and Evidence:
How do the witness accounts corroborate or refute the following claims?

- Sinon devised the plan to trick the Trojans

- Odysseus devised the plan to trick the Trojans

- Sinon was deliberately captured by Trojans to convince them to accept the horse

- Sinon used his appearance to gain sympathy from the Trojans

- Sinon told the Trojans he was a human sacrifice

- Sinon convinced the Trojans to bring the horse into the city

- Sinon was tortured for information

- Sinon was welcomed into the city by King Priam

- Sinon released the warriors from the Trojan horse

- Sinon raised the signal to begin the Greeks' raid

- Sinon rallied with Aeneas and Antenor, who betrayed Troy

6.

Defendant: Neptune
Charge: Murder of Laocoon

Witness #1 *Vat. Myth. 2.207*

Post adventum Graecorum ad Troiam sacerdos Neptuni lapidibus occisus est quia sacrificiis eorum non vetavit adventum. Postea discedentibus Graecis cum vellent Troiani sacrificare Neptuno, Laocoon Thymbraei Apollinis sacerdos sorte ductus est ut solet fieri cum deest sacerdos Cereris.
5 Hic piaculum commiserat ante simulacrum numinis cum uxore rem habendo et ob hoc immissis draconibus interemptus est.

coeo, -ire: to assemble, meet
interimo, -imere, -emi, -emptum: to destroy, kill
piaculum, -i: appeasement, sacrifice
sacrificium, -i: sacrifice
sacrifico, -are: to sacrifice
simulacrum, -i: image, effigy

Witness #2 *Excidium Troiae p. 16-17*

Et cum dies lucesceret et equus ad templum Minervae visus fuisset, coepit populus pro videndo equo catervatim de civitate exire. Inter quos etiam Laocoon sacerdos Neptuni egrediebatur et populum increpabat dicens,
10 sicut Virgilius descripsit: *Laocoon summa decurrit ab arce magna comitante caterva.* Et dicebat: "Quae vos tanta invasit insania, cives, si vos creditis avectos hostes aut ulla putatis dona carere dolis Danaum? Si quicquid illud certum est, timeo Danaos et dona ferentes. Aut aliquis latet error intus <ne credite, Teucri> aut ad hoc est iste equus fabricatus ut per eum inimici
15 muros ascendant." Et haec dicens erexit ingentibus viribus hastam et in ilium equi dedit, et qui intra eum inclusi fuerunt strepitum dederunt, sicut scriptum est: Intonuere cave gemitumque dedere cavernae. Et iam Laocoon proximus fuit Argolicas foedare latebras si mens non laeva fuisset. <hoc est, contraria>. Sic deus iratus Troiae, sic fata ferebant.

20 Et cum Laocoon populum ab intentione revocare vellet, populus eum advertere noluit, sed sic ei dicebat: "Si vis ut dictis tuis credamus, sacrifica

Neptuno; et si hoc responderit quod tu dicis, necesse erit ut dictis tuis credamus." Tunc Laocoon taurum ingentem adduxit ad aram; et cum duobus filiis suis geminis ad aram Neptuni veniens, dum vellet taurum mactare, ecce a Tenedos super aquas maris immensis orbibus angues <hoc
5 est, dracones> sibilabant linguis atque spumam per ora iactabant. Qui venientes filios Laocoontis subligaverunt et eos morsibus occiderunt; cum Laocoon filios suos eruere vellet, etiam ipse cum filiis suis a serpentibus devoratus est. Haec cum Troiani viderent, quibus iam dii irascebantur, dixerunt: "Quia resistit ut equus Troiae mitteretur ad templum Neptuni,
10 merito ipse Neptunus ei iratus est, et serpentes ei immisit ut eum cum filiis suis devorarent."

anguis, anguis: snake
aveho, -vehere, -vexi, -vectum: to take away
caterva, -ae: crowd, flock, troop; **catervatim:** in droves, en masse
cavea, -ae: hollow place, cavity
caverna, -ae: hollow place, cavern
contrarius, -a, -um: opposite, unfavorable
decurro, -currere, -curri, -cursum: to run, hasten
describo, -ere, -scripsi, -scriptum: to describe, portray
devoro, -are: to devour, consume
eruo, -ruere, -rui, -rutum: to tear out, destroy
fabrico, -are: to manufacture, forge
foedo, -are: to spoil, befoul
geminus, -a, -um: twin
ilia, -ium: intestines

increpito, -are: to rebuke, reproach
insania, -ae: madness, insanity
intentio, intentionis: effort, attention, attack
intono, -are: to thunder
intus: inside, within
laevus, -a, -um: left, unfavorable
latebra, -ae: hiding place, retreat, subterfuge
lucisco, -ere, luxi: to begin to shine
macto, -are: to slaughter, sacrifice
merito: deservedly, worthily
morsus, -us: bite
quicquid: whatever
sibilo, -are: to hiss, whistle
spuma, -ae: foam, froth
strepitus, -us: clattering, clang, crash
subligo, -are: to bind

Witness #3   *Hyginus 135*

Laocoon Acoetis filius Anchisae frater Apollinis sacerdos contra voluntatem Apollinis cum uxorem duxisset atque liberos procreasset, sorte ductus ut sacrum faceret. Neptuno ad littus, Apollo occasione data a Tenedo
15 per fluctus maris dracones misit duos, qui filios eius Antiphatem et Thymbraeum necarent; quibus Laocoon cum auxilium ferre vellet, ipsum quoque nexum necaverunt. Quod Phryges idcirco factum putarunt, quod Laocoon hastam in equum Troianum miserit.

idcirco: for that reason, on account of this   **procreo, -are:** to produce, beget
nexus, -us: binding, connection

Witness #4   Quintus 12.381-391; 403-407; 431-435, 436-437; 439-440; 464-471

Pars quidem exercitus fidem [equo et verbis Sinonis] habebat: Alii vero dicebant
Versutum impostorem esse; quibus scilicet consilium
Laocoontis placebat. Is enim prudenti oratione
5 Asseverabat, exitiales insidias esse, Graecorum consiliis structas,
Et hortabatur omnes, ut e vestigio equum comburerent.
Equum <illum> ligneum, et cognoscerent num quid absconditum ibi lateret;
Et sane obsecuti fuissent illi, et devitassent exitium
Nisi Minerva, animum infensum gerens
10 Ipsi et Troianis oppidoque terram penitus
Almam sub pedibus Laocoontis concussisset.
Unde mox eum terror invasit: . . .
Furenti autem similis erat, . . . sed tamen adhuc Troianos instigabat
Nec rationem habebat doloris. Tandem iucundam ei lucem abstulit
15 Caelestis dea, glaucique ipsius oculi erant intra palpebras
A diro sanguine, ac populus circumgemebat
Amicum hominem [Sinonem] commiserans, et immortalem Minervam
Formidabant. . . .
Tandem progressi ad urbem suam, magnae civitatis moenibus
20 Dirutis, funestum introduxerunt equum, ululatumque tollunt, . . .
Sed Laocoon adhuc perseverabat adhortando socios,
Ut fervido igni equum abolerent. . . .
Huic autem magnanima Dea Pallas aliud <malum> foedius
Excogitavit, in miseros <videlicet> Laocoontis natos.
25 Solus autem procul relictus erat
Laocoon una cum filiis. Pernicialis enim Parca impediverat,
Et Dea <Minerva>. Tum monstra natos illius exitii metu perculsos,
Ambos venenatis corripiunt genis,
Qui licet caro parenti manus tenderent, opem tamen ferre
30 Haud valebat. Procul autem Troes hoc conspicati
Cordibus attonitis plorabant. Cum itaque Minervae
Iussum Troianis inimicum prompte exsecuti essent <dracones>
Uterque evanuit sub terram.

aboleo, -ere, -evi, -etum: to destroy
abscondo, -ere, -didi, -ditum: to conceal
adhortor, -ari: to encourage
almus, -a, -um: nourishing, kind
assevero, -are: to assert
attonitus, -a, -um: thunderstruck, amazed
circumgemo, -gemere, -gemui, -gemitum: to growl, groan
comburo, -urere, -ussi, -ustum: to burn down
commiseror, -ari: to bewail, moan
concutio, -cutere, -cussi, -cussum: to shake, strike
devito, -are: to avoid
diruo, -ruere, -rui, -rutum: to demolish, destroy
evanesco, -vanescere, -vanui: to vanish, disappear
excogito, -are: to invent, create
exitialis, -e: destructive, deadly
exsequor, -sequi, -secutus sum: to maintain, execute, accomplish
fervidus, -a, -um: boiling, seething
funestus, -a, -um: deadly, full of death
gena, -ae: cheek
glaucus, -a, -um: bluish, gray
impostor, impostoris: impostor, deceiver

infensus, -a, -um: hostile
instigo, -are: to incite, goad, instigate
introduco, -ducere, -duxi, -ductum: to introduce, bring forward, present
ligneus, -a, -um: wooden
magnanimus, -a, -um: great souled, courageous
obsequor, -i, -secutus sum: to obey, comply, yield, indulge
palpebra, -ae: eyelid
Parcae, -arum: the Fates
percello, -cellere, -culi, -culsum: to beat down, strike down, overthrow
pernicialis, -e: destructive, deadly
persevero, -are: to persist, continue
ploro, -are: to mourn, lament, grieve
promptus, -a, -um: ready, eager
sane: indeed
struo, -ere, struxi, structum: to build, arrange
ululatus, -us: wailing, howling
veneno, -are: to poison
versutus, -a, -um: cunning, crafty
videlicet: clearly, plainly, manifestly, of course

Death of Laocoon and his sons. Folio 18v of the Vergilius Vaticanus, ca. 400 A.D.

Gathering Facts and Evidence:
How do the witness accounts corroborate or refute the following claims?

- Laocoon was a priest of Apollo

- Laocoon was a priest of Neptune

- Laocoon married and had children against the gods' wishes

- Laocoon spoke out against the Trojan horse

- Neptune sent snakes to devour Laocoon and his children

- Athena sent snakes to devour Laocoon and his children

- Laocoon died trying to protect his children

- The Trojans saw Laocoon's death as a sign of the gods' disapproval of his actions against the Trojan horse

7.

Defendant: Antenor
Charge: Treason

Witness #1   *Quintus 13.291-299*

    Ceterum alii aliis in aedibus vitam relinquebant
    Viri: inter quos flebilis excitabatur vociferatus.
    Verum non itidem domi Antenoris. Nam huius
    Amicae hospitalitatis memores erant Argivi:
5 Quod is olim in urbe hospitio exceperat et servarat
    Egregium Menelaum, una cum Ulysse eo profectum.
    Ideo ut gratiam ei referrent fortissimi Graecorum filii
    Vitam ipsi et omnes facultates concesserunt
    Themin omnia lustrantem, virumque amicum hoc pacto honorantes.

flebilis, -e: wretched, sad
honoro, -are: to honor, dignify
hospitalitas, hospitalitatis: hospitality
itidem: likewise

paciscor, -i, pactus sum: to agree, bargain
themis, themidis: justice
vociferor, -ari: to shout, cry

Witness #2   *Dares 37, 38, 39, 40, 41*

10 Haec postquam Troiani viderunt, Antenor Polydamas Aeneas ad Priamum veniunt, agunt cum eo, ut concilium vocet de fortunis suis quid sit faciendum. . . . Antenor commemorat principes defensores Troiae Hectorem ceterosque natos eius cum advenis ductoribus interfectos esse, magnos fortissimosque adhuc contra stare, Agamemnonem, Menelaum,
15 Neoptolemum, non minus fortem quam pater eius fuisset, Ulyssem, Nestorem, Diomedem, Aiacem Locrum, ceterosque quam plures summae prudentiae. Contra, Troianos clausos et contritos esse. Suadet potius, ut Helena his, et quae Alexander abstulit reddantur, et pax fiat.

    Postquam . . . magno animo Priamus surgit, ingerit multa mala Antenori
20 et Aenea, . . . et certum sibi esse pacem non fieri.

Eodemque die conveniunt clam Antenor Polydamas Ucalegon Amphidamas Dolon, dicunt se mirari pertinaciam regis, qui clausus cum patria et comitibus perire mallet quam pacem facere. Antenor ait se invenisse quid faciendum sit quod sibi et illis in commune proficiat, dum sibi et illis foret
5 fides. Omnes se in fidem astringunt. Antenor ut vidit se obstrictum, mittit ad Aenean, dicit prodendam esse patriam et sibi suisque cavendum esse, ad Agamemnonem de his aliquem mittendum esse, nam regem iratum de concilio surrexisse, quia ei pacem suaserit: vereri se ne quid novi consilii ineat. Itaque omnes promittunt, statimque Polydamantem qui ex his unus
10 erat ad Agamemnonem clam mittunt. Polydamas in castra Argivorum pervenit, Agamemnonem convenit, dixitque ea quae suis placerent. . . . Tunc placitum est omnibus, ut fides daretur iureiurando confirmaretur, Antenori, Aeneae, Ucalegoni, Polydamanti, Doloni, suisque parentibus, liberis, coniugibusque, et consanguineis propinquis, et amicis qui una
15 coniurassent, omnibus fidem praestari, suaque omnia sacra et bona incolumia habere liceat.

Hoc pacto confirmato et iureiurando adstricto suadet Polydamas noctu exercitum ad portam Scaeam ut adducant, ubi extrinsecus caput equi pictum est, ibi praesidia habere noctu Antenorem cum Anchise, exercitusque
20 noctu portam reseraturos eisque lumen prolaturos, id signum eruptionis fore. Postquam pacta confirmata sunt, Polydamas in oppidum redit, facta renuntiat dicit Antenori et Aeneae ceterisque quibuscum actum erat, uti suos omnes ad Scaeam portam adducant, noctu Scaeam portam aperiant, lumen ostendant, exercitum introducant. Antenor et Aeneas noctu ad
25 portam praesto fuerunt, Neoptolemum susceperunt, exercitui portam reseraverunt, lumen ostenderunt, fugae praesidium sibi et suis omnibus ut esset postulaverunt. Neoptolemus irruptionem facit, Troianos caedit, persequitur Priamum, quem ante aram Iovis obtruncat. Hecuba dum fugit cum Polyxena, Aeneae occurrit: Polyxena ei tradidit, quam Aeneas ad
30 patrem Anchisen abscondit. Andromache et Cassandra in aede Minervae se tegunt. Tota die et nocte Argivi non cessant vastare, praedam asportare.

abscondo, -ere, -didi, -ditum: to conceal
adstringo, -stringere, -strinxi, -strictum: to bind, agree, contract
advena, -ae: stranger, foreigner
complures, -ium: several, many
consanguineus, -a, -um: related by blood
consentio, -sentire, -sensi, -sensum: to agree, resolve
contero, -tere, -trivi, -tritum: to obliterate, destroy
defensor, defensoris: defender
delibero, -are: to consider, deliberate
devasto, -are: to destroy
ductor, ductoris: leader, commander
eruptio, eruptionis: sortie, sally, rush
extrinsecus: from outside, from without

id est: 'that is' ("i.e.")
ingero, -gerere, -gessi, -gestum: to heap upon
invidiosus, -a, -um: envious, envied, hated
irruptio, irruptionis: bursting in, inruption
iureiuro, -are: to swear an oath
maturo, -are: to hasten
minime: not at all, least of all
necnon: also, nor
obstringo, -ere, -strinxi, -strictum: to bind, tie, involve

obtrunco, -are: to kill, murder, slay
occulto, -are: to hide, conceal
pertinacia, -ae: determination, defiance, stubbornness
proficio, -ficere, -feci, -fectum: to progress, assist, advance, help
prudentia, -ae: foresight, wisdom
quo pacto: how, in what way
resero, -are: to unbolt, open, unlock
sculpo, -ere, sculpsi, -ptum: to carve

Witness #3   *Dictys 4.22, 5.5, 5.8, 5.9, 5.12, 5.17*

Postquam [Antenor] finem loquendi fecit, postulat, uti, quoniam a senibus legatus pacis missus esset, darent ex suo numero, cum quibus super tali negotio disceptaret, electique Agamemnon, Idomeneus, Ulixes atque Diomedes, qui secreto ab aliis proditionem componunt. Pratererea placet,
5   uti Aeneae, si permanere in fide vellet, pars praedae et domus universa eius incolumis maneret, ipsi autem Antenori dimidium bonorum Priami regnumque uni filiorum eius, quem elegisset, concederetur. Ubi satis tractatum visum est, Antenor ad civitatem [Troiam] dimittitur, referens ad suos composita inter se longe alia, in quibus, donum Minervae parari a
10   Graecis eosque cum gratia cupere recepta Helena acceptoque auro bellum omittere atque ad suos regredi. Ita composito negotio Antenor traditoque sibi Talthybio, quo res fidem acciperet, ad Troiam venit.

Praeterea [Graeci] cognoscunt ab Antenore editum quondam oraculum Troianis maximo exitio civitati fore, si Palladium quod in templo Minervae
15   esset, extra moenia tolleretur: namque id antiquissimum signum caelo sublapsum.

Atque eadem nocte Antenor clam in templum Minervae venit, ubi multis precibus vi mixtis Theano, quae ei templo sacerdos erat, impulit, ut Palladium sibi traderet, habituram namque magna eius rei praemia. Ita
20   perfecto negotio ad nostros venit hisque promissum offert, verum id Graeci obvolutum bene, quo ne intelligi a quoquam posset, vehiculo ad tentoria Ulixi per necessarios fidosque suos remittent.

Ob quae placet universis mitti Minervae donum quam honoratissimum. Tum accitus ad eam rem Helenus cuncta, quae clam se gesta erant, ac

si praesens adfuisset. Ordine exponit additque finem iam advenisse Troianarum rerum, quippe quo maxime sustentaretur summa civitatis eius, Palladium fuisse: quo ablato exitium ingruere. Ceterum donum Minervae fatale Troianis esse, equum ligno fabrefactum forma ingenti, cuius
5 magnitudine muri solvendi essent, adnitente atque administro Antenore.

Fessis dein multo vino atque somno barbaris, quae utraque per laetitiam securitatemque pacis intervenerant, [Graeci] multo silentio ad civitatem navigant servantes signum, quod igni elato Sinon ad eam rem clam positus sustulerat. Moxque omnes postquam intravere moenia divisis inter se
10 civitatis locis, ubi signum datum agnovere, caedere eos, quos fors obiecerat, atque obtruncare passim per domos atque vias, loca sacra profanaque, et si qui persenserant, priusquam armare se aut aliud pro salute capere quirent, opprimere. . . . Neque segnius per totam urbem incendiis gestum positis prius defensoribus ad domum Aeneae atque Antenoris.

15 Ceterum apud Troiam postquam fama est Antenorem regno potitum, cuncti, qui bello residui nocturnam civitatis cladem evaserant, ad eum confluunt brevique ingens coalita multitudo. Tantus amor erga Antenorem atque opinio sapientiae incesserat.

accio, -ire: to call, summon
administer, -i: assistant, supporter
adnitor, -niti, -nisus sum: to press against, strive for
bona, -orum: goods, property
clades, cladis: disaster
coalesco, -alescere, -alui, -alitum: to grow together, take root
confluo, -fluere, -fluxi: to flow
dimidium, -i: half
discepto, -are: to decide, determine, debate, discuss
erga: *prep. with acc.* towards
effero, efferre, extuli, elatum: to produce, bring out, remove
fabrefacio, -facere, -feci, -factum: to create skillfully
fatalis, -e: deadly, fatal
honoratus, -a, -um: honored, distinguished, respected
incedo, -cedere, -cessi, -cessum: to approach
ingruo, -gruere, -grui: to attack, befall

intellego (-ligo), intellegere (-ligere), intellexi, intellectum: to know, learn
intervenio, -ire: to intervene, interrupt, delay
misceo, -ere, miscui, mixtum: to unite, restore
necessarius, -i: kin, close friend
obvolvo, -volvere, -volui, -volutum: to wrap, encircle, hide
oraculum, -i: oracle, prophecy
permaneo, -manere, -mansi, -mansum: to remain, stay
persentio, -sentire, -sensi, -sensum: to feel deeply
proditio, proditionis: betrayal, treason
profanus, -a, -um: ordinary, common, public
queo, quire, quivi, quitum: to be able, can
quoquam: anywhere
regredior, -gredi, -gressus sum: to return
residuus, -a, -um: remaining
secreto: apart, separately
securitas, securitatis: peace of mind, carelessness

segnis, -e: slow, sluggish
si quis, si quid: if some…, if any…
sustento, -are: to hold off, defend, maintain, support

tentorium, -i: tent
tracto, -are: to deal, handle, treat
vehiculum, -i: vehicle, wagon

Gathering Facts and Evidence:
How do the witness accounts corroborate or refute the following claims?

- Antenor housed Greek ambassadors during peace talks between Greeks and Trojans

- The Greeks spared Antenor's household because of his prior acts; no treason occurred

- Antenor actively conspired with other Trojans to end the war

- Antenor actively advocated an end to the war in the assembly

- Antenor met with Greeks at night to overthrow Troy

- Antenor opened city gates at night and allowed the enemy army to sack Troy

- Antenor opened the palace to the enemy army and assisted in Priam's assassination

- Antenor stole the Palladium and gave it to the Greeks

- Antenor plotted with the Greeks to keep his family safe

- Antenor plotted with the Greeks to obtain Priam's treasury

- Antenor became king after death of Priam in reward for his service to the Greeks

8.

Defendant: Aeneas
Charge: Treason

Witness #1   *Vat. Myth. 2.202*

Aeneas Veneris et Anchisae filius in eversione Troiae duos penates et patrem et filium Ascanium ex incendio eripuit et cum his in Idam montem venit ibique XX navibus fabricatis responsis deorum monitus mare ingressus est et . . . tandem ad Italiam venit ostium Tiberis intrans ibique pro pace satis
5 agens petiit et amicitiae Evandri iunctus est et auxilio Tuscorum auctus. Sed a Turno filio Glauci et Veniliae reginae Rutulorum bello excepto et eo interfecto duxit eius sponsam Laviniam Latini regis filiam, de cuius nomine oppidum Lavinium condidit ibique ternis annis regnavit.

eversio, eversionis: overthrow, destruction   **penates, -ium:** household gods
fabrico, -are: to manufacture, forge   **sponsa, -ae:** bride, fiance
ostium, -i: doorway, entrance, mouth (of a river)   **terni, -ae, -a:** three, third

---

Witness #2   *Excidium Troiae p. 17-21*

Et dum Troia adita fuisset, Aeneas Veneris et Anchisae filius gener Priami
10 regis per somnium quia nondum ad eum hostes pervenerant, ab umbra Hectoris admonitus est. . . . Sic talia fatur: "Dormis, nate dea; hostis habet muros; ruit alto a culmine Troia. Fuimus Troes, fuit Ilium et ingens gloria Teucrorum."

Haec cum ei umbra Hectoris alloqueretur, Aeneas expergefactus, in turrem
15 quam in superioribus domus suae habuit ascendens et aurem ponens, audivit strepitum armatorum atque flammarum. . . . Et passus manian se armavit, et de domo sua armatus dum vellet exire eum uxor sua tenuit. Cui sic ait: "Hanc primum tutare domum." Ille vero uxorem suam a se repellens armatus exiit. Et dum per urbem vagaretur, se ad eum multi collegerunt,
20 inter quos fuit etiam Corebus, qui Cassandram filiam regis desponsaverat,

et venerat ad eam ut in coniugio acciperet, et ibi eum excidium invenit. Et dum triginta armati effecti fuissent, in alios triginta adversarios impegerunt, quorum dux fuit Androgeos. Et dum sibi utrique per obscuram noctem occurrerent, sperans Androgeus Aeneam cum sociis suis de agmine suo esse
5 sic eis locutus est, dicens, "Eu," inquit, "iuvenes, quare tardius de navibus descendistis?" Aeneas vero, dum agnosceret Androgeum cum sociis suis inimicum esse, eum cum omnibus sibi coniunctis interfecit. Qui dum eum interficerent, metuens ne in maius agmen incurrissent et agnitus esset, illis omnibus quos interfecerunt loricas vel galeas eorum <eos> exuerunt
10 et se induerunt atque arma eorum intulerunt, et sic socios suos <Aeneas> allocutus est, dicens, "Mutemus clipeos Danaumque insignia nobis aptemus. Dolus an virtus, quis in hoste requirat? Arma dabunt ipsi." Et dum iam in signo inimicorum ambularent, coeperunt in quantoscumque impegerunt interficere. Et dum per civitatem vagarentur, ecce vident Cassandram ab
15 adversariis per crines trahi maxima voce clamantem. Non tulit hac speciem furiata mente Corebus. Cum sponsus vocem eius audisset, se inter hostes volens eam eruere misit et ibi interfectus est.

Hoc dum Aeneas videret, se ad domum regis direxit. . . .

Aeneas vero, dum regem interfectum vidisset, coepit cogitare qualiter se
20 de Troia erueret. Et dum ad domum suam reverteretur, ei veniens mater sua in numine suo se ostendit. Cui sic ait: "Tolle patrem vel filium et hinc egredere; quia dum Iupiter fata tua perpenderet, hoc ei responderunt, quod te oportet regnum apud Italiam obtinere—non solum tu sed et nati natorum et qui nascentur ab illis." Et cum eum allocuta fuisset, subito
25 non comparuit. Discedente vero matre eius Panthus sacerdos portans deos aureos ei obviam fuit. Cui sic ait: "Sacra suosque tibi commendat Troia Penates. Hos capite, fugite, ubi fueris moenia conde," et cum ab eos deos suscepisset, discessit. . . .

Et continuo omnis turba Troianorum, preceptioni eius obediens, statim
30 cum omnibus suis se in navibus posuerunt, ubi etiam Aeneas cum Anchise patre suo et Ascanio filio necnon et cum familia ascendit. Et de Troia cum viginti navibus exierunt.

adversarius, -a, -um: opposite, contrary
alloquor, -loqui, -locutus sum: to address, speak
apto, -are: to equip, arm
commendo, -are: to entrust
compareo, -ere, -ui: to appear
culmen, culminis: peak
despondeo, -spondere, -spondi, -sponsum: to pledge
eruo, -ruere, -rui, -rutum: to tear out, destroy
eu: alas, hey

excidium, -i: destruction
expergefacio, -facere, -feci, -factum: to awaken, excite
exuo, -uere, -ui, -utum: to strip, remove clothes
furio, -are: to madden, enrage
gener, -i: son-in-law
impingo, -pingere, -pegi, -pactum: to thrust, drive against, attack
incurro, -currere, -cu(cu)rri, -cursum: to rush against, run into, attack
insigne, insignis: badge, decoration
lorica, -ae: breastplate
mania, -ae: insanity
necnon: also, nor
non solum...sed et: not only...but also...

obedio, -ire: to obey, listen to
obviam: on the way, in the way, against
perpendo, -pendere, -pendi, -pensum: to consider, examine
praeceptio, praeceptionis: precept
qualiter: how
quantuscumque, -acumque, -umcumque: however great
somnium, -i: dream, vision
sponsus, -i: groom, fiance
strepitus, -us: clattering, clang, crash
superior, -ius: superior, greater, higher
tutor, -ari: to protect, watch over
vagor, -ari, -atus sum: to wander, boast

Witness #3 *Quintus 13.300-308, 315-339, 350-351*

Tunc etiam praestans Anchisae nobilis filius
Cum multum pertulisset laboris pro urbe Priami a diis oriundi
Hasta et virili animo, multisque vitam ademisset
Ut vidit saevis hostium manibus
5 Urbem cremari, et cives simul funditus
Ac immensas opes interire, e domibus etiam
Raptari maritas cum liberis: non diutius ipsi
Spem animus retinebat patriae munitae conspectu fruendi
Sed immane exitium subterfugere mente sua destinabat. . . .
10 Ita strenuus Anchisae praeclari filius
Urbem permittens hostibus, multo conflagrantem igne
Filium et patrem suum ereptos auferebat;
Cum hunc in latum humerum validis collocasset
Manibus, aegra senectute gravatum
15 Illum autem tenerrima manu <apprehensum> et stringentem pedibus
Terram, ac diri conflictus negotia extimescentem
E tumultuosi belli discrimine educebat: necessitate igitur sic exigente
Tenellus puer adhaerens <quasi> pendebat, et lacrima
Per teneras illi genas fundebatur: ipse interim Aeneas caesorum
20 Cadaverum multa transiliebat citis pedibus, et multa in tenebris
Invitus calcabat: Venusque viae ductrix erat
Nepotem et filium maritumque ex tristi periculo

Propenso animo eripiens. Festinantis autem sub pedibus
Undique ignis locum dabat, et diffindebantur circumquaque flammae
Ardentis Vulcani, hastaeque et tela hostium
Omnia ad terram irrita cadebant, quae Achivi
5 In illum per lacrimosum hoc proelium coniecerunt.
Et tunc Calchas magna voce ad cohibendum militem exclamavit
"Desinite in fortis Aeneae caput
Stridentia vibrare tela, et perniciales hastas;
Nam magnifico deorum consilio decretum est, ut iste
10 A Xantho <hinc> ad latifluum Tybrim profectus,
Sacram condat urbem, etiam posteris stupendam
Mortalibus, et ut ipse longe lateque dispersis gentibus
Imperet. . . ."
Sic [Calchas] ait, illi vero obsequuntur, et ut deum suspiciunt
15 Omnes <Aeneam>. . . .

adhaereo, -haerere, -haesi, -haesum: to cling, stick, adhere
apprehendo, -hendere, -hendi, -hensum: to seize, grab hold of
cadaver, cadaveris: corpse, cadaver
calco, -are: to tread upon, trample
circumquaquae: on every side
cohibeo, -hibere, -hibui, -hibitum: to restrain, check
conflagro, -are: to burn, blaze up, alight
confligo, -fligere, -flixi, -flictum: to collide, clash
cremo, -are: to cremate, burn
destino, -are: to determine, decide
diffindo, -findere, -fidi, -fissum: to split, cleave, open
dispergo, -spergere, -spersi, -spersum: to scatter, disperse
diutius: for any longer
ductrix, ductricis: leader, commander
exclamo, -are: to shout, exclaim
extimeo, -ere: to be afraid of
festino, -are: to hasten, hurry, rush
gena, -ae: cheek
gravo, -are: to burden, trouble
intereo, -ire: to die, perish
irritus, -a, -um: useless, in vain
lacrimosus, -a, -um: sad, gloomy, pitiful
latifluus, -a, -um: broad flowing, wide-flowing
magnificus, -a, -um: splendid, magnificent
marita, -ae: wife
obsequor, -i, -secutus sum: to obey, comply, yield, indulge
oriundus, -a, -um: originating, descended from
pernicialis, -e: destructive, deadly
propendeo, -ere, -pendi, -pensum: to hang down, be favorable
senectus, senectutis: old age
strenuus, -a, -um: vigorous, active
strideo, -ere, stridi: to hiss, crash
stupeo, -ere, -pui: to be amazed, astounded
subterfugio, -fugere, fugi: to escape
suspicio, -spicere, -spexi, -spectum: to suspect, regard, mistrust
tenellus, -a, -um: tender
transilio, -ire: to leap across, jump
tumultuosus, -a, -um: alarmed, disturbed, confused
vibro, -are: to shake, brandish
virilis, -e: courageous, heroic, manly

Witness #4   *Dares 37, 38, 39, 40, 41*

(See *Dares 37, 38, 39, 40, 41*, pages 146-148)

Witness #5   *Dictys 4.22, 5.11, 5.12, 5.16*

Postquam [Antenor] finem loquendi fecit, postulat, uti, quoniam a senibus legatus pacis missus esset, darent ex suo numero, cum quibus super tali negotio disceptaret, electique Agamemnon, Idomeneus, Ulixes atque Diomedes, qui secreto ab aliis proditionem componunt. Praterea placet,
5   uti Aeneae, si permanere in fide vellet, pars praedae et domus universa eius incolumis maneret, ipsi autem Antenori dimidium bonorum Priami regnumque uni filiorum eius, quem elegisset, concederetur. Ubi satis tractatum visum est, Antenor ad civitatem [Troiam] dimittitur, referens ad suos composita inter se longe alia, in quibus, donum Minervae parari a
10 Graecis eosque cum gratia cupere recepta Helena acceptoque auro bellum omittere atque ad suos regredi. Ita composito negotio Antenor traditoque sibi Talthybio, quo res fidem acciperet, ad Troiam venit. . . .

Interim apud naves, uti Heleno placuerat, equus tabulatis extruitur. . . . itaque destructa murorum parte cum ioco lasciviaque induxere equum
15 feminis inter se atque viris certatim adtrahere festinantibus. . . .

Fessis dein multo vino atque somno barbaris, quae utraque per laetitiam securitatemque pacis intervenerant, [Graeci] multo silentio ad civitatem navigant servantes signum, quod igni elato Sinon ad eam rem clam positus sustulerat. Moxque omnes postquam intravere moenia divisis inter se
20 civitatis locis, ubi signum datum agnovere, caedere eos, quos fors obiecerat, atque obtruncare passim per domos atque vias, loca sacra profanaque, et si qui persenserant, priusquam armare se aut aliud pro salute capere quirent, opprimere. . . . Neque segnius per totam urbem incendiis gestum positis prius defensoribus ad domum Aeneae atque Antenoris.

25 Tunc Graeci Aeneae suadent, secum uti in Graeciam naviget, ibi namque ei simile cum ceteris ducibus ius regnique eandem potestatem fore.

adtraho, -trahere, -traxi, -tractum: to drag, draw, attract
bona, -orum: goods, property
certatim: eagerly
destruo, -struere, -struxi, -structum: to destroy, dismantle
dimidium, -i: half
discepto, -are: to decide, determine, debate, discuss
effero, efferre, extuli, elatum: to produce, bring out, remove
exstruo, -struere, -struxi, -structum: to build
intervenio, -ire: to intervene, interrupt, delay
iocus, -i: gaiety, festiveness
lascivia, -ae: gaiety, celebration

permaneo, -manere, -mansi, -mansum: to remain, stay
persentio, -sentire, -sensi, -sensum: to feel deeply
proditio, proditionis: betrayal, treason
profanus, -a, -um: ordinary, common, public
queo, quire, quivi, quitum: to be able, can
regredior, -gredi, -gressus sum: to return
secreto: apart, separately
securitas, securitatis: peace of mind, carelessness
segnis, -e: slow, sluggish
si quis, si quid: if some…, if any…
tabulatus, -a, -um: boarded, wooden
tracto, -are: to deal, handle, treat

Aeneas escaping Troy with Anchises and Ascanius. Terracotta, Pompeii, 1st c. A.D.

Gathering Facts and Evidence:
How do the witness accounts corroborate or refute the following claims?

- Aeneas escaped Troy with his father, son, and household gods

- Aeneas actively spoke out in the Trojan assembly in favor of peace with the Greeks

- Aeneas plotted to betray Troy to the Greeks

- Aeneas was promised safety for himself and his family for his defection to the Greeks

- Aeneas opened the city gate for the Greek invaders

- Aeneas was warned to leave Troy by Hector's ghost

- Aeneas was guided out of Troy by his mother Venus

- Aeneas disobeyed the prophesy and fought the Greek invaders in defense of Troy

- Calchas warned the Greeks not to fight Aeneas due to the prophecy

- Aeneas sheltered the Trojan royal family

9.

Defendant: Ajax
Charge: Rape of Cassandra

Witness #1   *Vat. Myth. 1.181*

Fabula hoc habet propter stuprum Cassandrae, quam Aiax filius Oilei unus de ducibus Graecorum in templo Minervae vitiavit, Graecis iratam Minervam, vel quia ei victores superbia sacrificare noluerunt. Unde eos redeuntes gravissima tempestate fatigatos per diversa dispersit.

dispergo, -spergere, -spersi, -spersum: to scatter, disperse
fatigo, -are: to wear out, become fatigued
sacrifico, -are: to sacrifice
stuprum, -i: rape, violation, offence
vitio, -are: to injure, damage, corrupt

Witness #2   *Excidium Troiae p. 18-19*

5   Et dum [Aeneas armatus] per urbem vagaretur, se ad eum multi collegerunt, inter quos fuit etiam Corebus, qui Cassandram filiam regis desponsaverat, et venerat ad eam ut in coniugio acciperet, et ibi eum excidium invenit. Et dum triginta armati effecti fuissent, in alios triginta adversarios impegerunt, quorum dux fuit Androgeos. Et dum sibi utrique per obscuram noctem
10 occurrerent, sperans Androgeus Aeneam cum sociis suis de agmine suo esse sic eis locutus est, dicens, "Eu," inquit, "iuvenes, quare tardius de navibus descendistis?" Aeneas vero, dum agnosceret Androgeum cum sociis suis inimicum esse, eum cum omnibus sibi coniunctis interfecit. Qui dum eum interficerent, metuens ne in maius agmen incurrissent et agnitus esset,
15 illis omnibus quos interfecerunt loricas vel galeas eorum <eos> exuerunt et se induerunt atque arma eorum intulerunt, et sic socios suos <Aeneas> allocutus est, dicens, "Mutemus clipeos Danaumque insignia nobis aptemus. Dolus an virtus, quis in hoste requirat? Arma dabunt ipsi." Et dum iam in signo inimicorum ambularent, coeperunt in quantoscumque impegerunt
20 interficere. Et dum per civitatem vagarentur, ecce vident Cassandram ab adversariis per crines trahi maxima voce clamantem. Non tulit hanc speciem furiata mente Corebus. Cum sponsus vocem eius audisset, se inter hostes volens eam eruere misit et ibi interfectus est.

adversarius, -a, -um: opposite, contrary
alloquor, -loqui, -locutus sum: to address, speak
apto, -are: to equip, arm
despondeo, -spondere, -spondi, -sponsum: to pledge
eruo, -ruere, -rui, -rutum: to tear out, destroy
eu: alas, hey
excidium, -i: destruction
exuo, -uere, -ui, -utum: to strip, remove clothes
furio, -are: to madden, enrage
impingo, -pingere, -pegi, -pactum: to thrust, drive against, attack
incurro, -currere, -cu(cu)rri, -cursum: to rush against, run into, attack
insigne, insignis: badge, decoration
lorica, -ae: breastplate
quantuscumque, -acumque, -umcumque: however great
sponsus, -i: groom, fiance
vagor, -ari, -atus sum: to wander, boast

Witness #3   *Hyginus 116*

Ilio capto et divisa praeda Danai cum domum redirent, ira deorum quod fana spoliaverant et quod Cassandram Aiax Locrus a signo Palladio abripuerat, tempestate et flatibus adversis ad saxa Capharea naufragium fecerunt: in qua tempestate Aiax Locrus fulmine est a Minerva ictus, quem
5 fluctus ad saxa illiserunt, unde Aiacis petrae sunt dictae.

abripio, -ripere, -ripui, -reptum: to snatch away, remove
fanum, -i: shrine, temple
flatus, -us: blowing, storm
illido, -lidere, -lisi, -lisum: to strike against
naufragium, -i: shipwreck
petra, -ae: rock

Witness #4   *Quintus 13.415-429*

Dii autem celebrem Troiam
Atris nubibus obtecti lugent,
Praeter Minervam pulchricomam et Iunonem:
Quae magna laetitia animos delibutos habent, ubi vident
10 Exscindi inclutam generosi Priami urbem.
Verumtamen nec ipsa ingeniosa Pallas
Omnino lacrimarum expers est. Nam huius in templo
Validus Oilei filius Cassandrae vitium offert,
Animo et mente captus: illa igitur saevum ei
15 Postea malum immisit, et stupri poenas de homine sumpsit.
At facinus eius scelestum non adspexit; sed pudor ei
Iraque offusa erant, et oculos truces avertebat
Ad sublime templum: infremuit autem caeleste simulacrum

Et fani solum valde contremuit. Ille tamen a turpi interim
Scelere non absistebat. . . .

absisto, -ere, -stiti: to go away, desist
celeber, -ris, -re: popular, famous, common
contremo, -tremere, -tremui: to shake, tremble
delibutus, -a, -um: steeped, tainted
expers, -tis: free of, without
exscindo, -scindere, -scidi, -scissum: to destroy utterly
generosus, -a, -um: noble, well born
inclutus, -a, -um: famous, renowned
infremo, -fremere, -fremui: to growl
ingeniosus, -a, -um: talented
lugeo, -ere, luxi, luctum: to mourn, grieve

obtego, -tegere, -texi, -tectum: to cover, conceal, hide
offundo, -fundere, -fudi, -fusum: to pour, spread, cover, conceal
pulchricoma, -ae: beautiful-haired, fair-haired
scelestus, -a, -um: wicked, morally corrupt
simulacrum, -i: image, effigy
sublimis, -e: lofty, high
trux, -cis: savage, fierce
valde: really, very, a lot
verumtamen: notwithstanding, nevertheless

Witness #5 — Dares 41-42

Antenor et Aeneas noctu ad portam praesto fuerunt, Neoptolemum susceperunt, exercitui portam reseraverunt, lumen ostenderunt, fugae
5 praesidium sibi et suis omnibus ut esset postulaverunt. Neoptolemus irruptionem facit, Troianos caedit, persequitur Priamum, quem ante aram Iovis obtruncat. Hecuba dum fugit cum Polyxena, Aeneae occurrit: Polyxenam ei tradidit, quam Aeneas ad patrem Anchisen abscondit. Andromache et Cassandra in aede Minervae se tegunt. Tota die et nocte
10 Argivi non cessant vastare, praedam asportare.

Postquam dies inluxit, Agamemnon omnes duces in arcem Minervae convocat, diis gratias agit, exercitum conlaudat. . . . Principio Antenor gratias Graiugenis agit, simulque commemorat Helenum et Cassandram semper patri bellum dissuasisse. . . . Agamemnon ex concilii sententia
15 Heleno et Cassandrae libertatem dedit.

abscondo, -ere, -didi, -ditum: to conceal
commemoro, -are: to recall, remember
conlaudo, -are: to praise
devasto, -are: to destroy
Graiugena, -ae: Greek
inlucesco, -lucescere, -luxi: to shine, live

irruptio, irruptionis: bursting in, inruption
obtrunco, -are: to kill, murder, slay
occulto, -are: to hide, conceal
resero, -are: to unbolt, open, unlock

Cassandra, pulled by Ajax, clings to the Palladium. Fresco, Pompeii, ca. 1st c. A.D.

Witness #6   *Dictys 5.12*

Fessis dein multo vino atque somno barbaris, quae utraque per laetitiam securitatemque pacis intervenerant, multo silentio [Graeci] ad civitatem navigant servantes signum, quod igni elato Sinon ad eam rem clam positus sustulerat. Moxque omnes postquam intravere moenia divisis inter se
5 civitatis locis, ubi signum datum agnovere, caedere eos, quos fors obiecerat, atque obtruncare passim per domos atque vias, loca sacra profanaque, et si qui persenserant, priusquam armare se aut aliud pro salute capere quirent,

opprimere. . . . Interim Priamus re cognita ad aram Iovis ante aedificialis confugit, multique ex eo loco ad reliqua deorum templa, in quibus Cassandra in aedem Minervae. Sed postquam universos, qui in manus venerant, foede atque inultos obtruncavere. . . . Ceterum Cassandram Aiax
5   Oilei e sacro Minervae captivam abstrahit.

abstraho, -trahere, -traxi, -tractum: to remove, take away
aedificialis, -e: in front of a building
captiva, -ae: captive, prisoner of war, concubine
confugio, -fugere, -fugi: to flee, take refuge
effero, efferre, extuli, elatum: to produce, bring out, remove
intervenio, -ire: to intervene, interrupt, delay
inultus, -a, -um: unavenged
persentio, -sentire, -sensi, -sensum: to feel deeply
profanus, -a, -um: ordinary, common, public
queo, quire, quivi, quitum: to be able, can
securitas, securitatis: peace of mind, carelessness
si quis, si quid: if some…, if any…

Gathering Facts and Evidence:
How do the witness accounts corroborate or refute the following claims?

- Cassandra hid in the Temple of Minerva during the fall of Troy

- Cassandra remained safe in the temple

- Cassandra remained unharmed during the sack of Troy and was granted her freedom by the Greeks

- Cassandra was dragged outside the temple sanctuary and attacked

- Ajax raped Cassandra in the Temple of Minerva

- Minerva warned Ajax to stop his attack, but he continued

- Minerva killed Ajax in a shipwreck because of his crime

10.

Defendant: Neoptolemus/Pyrrhus
Charge: Murder of Priam

Witness #1   *Vat. Myth. 1.213*

De morte Priami varie lectum est. Alii dicunt quod a Pyrrho in domo quidem sua captus est et ad tumulum Achillis tractus occisusque est, . . . tunc eius caput conto fixum circumtulit. Alii vero dicunt quod iuxta Hercei Iovis aram extinctus sit.

circumfero, -ferre, -tuli, -latum: to carry around, display   **contus, -i:** pole, pike

---

Witness # 2   *Excidium Troiae p. 19*

5   Hoc dum Aeneas videret, se ad domum regis direxit. Ubi a longe veniens vidit Pyrrhum Achillis filium cum exercitu iam domum regis intrasse; et Pyrrhus post Politem filium Priami regis per quadra porticus evaginato gladio currebat. Quem ante aram quae in domo regis fuit sub arbore lauro ante oculos Priami regis patris eius interfecit. Qui Priamus, quando vidit
10 domum suam intratam fuisse, se armis . . . munivit; et una cum Hecuba uxore sua super aram stetit. Cui uxor sua sic ait: "Nec tali auxilio nec defensionibus istis hoc tempus erit. Quod si vellent dii ut Troia defensa fuisset, Hector non occideretur." Priamus vero, dum videret filium suum a Pyrrho ante oculos suos interfici, Pyrrhum increpare coepit atque ei
15 maledicere, quem Priamum similiter Pyrrhus super aram interfecit, sicut Virgilius descripsit: "Haec finis Priami fatorum, hic exitus illum sorte tulit, Troiam incensam et prolapsa videntem Pergama, totque populis terrisque superbum regnatorem Asiae. Iacet ingens litore truncus avulsumque humeris caput absque nomine corpus [hic finis Priami]."

absque: *prep. with abl.* without, apart from, away from
avello, -vellere, -vulsi, -vulsum: to rip apart
defensio, defensionis: defense
describo, -ere, -scripsi, -scriptum: to describe, portray
evagino, -are: to unsheathe
increpo, -are: to rebuke, criticize

laurus, -i: bay tree
maledico, -dicere, -dixi, -dictum: to slander
porticus, -us: portico, arcade, hallway
prolabor, -labi, -lapsus sum: to fall down
quadrum, -i: square
regnator, regnatoris: ruler
similiter: similarly
truncus, -a, -um: chopped

Witness #3   *Quintus 13.212-215, 217-241*

Ceterum Achille satus [Neoptolemus] hasta invicta
Generosum Pammona neci tradit, et inferentem se Politem confodit
Tisiphonumque post hos interimit, eosque omnes simul
Priami filios. . . .
5   At ille patris sui robore instructus
Dum huc illuc ruit, quotquot prehendit, trucidavit; tandem ipsum
Hostium regem animo infesto nactus est
Ad aram <Iovis> Hercei. Is ut conspexit Achillis natum
Statim quis esset cognovit nec refugit. Nam eo ipso in loco
10   Post filios suos vitam profundere exoptabat.
Ideo ad moriendum promptus, his illum verbis compellavit.
"Heus animosa bellipotentis Achillis suboles!
Caede, nec miserare me infelicem. Nequaquam enim ego
Talia et tanta passus cupio intueri
15   Solis omnia lustrantis iubar. Sed iam iam
Una cum filiis perire et aegritudinis oblivisci
Acerbissimae, luctuosique belli. O si me
Parens tuus obtruncasset, antea quam in ignem subsidere viderem
Ilium! Quando redemptionis pretium afferebam pro caeso
20   Hectore, quem tunc trucidaverat genitor tuus. Verum haec suis ita
Fusis Parcae dispensarunt. Quare tu caede nostra
Animum ferocem exsatia, ut dolorum <tandem> oblivio nos capiat."
Haec memorantem, alloquitur fortis Achillis natus.
"O senex, cupidum et properantem me invitas.
25   Non enim te cum sis hostis, inter vivos relinquam.
Nam vita nihil carius est hominibus."
Sic fatus cani senis caput abscindit. . . .

abscindo, -scindere, -scidi, -scissum: to tear off, wrench away
aegritudo, aegritudinis: illness, sickness
alloquor, -loqui, -locutus sum: to address, speak
animosus, -a, -um: enthusiastic
bellipotens, -ntis: mighty in war
canus, -a, -um: gray, white
compello, -are: to rebuke, accost, force
confodio, -fodere, -fodi, -fossum: to stab, pierce
dispenso, -are: to distribute
exopto, -are: to long for, desire
exsatio, -are: to satisfy, sate
generosus, -a, -um: noble, well born
hei or **heu** or **heus:** alas, woe
interimo, -imere, -emi, -emptum: to destroy, kill
intueor, -tueri, intuitus sum: to consider, regard
invictus, -a, -um: unconquered, undefeated
iubar, iubaris: ray of light, ray
luctuosus, -a, -um: bringing sorrow
misereor, -eri, miseratus sum: to pity
nequaquam: by no means, not at all
nex, necis: death, murder
oblivio, oblivionis: oblivion, forgetfulness
obliviscor, -i, -oblitus sum: to forget
obtrunco, -are: to kill, murder, slay
Parcae, -arum: the Fates
prehendo, -ere, -hendi, -hensum: to seize, snatch
profundo, -fundere, -fudi, -fusum: to pour out, spread
promptus, -a, -um: ready, eager
quotquot: however many
redemptio, redemptionis: restoration, recovery
refugio, -ere, -fugi: to flee, escape
robur, roboris: strength, choice
sero, -ere, sevi, satum: to beget, create, sow
suboles, subolis: offspring, child
subsido, -sidere, -sedi, -sessum: to sink, remain, ambush
trucido, -are: to slaughter

Witness #4 — Dares 41

Antenor et Aeneas noctu ad portam praesto fuerunt, Neoptolemum susceperunt, exercitui portam reseraverunt, lumen ostenderunt, fugae praesidium sibi et suis omnibus ut esset postulaverunt. Neoptolemus irruptionem facit, Troianos caedit, persequitur Priamum, quem ante aram
5   Iovis obtruncat. Hecuba dum fugit cum Polyxena, Aeneae occurrit: Polyxena et tradit, quam Aeneas ad patrem Anchisen abscondit. Andromache et Cassandra in aede Minervae se tegunt. Tota die et nocte Argivi non cessant vastare, praedam asportare.

abscondo, -ere, -didi, -ditum: to conceal
devasto, -are: to destroy
irruptio, irruptionis: bursting in, inruption
occulto, -are: to hide, conceal
resero, -are: to unbolt, open, unlock

Witness #5 *Dictys 5.12*

Interim Priamus re cognita ad aram Iovis ante aedificialis confugit, multique ex eo loco ad reliqua deorum templa, in quibus Cassandra in aedem Minervae. Sed postquam universos, qui in manus venerant, foede atque inultos obtruncavere. . . . Dein Priamum Neoptolemus sine ullo aetatis atque honoris dilectu retinentem utraque manu aram iugulat.

5

aedificialis, -e: in front of a building
confugio, -fugere, -fugi: to flee, take refuge
dilectus, -us: choice, selection, discernment, troops
honos, honoris: honor, clout, office
inultus, -a, -um: unavenged
iugulo, -are: to put to death, to sacrifice

Gathering Facts and Evidence:
How do the witness accounts corroborate or refute the following claims?

- Priam was executed at Achilles' tomb

- Priam was beheaded and his head was put on display

- Neoptolemus/Pyrrhus killed Polites in front of Priam

- Neoptolemus/Pyrrhus killed Priam at the altar

- Priam begged for death

11.

Defendant: Menelaus
Charge: Murder of Deiphobus

Witness # 1   *Quintus 13.354-374*

Tunc etiam Menelaus tristifico ense
Deiphobum obtruncat, vino somnoque gravatum; cum deprehendisset
Infelicem iuxta Helenae thalamum: haec autem fuga se
Abdiderat in palatio. At ille, cum sanguis profunderetur,
5 Caede gaudebat: atque haec insuper verba emittebat.
"Proh canis! Sic flebilem tibi necem attuli
Hodie: nec alma te Aurora offendet
Amplius vivum inter Troianos: etiamsi Iovis te esse praedicas
Tonantis generum. Nam atrox te accepit interitus,
10 In lecto coniugis nostrae caesum
Hostiliter. O si pridem quoque perditum
Alexandrum <singulari> mecum pugna congressum, vita
Spoliassem; certe animi molestia esset mihi <nunc> levissima.
Verum is iam horridas <Orci> tenebras subiit,
15 Omnibus quae fato debentur persolutis. Tibi interim non profutura erat
Mea coniunx. Quia nunquam Themin scelerati
Homines castam effugiunt: propterea quod illos
Noctu diuque intuetur, et circumquaque
Ad hominum nationes per aera volitat
20 Cum Iove malorum facinorum conscios puniens."
Sic fatus, immite hostibus exitium patrabat.

abdo, -dere, -didi, -ditium: to hide, withdraw
almus, -a, -um: nourishing, kind
amplior, -ius: further, more
atrox, -cis: cruel, savage, fierce
circumquaquae: on every side
congredior, -gredi, -gressus sum: to meet
diutius: for any longer
etiamsi: even if, although
flebilis, -e: wretched, sad
gener, -i: son-in-law
gravo, -are: to burden, trouble
hostilis, -e: hostile
immitis, -e: harsh
insuper: in addition, over, above
interitus, -us: destruction, ruin

intueor, -tueri, intuitus sum: to consider, regard
molestia, -ae: annoyance, trouble
nex, necis: death, murder
obtrunco, -are: to kill, murder, slay
offendo, -fendere, -fendi, -fensum: to meet, check, offend
Orcus, -i: personification of death
palatium, -i: palace
patro, -are: to accomplish
persolvo, -solvere, -solvi, -solutum: to pay
praedico, -dicere, -dixi, -dictum: to predict, foretell, mention previously
pridem: long ago, long since
profundo, -fundere, -fudi, -fusum: to pour out, spread
proh: oh! ah!
propterea quod: especially since
punio, -ire: to punish
sceleratus, -a, -um: criminal, wicked, impious
singularis, -e: individual, unique
themis, themidis: justice
tonans, -ntis: Thunderer (epithet of Jupiter)
tristificus, -a, -um: sorrow-bringing
volito, -are: to fly around

Witness #2 — *Dares 27-29*

Annus circumactus est. Palamedes exercitum educit instruit, Deiphobus contra. Achilles iratus in proelium non prodit. Palamedes occasionem nactus impressionem in Deiphobum facit et eum obtruncat. Proelium acre insurgit, ab utrisque partibus, multa millia hominum cadunt. Palamedes
5   in prima acie versatur hortaturque proelium ut fortiter gerant. Contra eum Sarpedon Lycius occurrit eumque Palamedes interficit. Eo facto laetus in acie versatur. Cui exultanti et glorianti Alexander Paris sagitta collum transfigit. Phryges animadvertunt, tela coniciunt atque ita Palamedes occiditur. Rege occiso Argivi cedunt, Troiani persequuntur, castra
10 oppugnant, naves incendunt, cuncti impressionem faciunt, turpiter Achivi terga vertunt, in castra confugiunt. Achilli nuntiatum est, dissimulat. Aiax Telamonius fortissimo defendit. Nox proelium dirimit. Argivi in castris Palamedis scientiam aequitatem bonitatem clementiam lamentantur. Troiani Sarpedonem et Deiphobum deflent.

aequitas, aequitatis: fairness
bonitas, bonitatis: goodness, generosity
circumago, -agere, -egi, -actum: to spend, pass time
clementia, -ae: mercy
confugio, -fugere, -fugi: to flee, take refuge
defleo, -flere, -flevi, -fletum: to mourn, weep
dirimo, -rimere, -remi, -remptum: to divide, break off
exulto, -are: to rejoice
glorior, -ari: to boast
impressio, impressionis: attack
insurgo, -surgere, -surrexi, -ctum: to rise up
lamentor, -ari: to lament, mourn
prodeo, -ire: to go forth, advance
transfigo, -ere, -fixi, -fixum: to pierce, stab

Witness #3 *Dictys 5.12*

Sed postquam [Troianos] universos, qui in [Argivorum] manus venerant, foede atque inultos obtruncavere, occipiente luce domum, in qua Helena erat, adgrediuntur. Ibi Menelaus Deiphobum, quem post Alexandri interitum Helenae matrimonium intercepisse supra docuimus. Exsectis
5 primo auribus brachiisque ablatis deinde naribus ad postremum truncatum omni ex parte foedatumque summo cruciatu necat.

cruciatus, -us: torture, torment
exseco, are, -cui: to cut
foedo, -are: to spoil, befoul
intercipio, -cipere, -cepi, -ceptum: to cut off, intercept, steal

inultus, -a, -um: unavenged
naris, naris: nostril
occipio, -cipere, -cepi, -ceptum: to begin
ad postremum: at last, finally
trunco, -are: to cut off, mutilate

Gathering Facts and Evidence:
How do the witness accounts corroborate or refute the following claims?

- Deiphobus married Helen after Paris's death

- Deiphobus died in battle

- Helen abandoned Deiphobus during the fall of Troy

- Menelaus found Deiphobus sleeping in bed

- Menelaus murdered Deiphobus while he was sleeping

- Menelaus tortured and mutilated Deiphobus before killing him

12.

Defendant: Odysseus/Ulysses
Charge: Murder of Astyanax

Witness #1   *Hyginus 109*

Priamo Polydorus filius ex Hecuba cum esset natus, Ilionae filiae suae dederunt eum educandum, quae Polymnestori regi Thracum erat nupta. Quem illa pro filio suo educavit, Deipylum autem, quem ex Polymnestore procreaverat, pro fratre suo educavit, ut si alteri eorum quid foret,
5 parentibus praestaret. Sed cum Achivi Troia capta prolem Priami exstirpare vellent, Astyanacta Hectoris et Andromachae filium de muro deiecerunt et ad Polymnestorem legatos miserunt, qui ei Agamemnonis filiam nomine Electram pollicerentur in coniugium et auri magnam copiam, si Polydorum Priami filium interfecisset. Polymnestor legatorum dicta non repudiavit
10 Deipylumque filium suum imprudens occidit arbitrans, se Polydorum filium Priami interfecisse. Polydorus autem ad oraculum Apollinis de parentibus suis sciscitatum est profectus: cui responsum est, patriam incensam patrem occisum matrem in servitude teneri. Cum inde rediret et vidit aliter esse ac sibi responsum fuit se Polymnestoris esse filium ab
15 sorore Iliona inquisivit, quid ita aliter sortes dixissent. Cui soror quid veri essent patefecit et eius consilio Polymnestorem luminibus privavit atque interfecit.

exstirpo, -are: to uproot, destroy
imprudens, -ntis: foolish
inquiro, -quirere, -quisivi, -quisitum: to investigate
nubo, -ere, nupsi, nupsum: to marry
oraculum, -i: oracle, prophecy

patefacio, -facere, -feci, -factum: to open, make accessible
privo, -are: to deprive, remove
procreo, -are: to produce, beget
repudio, -are: to divorce, reject
sciscito, -are: to ask, inquire, investigate
si quis, si quid: if some..., if any...

Witness #2   *Quintus 13.252-257*

Danai autem, equorum celeritate clari, Astyanactem praecipitem miserunt
E turri excelsa, caramque illi vitam exstinxerunt

A matre abstracto: cuius in ulnis tum erat.
Hectori <quippe> succensebant: quod tantum ipsis mali cumulaverat
Dum vixit. Ideo prosapiam eius odio habebant
Filiumque de arduis moenibus deiiciebant
5   Infantem, necdum certamina belli edoctum.

abstraho, -trahere, -traxi, -tractum: to remove, take away
cumulo, -are: to heap, gather, add upon
edoceo, -ere: to instruct, inform
excelsus, -a, -um: high, lofty
necdum: not yet

praeceps, -cipitis: headfirst, headlong
prosapia, -ae: race, stock, ancestry
succendo, -cendere, -cendi, -censum: to set fire
ulna, -ae: arm

Witness #3   *Muffaeus Vegius, Astyanax 20-23;*
                      25-26, 29; 33-37; 45-48; 64-70;
                      79-80; 225-228; 236-241; 248-250

Tum varios volvens casus, metuensque futuri,
Argolicos proceres maior cogebat Atrides [Agamemnon],
Utque alto stabat solio, sic edidit ore:
"Victores Danai, . . .
10 Iam tandem decimo Phrygios superavimus anno.
Iam tandem ad patrias fessi remeabimus urbes.
At vos . . . ne, celerate, oro.
Nondum adeo cecidere Phryges; nondum omnis adempta est
Spes Teucris: superest Priamide gente superba
15 Astyanax, qui si fortes maturior annos
Attigerit: quantum exitium, clademque Mycenis
Portendat. . . ."
Quem sic effari, iussus Laertius heros [Ulysses]
Prosequitur: "Dux o nostrae fidissime gentis
20 Non indigna refers. . . .
At vos si sapitis, Danai, si cura futuri
Ulla sedet generis, Priami delere nepotem,
Efficite, et prorsus Troianum evertite nomen.
Nec puerum ulcisci tenerumque haurire cruorem
25 Turpe putent: et me pietas tangitque movetque.
Plus tamen Argivae matres gnatique nurusque
Stringunt me pietate. . . .
Si placet haec vestraeque manet sententia menti,

En adsum, mandate; libens ego iussa capessam."
... Turba trementem
Astyanacta ducis iussu gremioque parentis
Tutantem se nequicquam auxiliumque petentem
5 Complexu e medio traxit. ...
Turris erat cuius caelum fastigia adibant
Unde pater Priamus Troiam omnem ipsosque solebat
Prospicere Argivos et natum bella moventem
Horrenda et flammis hostes ferroque prementem.
10 Huc puer Astyanax tecto mittendus ab alto
Ducitur infelix.
Postquam ad supplicium ventum est sacrosque vocaret
Fatidicus vates, ipse ultro e culmine summo
Proiecit sese vitamque sub aere liquit.

capesso, -ere, -ii, -itum: to seize, grasp
celero, -are: to hasten, make quick
clades, cladis: disaster
complexus, -us: embrace
culmen, culminis: peak
decimus, -a, -um: tenth
effor, -fari, -fatus sum: to speak out, express
en: look!
everto, -vertere, -verti, -versum: to overthrow
fastigium, -i: gable
fatidicus, -a, -um: prophetic
natus, -i: son, child
horrendus, -a, -um: horrible, dreadful

libens, -ntis: in good will
nequicquam: in vain
nurus, -us: daughter-in-law
portendo, -tendere, -tendi, -tentum: to predict, foresee
procer, proceris: noble, chief
prorsus: altogether, in short
prosequor, -sequi, -secutus sum: to follow, pursue, accompany
remeo, -are: to return
sapio, -ere, -ivi: to be wise
solium, -i: throne, dias
tutor, -ari: to protect, watch over
ulciscor, -i, ultus sum: to avenge

Witness #4 *Dictys 5.13, 5.16*

15 Igitur ubi saties Troiani sanguinis tenuit et urbs incendiis complanata est, initium solvendae per praedam militiae capiunt, primo a captivis feminis puerisque adhuc imbellibus. Itaque ex his prima omnium Helena sine sorte Menelao conceditur, dein Polyxena suadente Ulixe per Neoptolemum Achilli inferias missa, Agamemnoni Cassandra datur, postquam forma
20 eius captus, quin palam desiderium fateretur, dissimulare nequiverat, Aethram et Clymenam Demophoon atque Acamas habuere. Reliquarum sors agi coepta atque ita Neoptolemo Andromacha adiunctis, postquam

id evenerat, filiis eius in honorem tanti ducis, Ulixi Hecuba obvenere. . . .

Neoptolemus filios Hectoris Heleno concedit, praeterea reliqui duces auri atque argenti quantum singulis visum est.

captiva, -ae: captive, prisoner of war, concubine
complano, -are: to raze, destroy
desiderium, -i: desire, wish, longing
evenio, -ire: to turn out, result, happen, occur
honos, honoris: honor, clout, office

id est: 'that is' ("i.e.")
imbellis, -e: weak, not yet military-trained
inferiae, -arum: offerings to the dead
nequeo, nequisse: to be unable, cannot
obvenio, -ire: to occur, happen, meet
saties, -ei: sufficiency, satiety

Gathering Facts and Evidence:
How do the witness accounts corroborate or refute the following claims?

- Astyanax was killed to destroy Priam's dynasty

- Agamemnon was afraid that Astyanax would grow up to avenge Troy

- Odysseus volunteered to kill Astyanax

- Astyanax was taken from his mother's arms

- Astyanax was too young to fight/resist

- Astyanax was thrown from a tower

- Astyanax threw himself from a tower

- Hector and Andromache's children were spared and given as hostages to Helenus at the end of the war

13.

Defendant: Neoptolemus/Pyrrhus
Charge: Abduction and Enslavement
of Andromache

Witness #1   *Vat. Myth. 2.208*

Devicta autem Troia Pyrrhus Andromachen Hectoris uxorem cum Heleno Priami filio sorte accepit. Consuetudo autem regia fuit ut legitimam non habentes uxorem aliquam licet captivam tamen pro legitima haberent adeo ut liberi ex ea nati succederent. Pyrrhus quasi legitimam hanc habuit, ex
5 ipsa filium Molossum suscepit qui successit patri, a quo Molossia dicta est pars Epiri quam Helenus postea a fratre Chaone, quem in venatu per ignorantiam dicitur occidisse, Chaoniam quasi ad solatium fratris extincti nominavit. Postea cum Pyrrhus vellet Hermionem Menelai et Helenae filiam Oresti autem desponsatam uxorem ducere, ab Oreste in templo Delphici
10 Apollinis occisus est. Verum moriens praecepit ut Andromache, quae apud eum coniugis tenuerat locum, Heleno daretur propter beneficium quod a navigatione prohibuerat praedicens illi omnes Graecos, quod et contigit, naufragio esse perituros. Inde factum est ut mortuo Pyrrho Helenus regnaret.

captiva, -ae: captive, prisoner of war, concubine
desponso, -are: to pledge, betroth, marry
devinco, -vincere, -vici, -victum: to conquer thoroughly
ignorantia, -ae: ignorance
legitimus, -a, -um: lawful, proper, legitimate

naufragium, -i: shipwreck
navigatio, navigationis: voyage
praedico, -dicere, -dixi, -dictum: to predict, foretell, mention previously
solatium, -i: comfort, solace
venatus, -us: hunting

Witness #2   *Excidium Troiae p. 24*

15 Et exinde [Aeneas] movens in aliud litus Siciliae devolutus est, videns super ora maris templum mirae magnitudinis; et dum ad templum veniret, in

eodem templo invenit orantem Andromachen relictam Hectoris, quam sibi Pyrrhus filius Achillis concubinam fecerat. Quae dum Aeneam cum Ascanio filio suo agnosceret, cepit flere et de casu Troiae exponere. Et tenens ad se in amplexu Ascanium filium Aeneae, sic eum cum lacrimis
5 allocuta est: "O lux Dardaniae, quem pater Aeneas et avunculus excitat Hector." Et dum flevisset et cum ab ea discedere vellent, munera Ascanio dedit; et flentes amare, abinvicem discesserunt.

abinvicem: mutually
alloquor, -loqui, -locutus sum: to address, speak
amarus, -a, -um: bitter, harsh, severe
amplexus, -us: embrace
avunculus, -i: uncle

concubina, -ae: concubine
devolvo, -volvere, -volui, -volutum: to roll down, fly away
exin or **exinde:** thereafter
mirus, -a, -um: wonderful, strange

Witness #3   *Hyginus 123*

Neoptolemus Achillis et Diadamiae filius ex Andromacha Eetionis filia captiva procreavit Amphialum. Sed postquam audivit, Hermionem
10 sponsam suam Oresti esse datam in coniugium, Lacedaemonem venit et a Menelao sponsam suam petit. Cui ille fidem suam infirmare noluit Hermionemque ab Oreste abduxit et Neoptolemo dedit. Orestes iniuria accepta Neoptolemum Delphis sacrificantem occidit et Hermionem recuperavit: cuius ossa per fines Ambraciae sparsa sunt, quae est in Epiri
15 regionibus.

abduco, -ducere, -duxi, -ductum: to kidnap, abduct, lead away, seduce
infirmo, -are: to weaken, impair
procreo, -are: to produce, beget

recupero, -are: to regain, restore, reclaim
sacrifico, -are: to sacrifice
sponsa, -ae: bride, fiance

Witness #4   *Muffaeus Vegius, Astyanax 251-258, 308-316*

Fama volans miseram complebat nuntia matrem,
Missum alta e turri natum duroque rotatum
Procubuisse solo. Tum palmis pectora tundens
Sparsa comas rapido fertur per moenia cursu
20 Astyanacta petens. Quem postquam agnovit et ora

Foedata avulsumque caput disiectaque vidit
Membra, suum lacrimis testari et voce dolorem
Haud potuit primo. . . .
"O si qua est pietas, evellite quaeso
5   Hanc animam et nato sociam demittite ad umbras!"
Talibus implebat caelum lacrimansque gemensque.
At vero interea fusi per littora Graii
Aptabant classem rediturasque aequora naves
Cogebant. Tum Pyrrhus ovans et certus eundi,
10 Cui sors Andromachen dederat, non pauca querentem
Avulsit genetricem a cari funere nati,
Solatus multum miseram puppique locavit.

apto, -are: to equip, arm
avello, -vellere, -vulsi, -vulsum: to rip apart
disicio, -icere, -ieci, -iectum: to cast apart, disperse
eundi: *genitive gerund* form of eo, ire
evello, -vellere, -velli, -vulsum: to pluck out, tear out
foedo, -are: to spoil, befoul
gemo, -ere, gemui, -itum: to groan, mourn
genetrix, genetricis: mother
lacrimo, -are: to cry, weep
nuntia, -ae: message, messenger
ovans, -ntis: rejoicing
procumbo, -cumbere, -cubui, -cubitum: to fall down, be laid low
quaeso, -ere: to beg, ask
roto, -are: to revolve, twirl
si quis, si quid: if some…, if any…
socia, -ae: ally, companion
solo, -are: to deprive, make solitary
testor, -ari: to bear witness
tundo, -ere, tutudi, tunsum: to pound, beat

Witness #5 — *Dares 42*

(See *Dares 42*, pages 118-119)

Witness #6 — *Dictys 5.13, 5.16*

(See *Dictys 5.13, 5.16*, pages 172-173)

Gathering Facts and Evidence:
How do the witness accounts corroborate or refute the following claims?

- Neoptolemus received Andromache as a concubine at the end of the Trojan War

- Andromache was able to keep her children during her captivity

- Neoptolemus gave Andromache's children to Helenus

- Neoptolemus had a child with Andromache

- Neoptolemus cast aside Andromache for his wife Hermione

- Neoptolemus gave Andromache to his slave Helenus

- Andromache's son was killed at the end of the Trojan War

- Helenus advocated for Andromache's freedom and Andromache remained free

14.

Defendant: Neoptolemus/Pyrrhus
Charge: Murder of Polyxena

Witness #1   *Vat. Myth. 2.140*

Achilles, ut in historia legimus, percusso a Paride sagitta in templo Apollinis Thymbraei moriens petit ut evicta Troia ad eius sepulcrum Polyxena immolaretur quod filius eius Pyrrhus, quem ex Diadamia habuit, implevit. Postmodum in patria, in numinis Apollinis insultationem in templo eius
5 Delphico aras patri constituit et illic ei coepit sacrificare. Hic Pyrrhus dum ab Oreste, cuius sponsam Hermionem rapere voluerat, occisus iam exspiraret, praecepit ut Andromache sua coniunx Heleno daretur, quem quidem captivum a Troia duxerat, sed in multis ab eodem Heleno fideliter erat praemonitus et cautus redditus, unde et hoc beneficium ei reddidit.

evinco, -vincere, -vici, -victum: to conquer, subdue
exspiro, -are: to exhale, die
historia, -ae: history
immolo, -are: to sacrifice
insultatio, insultationis: insult, offense

postmodum: soon, after a little while
praemoneo, -monere, -monui, -monitum: to foretell, predict, forewarn
sacrifico, -are: to sacrifice
sponsa, -ae: bride, fiance

Witness #2   *Excidium Troiae p. 20*

10 Polyxenam vero, quae secretum locum ubi idem Achilles a ferro adiri poterat parentibus suis indicaverat, Pyrrhus cepit et eam ad tumulum patris sui perduxit. Et aperto tumulo vivam eam in sarcophago ubi pater eius fuit misit et cooperuit et plumbo ligavit [ecce qualiter Polyxena occisa est].

cooperio, -perire, -perui, -pertum: to cover up, overwhelm
ligo, -are: to bind, tie

plumbum, -i: lead
qualiter: how
sarcophagus, -i: sarcophagus, coffin

Witness #3　　　　　　　　　　　　　　　　　　　　*Hyginus 110*

Danai victores cum ab Ilio classem conscenderent et vellent in patriam suam quisque reverti et praedam quisque sibi duceret, ex sepulcro vox Achillis dicitur praedae partem expostulasse. Itaque Danai Polyxenam Priami filiam, quae virgo fuit formosissima, propter quam Achilles, cum
5 eam peteret et ad colloquium venisset, ab Alexandro et Deiphobo est occisus, ad sepulcrum eius eam immolaverunt.

conscendo, -scendere, -scendi, -scensum: to climb, ascend, embark

expostulo, -are: to demand, ask for

Witness #4　　　　　　　*Quintus 14.178-185, 208-221,*
　　　　　　　　　　　　　225-226; 232-240, 251-252, 256-261

Ceterum cum et ipsos placidus invasisset somnus:
Ibi strenua divini Achillis anima
Supra caput filii sui astitit, qualis erat
10 Cum adhuc viveret, ubi Troianis dolori et Achivis gaudio erat.
Osculatusque fuit ipsius collum, et oculos fulgentes
Propense, ac talibus eum demulcens compellavit.
"Salve fili, et nequaquam animum luctu conficias
Propter me defunctum. Nam beatis diis
15 Nunc sum familiaris. Ideo desine cor absumere
Mea causa: quin potius virtute mea animum instrue.
. . . Et Argivis refer
Maxime vero Atridae Agamemnoni si quid eorum adhuc animo
Memori haeret quae magno labore gesserim ad Priami urbem
20 Et quantum praedae coegerim, antequam in campum Troiae perventum est.
Ideo mihi nunc ex animo prae cunctis <aliis> cupienti
E Priami spoliis Polyxenam decenter amictam
Quamprimum mactent: nam ipsis succenseo adhuc
Magis, quam olim propter Briseidem: et undique fluctus
25 Maris commovebo, ac tempestati tempestatem accumulabo
Ut peccatis suis intabescentes.
Ad longum hic maneant tempus: donec mihi
Libamina diffuderint, magno reditus desiderio adacti.
Ipsam vero, si volent, quando animam eripuerint
30 Puellam sepeliri a me seorsum, non invideo. . . ."

Ille autem cum somnus ipsum reliquisset
Recordabatur patris sui, generosusque eius animus laetitia percellebatur.
. . . Praestans Achillis natus
Et ad contionem vocasset. Ubi parentis mandata exposuit.
5 "Audite ex me, cari bello praestantium Argivum nati,
Clarissimi patris mandatum, quod mihi indicavit
Heri in lecto, per noctem dormienti:
Dixit enim, se diis interesse immortalibus;
Iussitque vos et Imperatorem Atriden
10 Ut sibi ex manubiis belli honorarium perpulcrum deligatis
Polyxenam <videlicet> decore amictam, vasto super tumulo <immolandam>."
. . . Danae igitur magnis se votis obstringentes Achilli
Cuncti simul talia inter sese identidem memorabant.
. . . Ad bustum Achillis redeunt
15 Et Polyxenam ducunt, sicut iuvencam ad dei <alicuius> sacrum
Pastores a matre abstractam in silva <ducunt>
Illa prolixo reboans mugitu maesto corde lamentatur.
Ita tunc Priami nata ululatu complebat omnia
Inter inimicorum manus, et ubertim ei lacrimae promanabant.

abstraho, -trahere, -traxi, -tractum: to remove, take away
absumo, -sumere, -sumpsi, -sumptum: to destroy
accumulo, -are: to heap upon, accumulate
adigo, -igere, -egi, -actum: to drive, force, compel
adsto, -stare, -stiti: to stand nearby
amicio, -micire, -mixi, -mictum: to veil, clothe
bustum, -i: pyre, tomb, grave
compello, -are: to address, accost
contio, contionis: assembly, public meeting
decens, -ntis: proper, fit
defungor, -fungi, -functus sum: to die
demulceo, -mulcere, -mulsi, -mulctum: to stroke, pet, soothe
desiderium, -i: desire, wish, longing
diffundo, -fundere, -fudi, -fusum: to spread, extend, gladden
generosus, -a, -um: noble, well born
heri: yesterday
honorarius, -a, -um: in honor, honoring
identidem: again and again, repeatedly
intabesco, -tabescere, -tabui: to melt, dissolve
iuvenca, -ae: heifer
lamentor, -ari: to lament, mourn
libamen, libaminis: libation, sacrifice
macto, -are: to slaughter, sacrifice
mandatum, -i: command, order
manubiae, -arum: spoils, plunder
mugitus, -us: moo, moan
nata, -ae: daughter, child
nequaquam: by no means, not at all
obstringo, -ere, -strinxi, -strictum: to bind, tie, involve
osculor, -ari: to kiss
peccatum, -i: error, fault, sin
percello, -cellere, -culi, -culsum: to beat down, strike down, overthrow
perpulcher, -a, -um: beautiful
prae: *prep. with abl.* before, in front of
prolixus, -a, -um: long, courteous
promano, -are: to shed, pour forth, gush

propensus, -a, -um: eager, willing, inclined
quamprimum: as soon as possible
reboo, -are: to resound, echo
recordor, -ari: to recall
reditus, -us: return
salve(te): greetings!
seorsum: separately, especially

sepelio, -ire: to bury
si quis, si quid: if some…, if any…
strenuus, -a, -um: vigorous, active
succenseo, -ere, -ui: to be angry
ubertim: abundantly, copiously
ululatus, -us: wailing, howling
videlicet: clearly, plainly, manifestly, of course

Witness #5   Dares 41-43

Neoptolemus irruptionem facit, Troianos caedit, persequitur Priamum, quem ante aram Iovis obtruncat. Hecuba dum fugit cum Polyxena, Aeneae occurrit: Polyxenam ei tradidit, quam Aeneas ad patrem Anchisen abscondit.

Ut dies [profectionis Graecorum] advenit, tempestates magnae exortae
5 sunt et per aliquot dies remanserunt. Calchas respondit inferis non esse satisfactum. Neoptolemo in mentem venit Polyxenam cuius causa pater eius perierat, non esse in regia inventam. Agamemnonem poscit conqueritur, accusat exercitum, Antenorem accersiri iubet imperat ut perquirat eam et adducat.

10 Is ad Aeneam venit, et diligentius perquirit: utque primum Argivi proficiscantur, Polyxenam, ut absconditam invenit, ad Agamemnonem adducit. Agamemnon Neoptolemo illam tradit: isque eam ad tumulum patris iugulat.

abscondo, -ere, -didi, -ditum: to conceal
accerso, -ere, -ivi, -itum: to summon, fetch, call
conqueror, -i, -questus sum: to complain loudly
exorior, -iri, -rsus sum: to arise
inferiae, -arum: offerings to the dead

inquiro, -quirere, -quisivi, -quisitum: to investigate, search for
irruptio, irruptionis: bursting in, inruption
iugulo, -are: to put to death, to sacrifice
obtrunco, -are: to kill, murder, slay
praesento, -are: to present, exhibit
profectio, profectionis: departure

Witness #6   Dictys 5.13

Igitur ubi saties Troiani sanguinis tenuit et urbs incendiis complanata est,
15 initium solvendae per praedam militiae capiunt, primo a captivis feminis puerisque adhuc imbellibus. Itaque ex his prima omnium Helena sine sorte

Menelao conceditur, dein Polyxena suadente Ulixe per Neoptolemum Achilli inferias missa, Agamemnoni Cassandra datur, postquam forma eius captus, quin palam desiderium fateretur, dissimulare nequiverat, Aethram et Clymenam Demophoon atque Acamas habuere. Reliquarum sors agi coepta atque ita Neoptolemo Andromacha adiunctis, postquam id evenerat, filiis eius in honorem tanti ducis, Ulixi Hecuba obvenere. . . .

5

captiva, -ae: captive, prisoner of war, concubine
complano, -are: to raze, destroy
evenio, -ire: to turn out, result, happen, occur
honos, honoris: honor, clout, office

id est: 'that is' ("i.e.")
imbellis, -e: not yet military-trained
nequeo, nequisse: to be unable, cannot
obvenio, -ire: to occur, happen, meet
saties, -ei: sufficiency, satiety

Gathering Facts and Evidence:
How do the witness accounts corroborate or refute the following claims?

- Polyxena was responsible for Achilles' death

- Aeneas hid Polyxena from the Greeks

- The voice of Achilles demanded appeasement

- The ghost of Achilles appeared in Neoptolemus's dream

- Achilles claimed he was a god and demanded a sacrifice

- Achilles demanded vengeance for Polyxena's involvement in his murder

- Storms would continue to keep the Greeks from returning home unless Achilles were appeased

- Neoptolemus slaughtered Polyxena at Achilles' tomb

- Neoptolemus buried Polyxena alive at Achilles' tomb

15.

Defendant: Polymnestor
Charge: Murder of Polydorus

Witness #1 *Vat. Myth. 2.209*

Praeda igitur captae Troiae divisa Hecuba Priami coniunx Ulixi sorte cessit. Quae novissimae acerbitatibus interitus Astyanactis et Polyxenae in busto Achillis interemptae maerens cum in classe Thraciae esset appulsa, reliquis liberis orba Polydorum filium suum Polymnestori Thraciae regi clam
5 commissum incolumem manere dum sperabat, in litore eum exsanguem fluctibus in terram eiectum animadverterat. Polymnestor igitur propter aurum, quod ab infante Polydoro sibi traditum fuerat, avaritia ductus eum interfecit et ut facinus celaretur, in profundum precipitavit. Quod Hecuba comperiens se ad regem transmisit. Tyrannus vero esse existimans
10 petenti secretum dedit colloquium Hecuba autem ei lumina abstulit, quam Thraces dum persequuntur, in canis figuram versa esse dicitur.

acerbitas, acerbitatis: bitterness
avaritia, -ae: greed, vice
bustum, -i: pyre, tomb, grave
exsanguis, -e: dead, bloodless
figura, -ae: form, shape, beauty
id est: 'that is' ("i.e.")
interimo, -imere, -emi, -emptum: to destroy, kill
interitus, -us: destruction, ruin
maereo, -ere: to mourn, lament
orbus, -a, -um: bereft
praecipito, -are: to cast, throw down
profundus, -a, -um: deep
transmitto, -ere, -misi, -missum: to send, transfer, betray
tyrannus, -i: tyrant, despot

Witness #2 *Excidium Troiae p. 22*

Et primum [Aeneadae] Samothraciam venientes, dum ad litus naves iungerent et diis suis quos portabant vellent sacrificium offerre, sub radice montis aram fabricaverunt. Quae dum fabricata fuisset, coepit Aeneas
15 querere laurum aut myrtum unde ara coronaretur. Et respiciens inter spissa silvarum vidit arbores myrteas; ad quas dum veniret et exinde virgas abscideret, coeperunt ipse virgulae guttas sanguinis distillare. Quod dum

Aeneas videret, evanuit; et coepit secum cogitare quidnam hoc esset, et consideravit nymphas fuisse agrestes. Et aurem humo ponens, vox ei de sub humo respondit: dicens: "Parce," inquit "et noli lacerare sepultum. Nam ego sum Polydorus, Priami regis filius, quem huc pater meus cum magnis
5 divitiis regi Thraciae furtim mandavit alendum. Ille vero, volens divitias quas portabam lucrari, me in isto loco lanceis interfici mandavit. Et qui me interfecerunt super tumulum meum lanceas fixerunt, et ipse lanceae fronduerunt et in myrtum conversae sunt. Sed moneo te: fuge crudeles terras, fuge litus avarum." Et haec cum dixisset, vox de sub humo siluit.

abscindo, -scindere, -scidi, -scissum: to tear off, wrench away
agrestis, -e: rustic
avarus, -a, -um: greedy
considero, -are: to consider, suppose, reckon
corono, -are: to crown
distillo, -are: to sprinkle, trickle
evanesco, -vanescere, -vanui: to vanish, disappear
exin or **exinde:** thereafter
fabrico, -are: to manufacture, forge
figo, -ere, fixi, fixum: to fix, attach, stab
frondeo, -ere: to bloom, blossom
furtim: secretly

gutta, -ae: drop
lacero, -are: to slander, attack, mutilate
lancea, -ae: lance, spear
laurus, -i: bay tree
lucror, -ari: to gain, profit
myrteus, -a, -um: myrtle
myrtus, -i: myrtle
noli(te): *with inf.* 'do not...'
quisnam, quidnam: who, what, how on earth
radix, radicis: root, foot
sacrificium, -i: sacrifice
spissus, -a, -um: dense
virga, -ae: branch
virgula, -ae: branch

Witness #3   *Hyginus 109*

10 Priamo Polydorus filius ex Hecuba cum esset natus, Ilionae filiae suae dederunt eum educandum, quae Polymnestori regi Thracum erat nupta. Quem illa pro filio suo educavit, Deipylum autem, quem ex Polymnestore procreaverat, pro fratre suo educavit, ut si alteri eorum quid foret, parentibus praestaret. Sed cum Achivi Troia capta prolem Priami exstirpare
15 vellent, Astyanacta Hectoris et Andromachae filium de muro deiecerunt et ad Polymnestorem legatos miserunt, qui ei Agamemnonis filiam nomine Electram pollicerentur in coniugium et auri magnam copiam, si Polydorum Priami filium interfecisset. Polymnestor legatorum dicta non repudiavit Deipylumque filium suum imprudens occidit arbitrans, se Polydorum
20 filium Priami interfecisse. Polydorus autem ad oraculum Apollinis de parentibus suis sciscitatum est profectus: cui responsum est, patriam incensam patrem occisum matrem in servitute teneri. Cum inde rediret

et vidit aliter esse ac sibi responsum fuit se Polymnestoris esse filium ab sorore Iliona inquisivit, quid ita aliter sortes dixissent. Cui soror quid veri essent patefecit et eius consilio Polymnestorem luminibus privavit atque interfecit.

exstirpo, -are: to uproot, destroy
imprudens, -ntis: foolish
inquiro, -quirere, -quisivi, -quisitum: to investigate
nubo, -ere, nupsi, nupsum: to marry
oraculum, -i: oracle, prophecy

patefacio, -facere, -feci, -factum: to open, make accessible
privo, -are: to deprive, remove
procreo, -are: to produce, beget
repudio, -are: to divorce, reject
sciscitor, -ari: to ask, inquire, investigate
si quis, si quid: if some..., if any...

Witness #4 — *Dictys 2.18, 2.20, 2.23, 2.24, 2.26, 2.27*

5 Per idem tempus Aiax Telamonius Thracum Cherronesum omni modo infestabat. Sed ubi rex eorum Polymnestor virtutem atque gloriam viri cognovit, diffidens rebus suis deditionem occepit. Tumque Polydorus, Priami filius, quem rex recens natum clam omnes alendum ei transmiserat, merces pacis ab eo traditur. . . .

10 His actis fidem pacti, quod cum Polymnestore intercesserat, traditumque Polydorum refert. Ob quae cunctis decernitur, ut Ulixes cum Diomede profecti ad Priamum Helenam cum abreptis recuperarent, atque ita Polydorum regi traderent. Igitur his pergentibus Menelaus, in cuius gratiam id negotium gerebatur, legationis officium eius pariter cum supradictis
15 capit. Itaque habentes Polydorum ad Troianos veniunt. . . .

Ea ubi [Priamus] rex accepit, maxime consternatus filii nuntio ante ora omnium corruit. . . . [Aeneas inquit] "Hactenus vobiscum verbis actum, at nisi mox cum omni classe ex his locis aufugeritis, iam iamque Troianam virtutem experiemini, domi quippe iuventus perita belli abunde nobis est,
20 atque in dies auxiliorum crescit numerus." . . .

Talibus invicem consumptis verbis legati consilio abeunt. . . . Igitur ubi legati ad exercitum revenere, cunctis ducibus dicta gestaque Troianorum adversum se exponunt. Itaque decernitur, uti Polydorum in conspectu omnium atque ante ipsos muros necarent. Neque ulterius dilatum facinus.
25 Quippe productus in medium visentibus ex muris plerisque hostium lapidibus ictus fraternae impietatis poenas luit. Ac mox unus ex praeconibus

nuntiatum Iliensibus mittitur, uti Polydorum is sepeliendum peterent. Missusque ad eam rem Idaeus cum servis regiis foedatum ac dilaniatum lapidibus Polydorum matri eius Hecubae refert.

abripio, -ripere, -ripui, -reptum: to snatch away, remove
abunde: copiously, plenty
aufugio, -fugere, -fugi: to escape, flee
consterno, -sternere, -stravi, -stratum: to lay low, bring down
corruo, -ruere, -rui: to fall down, topple
deditio, deditionis: surrender
diffido, -ere, -fissum: to mistrust
dilanio, -are: to rip apart
foedo, -are: to spoil, befoul
fraternus, -a, -um: brotherly
hactenus: to this point
icio, -ere, ici, iactum: to strike, hit
impietas, impietatis: impiety, deceit
in dies: 'day by day'
infesto, -are: to attack, harrass
intercedo, -cedere, -cessi, -cessum: to intervene
invicem: in turn
merces, mercedis: wages, pay, bribe
occipio, -cipere, -cepi, -ceptum: to begin
pactum, -i: agreement, marriage
peritus, -a, -um: experienced, skilled
poenas luo, -ere, lui: to pay the penalty
praeco, praeconis: herald
recupero, -are: to regain, restore, reclaim
revenio, -ire: to return
sepelio, -ire: to bury
supradico, -dicere, -dixi, -dictum: to mention previously
ulterius: further, longer
viso, -ere, visi, visum: to look at, see, watch

Hecuba discovers the bodies of her children. Leonaert Bramer, 1630.

Gathering Facts and Evidence:
How do the witness accounts corroborate or refute the following claims?

- Polydorus was given to Polymnestor for safekeeping during the Trojan War

- Polymnestor killed Polydorus for gold

- Polymnestor was instigated by the Greeks to kill Polydorus

- Polymnestor gave Polydorus to the Greeks to appease Ajax

- The Greeks used Polydorus to negotiate the return of Helen

- The Trojans refused to bargain with the Greeks

- The Greeks killed Polydorus at the walls of Troy

- Polymnestor was blinded by Hecuba in revenge for Polydorus's death

16.

Defendant: Odysseus/Ulysses
Charge: Abduction and Enslavement of Hecuba

Witness #1   *Hyginus 111*

Ulysses Hecubam Cissei filiam, vel ut alii auctores dicunt Dymantis, Priami uxorem, Hectoris matrem in servitutem cum duceret, illa in Hellespontum mare se praecipitavit et canis dicitur facta esse, unde et cyneum est appellatum.

cyneum, -i: dog   **praecipito, -are:** to cast, throw down

Witness #2   *Quintus 14.271-274,*
                                                         279-287, 346-350

5   Tunc etiam post <tot> funestos luctus foedior cruciatus
     In cor Hecubae infelicis irruit. Animus namque eius
     Reminiscebatur miseri ac dolorifici somnii
     Quod praeterita nocte quiescens viderat. . . .
     Ob hoc metu anxia et calamitatem non exiguam praesagiens
10 Miserabilem ululatum edit, et cum gemitu maiorem in modum exclamavit;
     Non secus ac canis, ante aedes <veluti> lamentans
     Magnum latratum emittit, suo lacte distenta
     A qua tenellos catulos, priusquam lucem intuerentur
     Procul abiecerint domini; ut <u>alitibus praeda</u> fiant:
15 Illa igitur nunc latrando luctum prodit, nunc rursus
     Ululando, odiosusque per aegra questus fertur:
     Ita et Hecuba lamentans magnum filiae causa vociferatum edidit. . . .
     . . . Ibi prodigium mortalibus stupendum exhibetur.
     Nam Priami afflictissimi uxor
20 Ex homine in taetram canem mutatur: populus igitur undique
     Congregatus obstupescebat: cuncta tandem eius membra in saxum
     Vertit deus; ingens miraculum etiam posteris hominibus.

adfligo, -fligere, -flixi, -flictum: to weaken, knock down
alitibus praeda: 'prey for birds'
anxius, -a, -um: worried
catulus, -i: puppy
congrego, -are: to assemble, flock together
cruciatus, -us: torture, torment
distendo, -tendere, -tendi, -tentum: to stretch, expand
dolorificus, -a, -um: grief-bringing
exclamo, -are: to shout, exclaim
exhibeo, -hibere, -hibui, -hibitum: to produce, show, display
funestus, -a, -um: deadly, full of death
intueor, -tueri, intuitus sum: to consider, regard
irruo, -ruere, -rui: to fling in, rush into
lac, lactis: milk
lamentor, -ari: to lament, mourn
latratus, -us: barking
latro, -are: to bark
miraculum, -i: prodigy, wonder, omen
miserabilis, -e: pitiful, wretched
obstupesco, -ere, -stupui: to be amazed, astounded
odiosus, -a, -um: hateful, annoying
praesagio, -ire: to predict
praeteritus, -a, -um: past, previous
prodigium, -i: prodigy, portent
questus, -us: lament, complaint
reminiscor, -i: to call to mind, recall
secus: otherwise, differently
somnium, -i: dream, vision
stupeo, -ere, -pui: to be amazed, astounded
taeter, -a, -um: disgraceful, foul
tenellus, -a, -um: tender
ululatus, -us: wailing, howling
ululo, -are: to howl, yell
vociferor, -ari: to shout, cry

Witness # 3 *Dares 42*

(See *Dares 42*, pages 118-119)

Witness #4 *Dictys 5.13, 16*

Igitur ubi saties Troiani sanguinis tenuit et urbs incendiis complanata est, initium solvendae per praedam militiae capiunt, primo a captivis feminis puerisque adhuc imbellibus. Itaque ex his prima omnium Helena sine sorte Menelao conceditur, dein Polyxena suadente Ulixe per Neoptolemum
5   Achilli inferias missa, Agamemnoni Cassandra datur, postquam forma eius captus, quin palam desiderium fateretur, dissimulare nequiverat, Aethram et Clymenam Demophoon atque Acamas habuere. Reliquarum sors agi coepta atque ita Neoptolemo Andromacha adiunctis, postquam id evenerat, filiis eius in honorem tanti ducis, Ulixi Hecuba obvenere.
10   Hactenus nobilium feminarum cessere servitia. Alii, ut quemque sors contigerat, praedam aut ex captivis, quantum pro merito distribuebatur, habuere. . . .

Ceterum post abscessum Ulissis Hecuba, quo servitium morte solveret, multa ingerere maledicta imprecarique infesta omina in exercitum. Qua re motus miles lapidibus obrutam necat sepulcrumque apud Abydum statuitur appellatum Cynossema ob linguae proterviam impudentemque
5 petulantiam.

abscessus, -us: withdrawal, departure
captiva, -ae: captive, prisoner of war, concubine
complano, -are: to raze, destroy
desiderium, -i: desire, wish, longing
distribuo, -tribuere, -tribui, -tributum: to distribute
evenio, -ire: to turn out, result, happen, occur
hactenus: to this point
honos, honoris: honor, clout, office
id est: 'that is' ("i.e.")
imbellis, -e: not yet military-trained
imprecor, -ari: to invoke harm upon, call down punishment
impudens, -ntis: shameless
inferiae, -arum: offerings to the dead
ingero, -gerere, -gessi, -gestum: to heap upon
maledictum, -i: curse, abuse, insult
meritum, -i: honor, merit
nequeo, nequisse: to be unable, cannot
obruo, -ere, -rui, -rutum: to cover, bury, crush
obvenio, -ire: to occur, happen, meet
petulantia, -ae: boldness, wantonness
protervia, -ae: boldness
saties, -ei: sufficiency, satiety
servitium, -i: slavery

Gathering Facts and Evidence:
How do the witness accounts corroborate or refute the following claims?

- Hecuba was allotted to Odysseus as a slave

- Hecuba threw herself into the sea to avoid slavery

- Hecuba was transformed into a dog by the gods

- Hecuba was transformed into a stone by the gods

- Hecuba was stoned by Greek soldiers

- Helenus pleaded for and was granted his mother's freedom

APPENDIX A:
LATIN-ENGLISH GLOSSARY

A

a, ab: *prep. with abl.* away, from, by
abdo, -dere, -didi, -ditum: to hide, withdraw, to remove
abduco, -ducere, -duxi, -ductum: to kidnap, abduct, lead away, seduce
abductio, abductionis: abduction, kidnapping
abeo, -ire: to leave
abicio, -icere, -ieci, -iectum: to cast off, disregard
abinvicem: mutually
abiudico, -are: to judge against
abiurgo, -are: to refuse, take away
ablego, -are: to send away, remove
abnego, -are: to deny, refuse
aboleo, -ere, -evi, -etum: to destroy
abripio, -ripere, -ripui, -reptum: to snatch away, remove
abrumpo, -rumpere, -rupi, -ruptum: to breakoff, remove
abscedo, -cedere, -cessi, -cessum: to withdraw, depart
abscessus, -us: withdrawal, departure
abscindo, -scindere, -scidi, -scissum: to tear off, wrench away
abscondo, -ere, -didi, -ditum: to conceal
absens, -ntis: absent
absisto, -ere, -stiti: to go away, desist
absolutio, absolutionis: release, absolution
absque: *prep. with abl.* without, apart from, away from
abstergeo, -tergere, -tersi, -tersum: to clean away, wipe away
abstineo, -tinere, -tinui, -tentum: to keep off, hold back, restrain

abstraho, -trahere, -traxi, -tractum: to remove, take away
absum, abesse: to be absent
absumo, -sumere, -sumpsi, -sumptum: to destroy
abunde: copiously, plenty
ac: *conj.* and
accedo, -cedere, -cessi, -cessum: to approach
accendo, -ere, -cendi, -censum: to kindle, excite, set aflame
accerso, -ere, -ivi, -itum: to summon, fetch, call
accido, -cidere, -cidi: to happen, befall
accingo, -cingere, -cinxi, -cinctum: to equip, arm, ready
accio, -ire: to call, summon
accipio, -cipere, -cepi, -ceptum: to accept, receive
acclamo, -are: to cry out, shout
accola, -ae: neighbor
accumulo, -are: to heap upon, accumulate
accurro, -currere, -curri, -cursum: to run to, hasten
accuso, -are: to accuse, blame
acer, -is, -e: intense
acerbitas, acerbitatis: bitterness
acerbus, -a, -um: bitter, harsh, severe
acies, -ei: battle line
acutus, -a, -um: sharp
ad: *prep. with acc.* towards, to
addo, -dere, -didi, -ditum: to add, join, consider
adduco, -ducere, -duxi, -ductum: to bring, lead
adeo, -ire: to approach, reach
adeo: so much, so far, to such an extent
adfabre: in a workmanlike way

adficio, -ficere, -feci, -fectum: to affect, weaken
adflicto, -are: to trouble, distress
adfligo, -fligere, -flixi, -flictum: to weaken, knock down
adgredior, -gredi, -gressus sum: to attack
adhaereo, -haerere, -haesi, -haesum: to cling, stick, adhere
adhibeo, -hibere, -hibui, -hibitum: to apply
adhortor, -ari: to encourage
adhuc: still, yet
adiaceo, -iacere, -iacui: to lie beside, be adjacent
adicio, -icere, -ieci, -iectum: to add, join
adigo, -igere, -egi, -actum: to drive, force, compel
adimo, -emere, -emi, -emptum: to remove, withdraw, take away
adimpleo, -ere: to fulfill
adipiscor, adipisci, adeptus sum: to gain, win, obtain
aditus, -us: entrance
adiungo, -iungere, -iunxi, -iunctum: to join, connect, neighbor
adiutorium, -i: help, assistance
adiutrix, adiutricis: helper, assistant
adiuvo, -are: to help, aid, assist
adminiculum, -i: aid, prop, assist, stay
administer, -i: assistant, supporter
administro, -are: to manage, direct
admirabundus, -a, -um: wondrous
admiratio, -onis: admiration, wonder
admiror, -ari: to marvel, wonder at
admitto, -mittere, -misi, -missum: to welcome, accept
admodum: completely, very
admoneo, -monere, -monui, -monitum: to admonish, remind
admoveo, -movere, -movi, -motum: to move, approach
adnecto, -nectere, -nexui, -nexum: to tie
adnitor, -niti, -nisus sum: to press against, strive for
adolescens, adolescentis: youth, teenager
adolesco, -ere, adolevi, adultum: to grow up
adorno, -are: to ready, equip
adporto, -are: to bring, carry
adprobo, -are: to approve
adscisco, -sciscere, -scivi, -scitum: to adopt, take up
adsoleo, -ere: to be accustomed, to be usual
adsto, -stare, -stiti: to stand nearby
adstringo, -stringere, -strinxi, -strictum: to bind, agree, contract
adsum, adesse, affui: to be present
adtempto, -are: to attack, to try
adtraho, -trahere, -traxi, -tractum: to drag, draw, attract
adultus, -a, -um: adult
adveho, -vehere, -vexi, -vectum: to bring, carry
advena, -ae: stranger, foreigner
advenio, -ire: to arrive
advento, -are: to approach, come near
adventus, -us: arrival
adversarius, -a, -um: opposite, contrary
adversor, -versari, -versatus sum: to oppose, resist
adversum or **adversus:** *adv.; prep. with acc.* opposite, against
adversus, -a, -um: against, opposite
adverto, -vertere, -verti, -versum: to turn, direct, attack, punish, attract
advoco, -are: to summon, call
advolo, -are: to hasten
aedes, aedis: building, hall
aedificialis, -e: in front of a building
aedifico, -are: to build
aeger, -a, -um: ill, regret
aegritudo, aegritudinis: illness, sickness
aequilibris, -e: horizontal, equilibrium, level
aequiparo, -are: to compare, equal
aequitas, aequitatis: fairness
aequo, -are: to make level, equal
aequor, aequoris: sea
aequus, -a, -um: fair, level
aer, aeris: air, heaven, mist
aeripes, aeripedis: bronze-footed
aerumna, -ae: hardship, toil, labor

aestus, -us: heat, excitement, fury
aetas, aetatis: age
aeternus, -a, -um: eternal
aevum, -i: time, phase
affectio, affectionis: affection, partiality
affero, -ferre, -tuli, -latum: to bring
afficio, -ficere, -feci, -fectum: to affect, influence
affinis, affinis: relative
affinitas, affinitatis: relation, marriage tie
affor, -fari, -fatus sum: to address, speak
agito, -are: to discuss, consider
agmen, agminis: troop
agnosco, -noscere, -novi, -nitum: to know, recognize, understand
ago, -ere, egi, actum: to do, lead, spend (time); **gratias agere:** to give thanks
agonal, agonalis: festival
agrestis, -e: rustic
aio: *defective verb* say
ales, alitis: *adj.* winged; *noun* bird
alibi: elsewhere
alieno, -are: to transfer, lose one's mind
alienus, -a, -um: foreign, alien, unfriendly
alimonia, -ae: support, social status
alioquin: otherwise, in general
aliquamdiu: for some time
aliquando: finally, at length
aliquantum: a certain amount, a bit
aliquis, -quid: someone, anyone
aliquot: several
aliter: in another way, otherwise
alius, -a, -ud: other, another **alii…alii:** some…others
alloquor, -loqui, -locutus sum: to address, speak
almus, -a, -um: nourishing, kind
alo, alere, alui, alitum: to nourish, nurse, raise
alter, -a, -um: other, another
altus, -a, -um: high, deep
amabilis, -e: attractive, delightful
amarus, -a, -um: bitter, harsh, severe
ambo: both
ambulo, -are: to walk, move
amentia, -ae: craziness, insanity

amicio, -micire, -mixi, -mictum: to veil, clothe
amicitia, -ae: friendship
amicus, -a, -um: friendly
amicus, -i: friend
amita, -ae: aunt
amitto, -mittere, -misi, -missum: to lose
amo, -are: to love
amolior, -iri: to remove, get rid of
amor, amoris: love
amplector, -plecti, -plexus sum: to embrace
amplexus, -us: embrace
amplior, -ius: further, more
amplus, -a, -um: spacious, large
an: or
anceps, -itis: ambiguous, undecided
ancilla, -ae: servant, slave, handmaiden
ango, -ere, anxi, anctum: to distress, weaken
anguis, anguis: snake
anima, -ae: heart, soul, mind
animadverto, -vertere, -verti, -versum: to notice, pay attention to
animal, animalis: animal
animosus, -a, -um: enthusiastic
animus, -i: heart, soul, mind
annus, -i: year
ante: *adv.; prep. with acc.* in front of, before
antea: before, beforehand
anteeo, -ire: to surpass, excel
antepono, -ponere, -posui, -positum: to precede, prefer
antequam or **antea quam:** before, beforehand
antesto, -stare, -steti: to excel, surpass
antiquus, -a, -um: old, ancient
antistes, antistitis: priest
antrum, -i: cave
anxius, -a, -um: worried
aperio, -ire, aperui, apertum: to uncover, reveal, open
appareo, -ere, -ui, -peritum: to appear
appello, -are: to call, vow, name
appello, -pellere, -puli, -pulsus: to drive off, land

apprehendo, -hendere, -hendi, -hensum: to seize, grab hold of
apprime: above all, exceedingly
apto, -are: to equip, arm
aptus, -a, -um: appropriate, equipped, ready
apud: *prep. with acc.* among, at, in the presence of
aqua, -ae: water
aquosus, -a, -um: watery
ara, -ae: altar
aratrum, -i: plow
arbitror, -ari: to judge, reckon
arbor, arboris: tree
arcesso, -ere, -sivi, -situm: to summon, fetch
architectura, -ae: architecture
arcto, -are: to pack, limit
arcus, -us: bow
ardens, -ntis: fiery, angry, burning
ardeo, -ere, arsi, -arsum: to burn
ardesco, -ere, arsi: to become inflamed, to blaze up
ardor, ardoris: eagerness, passion
arduus, -a, -um: lofty, steep
argentum, -i: silver
argumentum, -i: evidence, content, explanation
arista, -ae: grain
arma, -orum: weapons
armatus, -a, -um: armed
armentum, -i: cattle
armilla, -ae: bracelet
armo, -are: to equip, arm, ready
arripio, -ripere, -ripui, -reptum: to seize, snatch
ars, artis: art, skill, craft
artificium, -i: art, skill, technical ability
arx, arcis: citadel
ascendo, -scendere, -scendi, -scensum: to climb aboard, ascend
aspargo, -spargere, -sparsi, -sparsum: to sprinkle, scatter
aspectus, -us: sight, view
aspernor, -ari: to despise, reject, spurn
aspicio, -spicere, -spexi, -spectum: to look, see, watch
asporto, -are: to carry off, take away
assentio, -ire: to agree, assent
assevero, -are: to assert
assideo, -sidere, -sedi, -sessum: to sit near, comfort
assigno, -are: to allot, assign
assisto, -sistere, -stiti: to stand by, defend
assum, -esse, -fui: to be present
assumo, -sumere, -sumpsi, -sumptum: to claim, take for oneself
astringo, -stringere, -strinxi, -strictum: to bind, tie, join
astutus, -a, -um: clever, crafty
at: but
ater, -ra, -rum: dark, black
athleta, -ae: athlete
atque: and, also
atrox, -cis: cruel, savage, fierce
attingo, -tingere, -tigi, -tactum: to touch, reach
attollo, -ere: to bring, build, present
attonitus, -a, -um: thunderstruck, amazed
attraho, -trahere, -traxi, -tractum: to drag, draw
auctor, auctoris: creator, author, leader, instigator
audacia, -ae: courage, boldness
audax, -cis: bold
audeo, -ere, ausus sum: to dare
audio, -ire: to hear
aufero, -ferre, abstuli, ablatum: to remove
aufugio, -fugere, -fugi: to escape, flee
augeo, -ere, auxi, auctum: to increase
augurium, -i: prophecy, omen
aula, -ae: palace
aureus, -a, -um: golden
auriga, -ae: charioteer
auris, auris: ear
aurum, -i: gold
auspicium, -i: divination, omen, guidance
aut: or; **aut…aut** either…or
autem: however, but
auxilior, -ari: to help, assist
auxilium, -i: help, aid, assistance
avaritia, -ae: greed, vice

avarus, -a, -um: greedy
aveho, -vehere, -vexi, -vectum: to take away
avello, -vellere, -vulsi, -vulsum: to rip apart
aversio, aversionis: shunning, aversion
averto, -vertere, -verti, -versum: to turn away, shun
avidus, -a, -um: desiring, eager
avis, avis: bird
avolo, -are: to fly away
avunculus, -i: uncle
avus, -i: grandfather

B

barbari, -orum: barbarian, usually refers to Trojans
beatus, -a, -um: blessed
bellator, bellatoris: warrior, warlike
bellax, -cis: warlike, martial
bellicosus, -a, -um: warlike
bellicus, -a, -um: warlike, martial
belliger, -a, -um: warlike, powerful in war
bellipotens, -ntis: mighty in war
bello, -are: to wage war
bellum, -i: war
beneficium, -i: support, service, benefit
benignitas, benignitatis: grace, goodwill
benignus, -a, -um: kind, generous
bilanx, bilancis: two scales, balance
blandimentum, -i: flattery, flirting
blandus, -a, -um: flattering, charming
blatteus, -a, -um: purple
bona, -orum: goods, property
bonitas, bonitatis: goodness, generosity
bonus, -a, -um: good; **bene:** *adv.* well
brachiale, brachialis: bracelet, armlet
brac(c)hium, -i: arm
brevis, -e: brief, short
bustum, -i: pyre, tomb, grave

C

cadaver, cadaveris: corpse, cadaver
cado, -ere, cecidi, casum: to fall, die
caecus, -a, -um: blind
caedes, caedis: slaughter, murder
caedo, -ere, cecidi, caesum: to kill, slaughter
caelestis, -e: heavenly, godly
caelum, -i: sky, heaven
caeruleus, -a, -um: blue
calamitas, calamitatis: disaster
calco, -are: to tread upon, trample
caliga, -ae: sandal
caligo, caliginis: darkness, shade
campus, -i: plain, field
candor, candoris: clarity, brightness
canis, canis: dog
cano, -ere, cecini, cantum: to sing (to perform musically)
canus, -a, -um: gray, white
capax, -cis: broad, roomy, capable
capesso, -ere, -ii, -itum: to seize, grasp
capillus, -i: hair
capio, -ere, cepi, captum: to seize, take
caprea, -ae: goat
captiva, -ae: captive, prisoner of war, concubine
captivo, -are: to capture, enslave
captivitas, captivitatis: capture, slavery
captivus, -i: prisoner of war, captive
caput, capitis: head
careo, -ere, carui, -itum: to be absent, to be missing, to lack
carina, -ae: keel, vessel
carpo, -ere, carpsi, carptum: to select, choose
carus, -a, -um: dear
cassis, cassidis: helmet
castra, -orum: camp, fortification
castus, -a, -um: chaste, pure
casus, -us: fall, outcome, disaster, death, tragedy
catena, -ae: chain, binding
caterva, -ae: crowd, flock, troop; **catervatim:** in droves, en masse
catulus, -i: puppy
causa, -ae: reason, cause; *with gen.* for the sake of
cautus, -a, -um: cautious
cavea, -ae: hollow place, cavity

caveo, -ere, cavi, cautum: to be on guard, avoid
caverna, -ae: hollow place, cavern
cavernosus, -a, -um: hollow, full of holes
cavus, -a, -um: hollow
cedo, -ere, cessi, cessum: to proceed, withdraw, submit
celeber, -ris, -re: popular, famous, common
celebro, -are: to celebrate
celer, -is, -e: swift
celeritas, celeritatis: swiftness, speed
celero, -are: to hasten, make quick
celo, -are: to conceal, hide
cena, -ae: dinner, feast
centum: hundred
cerimonia, -ae: sacred ceremony, holy obeisance
cerno, -ere, crevi, cretum: to see, examine
certamen, certaminis: contest, struggle
certatim: eagerly
certo, -are: to contend, struggle
certus, -a, -um: certain, fixed, decided
cerva, -ae: doe, female deer
cesso, -are: to cease, stop
cetera: meanwhile, otherwise
ceterus, -a, -um: other, another, remainder, rest
cetus, -i: toothed whale, monster
ceu: just like, like
chlamys, chlamidis: cloak
cibus, -i: food
cingo, -ere, cinxi, cinctum: to surround, wear, bind
cinis, cineris: ashes
circiter: around, approximately
circueo, -ire: to surround
circuitus, -us: path, circuit, surface, edge
circum or **circa:** *adv.; prep. with acc.* around, near, about
circumago, -agere, -egi, -actum: to spend, pass time
circumdo, -dare, -dedi, -datum: to surround
circumeo, -ire: to surround, encircle
circumfero, -ferre, -tuli, -latum: to carry around, display
circumgemo, -gemere, -gemui, -gemitum: to growl, groan
circumquaquae: on every side
circumscribo, -scribere, -scripsi, -scriptum: to define, rule, decide
circumspicio, -spicere, -spexi, -spectum: to consider, survey
circumsto, -stare, -steti: to stand around, surround, badger
circumstrepo, -strepere, -strepui, -strepitum: to resound, make noise
circumtego, -tegere, -texi, -tectum: to clothe
circumtraho, -trahere, -traxi, -tractum: to drag around
circumvenio, -ire: to surround, trap
cithara, -ae: lyre, harp
cito, -are: to spur, urge, hasten
citus, -a, -um: swift; **cito:** quickly
civis, civis: citizen
civitas, civitatis: city, state
clades, cladis: disaster
clam: secretly
clamo, -are: to shout, exclaim
clamor, clamoris: shout, loud crashing sound
clarus, -a, -um: famous
classis, classis: fleet
claudo, claudere, clausi, clausum: to close
clavis, clavis: key
clemens, -ntis: merciful, gentle
clementia, -ae: mercy
clipeus, -i: shield
cloaca, -ae: sewer, cistern
coalesco, -alescere, -alui, -alitum: to grow together, take root
coeo, -ire: to assemble, meet
coepi, coepisse and cepi, cepisse: to begin
coaequalis, -e: same age, equal
coetus, -us: meeting, assembly
cogito, -are: to think
cognosco, -noscere, -novi, -nitum: to recognize, learn
cogo, -ere, coegi, -actum: to compel, force, drive

cohaereo, -haerere, -haesi, -haesum: to hold together, cling, adhere
cohibeo, -hibere, -hibui, -hibitum: to restrain, check
cohors, cohortis: cohort, troop
cohortor, -hortari: to admonish, counter
collabor, -labi, -lapsus sum: to fall down, collapse
colligo, -ligere, -legi, -lectum: to gather, collect
colloco, -are: to settle, arrange
colloquium, -i: speech, conversation
colloquor, -loqui, -locutus sum: to speak, converse
collum, -i: neck
coluber, colubri: serpent, snake
columna, -ae: pillar
coma, -ae: hair
comburo, -urere, -ussi, -ustum: to burn down
comes, comitis: companion
cominus: hand-to-hand
comitatus, -us: retinue, following
comitor, -ari: to accompany, escort, attend
commeatus, -us: supplies, supply chain
commemoro, -are: to recall, remember
commendo, -are: to entrust
commentor, commentoris: inventor
commeo, -are: to come and go
comminor, -ari: to threaten
commiseror, -ari: to bewail, moan
committo, -mittere, -misi, -missum: to begin, combine, entrust
commodus, -a, -um: suitable, convenient
commoveo, -movere, -movi, -motum: to move, upset
communis, -e: common, public
commutatio, commutationis: change, shift
commuto, -are: to change, alter
compactum, -i: agreement, agreed
compareo, -ere, -ui: to appear
comparo, -are: to prepare, equip
compello, -are: to address, accost
compello, -pellere, -puli, -pulsum: to rebuke, accost, force
comperendino, -are: to postpone a trial, adjourn

comperio, -ire: to verify, ascertain
competo, -petere, -tivi, -titum: to pertain to, be appropriate for
complano, -are: to raze, destroy
complector, -plecti, -plexus sum: to surround
compleo, -plere, -plevi, -pletum: to fill up, fulfill
complexus, -us: embrace
complures, -ium: several, many
compono, -ponere, -posui, -positum: to arrange, display
comprehendo, -hendere, -hendi, -hensum: to judge, perceive, reckon, seize, grab hold of
comptus, -us: hairdo, hair style
concedo, -cedere, -concessi, -cessum: to relinquish, withdraw
concessus, -us: permission
concido, -cidere, -cidi: to fall, succumb
concido, -cidere, -cidi, -cisum: to slaughter, cut down
conciliatrix, conciliatricis: matchmaker, unifier
concilio, -are: to unite, unify
concilium, -i: meeting, assembly, counsel
concipio, -cipere, -cepi, -ceptum: to hold, conceive, imagine
concito, -are: to stir up, excite
conclamo, -are: to shout in unison
concremo, -are: to burn
concubina, -ae: concubine
concubitus, -us: marriage, wedlock, concubinage
concumbo, -cumbere, -cubui, -cubitum: to lie with, be intimate with
concurro, -currere, -curri, -cursum: to clash
concursus, -us: clash, meeting
concutio, -cutere, -cussi, -cussum: to shake, strike
condensus, -a, -um: close together, dense
condico, -dicere, -dixi, -dictum: to arrange, agree
conditio, conditionis: arrangement, agreement, condition
condo, -ere, condidi, conditum: to establish, settle

conduco, -ducere, -duxi, -ductum: to assemble, gather
confero, -ferre, -tuli, -latum: to devote oneself, bring, collect, discuss
confestim: immediately
conficio, -ficere, -feci, -fectum: to finish, complete, to wear out
confido, -fidere, -fisum sum: to be sure, trust
configo, -figere, -fixi, -fixum: to fasten together
confirmator, confirmatoris: guarantor
confirmo, -are: to assure, assert, strengthen
confiteor, -fiteri, -fessus sum: to confess
conflagro, -are: to burn, blaze up, alight
confligo, -fligere, -flixi, -flictum: to collide, clash
conflo, -are: to bring together
confluo, -fluere, -fluxi: to flow
confodio, -fodere, -fodi, -fossum: to stab, pierce
confugio, -fugere, -fugi: to flee, take refuge
congredior, -gredi, -gressus sum: to meet
congrego, -are: to assemble, flock together
congruentia, -ae: agreement, symmetry
conicio, -icere, -ieci, -iectum: to hurl, throw
coniecto, -are: to conclude, infer
coniector, coniectoris: interpreter
coniugium, -i: marriage
coniunctio, coniunctionis: marriage, wedding
coniungo, -iungere, -iunxi, -iunctus: to join, marry, wed
coniunx, coniugis: spouse
coniuro, -are: to conspire
coniveo, -ere: to overlook
conlaudo, -are: to praise
conlido, -lidere, -lisi, -lisum: to dash together
conloquor, -loqui, -locutus sum: to negotiate, discuss
connubium, -i: marriage, wedding
conor, -ari, conatus sum: to try
conqueror, -queri, -questus sum: to complain loudly

conquiesco, -quiescere, -quievi, -quietum: to rest, stop
consanctio, -ire: to pledge
consanguineus, -a, -um: related by blood
consanguinitas, consanguinitatis: kinship, relationship by blood
conscendo, -scendere, -scendi, -scensum: to climb, ascend, embark
conscius, -a, -um: knowing
conscribo, -scribere, -scripsi, -scriptum: to write, compose
consenesco, -senescere, -senui: to decline, fade
consensus, -us: agreement
consentio, -sentire, -sensi, -sensum: to agree, resolve
consequor, -sequi, -secutus sum: to follow, obtain, befall
conservo, -are: to preserve, keep
considero, -are: to consider, suppose, reckon
consilium, -i: plan, counsel
consistorium, -i: assembly
consolatio, consolationis: consolation, solace
consolo, -are and consolor, -ari: to console, comfort
consortia, -ae: companionship, household
conspectus, -us: sight, view
conspicio, -spicere, -spexi, -spectum: to watch, see, look
conspicor, -ari: to catch sight of
constat, constare, constitit, constatum: *impersonal* it is agreed, it is well known
consterno, -sternere, -stravi, -stratum: to lay low, bring down
constituo, -stituere, -tui, -tutum: to establish, build, decide
constringo, -stringere, -strinxi, -ctum: to bind, tie
construo, -stuere, -struxi, -structum: to construct, build
consuetudo, consuetudinis: custom, habit
consulo, -sulere, -sului, -sultum: to advise, deliberate, consider
consumo, -sumere, -sumpsi, -sumptum: to consume, use up
contabesco, -tabescere, -tabui: to pine away, waste away

contamino, -are: to pollute, infect, mingle
contego, -tegere, -texi, -tectum: to cover, shield, bury, enclose
contemplor, -ari: to regard, consider
contemptus, -a, -um: despised, hated
contemptus, -us: contempt, disdain
contendo, -tendere, -tendi, -tentum: to dispute, compete
contentio, contentionis: combat, effort, struggle
contero, -tere, -trivi, -tritum: to obliterate, destroy
continens, continentis: mainland
contineo, -tinere, -tinui, -tentum: to contain, pertain
contingo, -tingere, -tigi, -tactum: to happen, touch
continuo, -are: to unite, link up
continuo: immediately, at once
continuus, -a, -um: uninterrupted
contio, -onis: assembly, public meeting
contorqueo, -torquere, -torsi, -tortum: to twist, turn
contra: *prep. with acc.* against, opposite; *adv.* opposite, conversely
contrarius, -a, -um: opposite, unfavorable
contremo, -tremere, -tremui: to shake, tremble
contristo, -are: to sadden, to make sad
contueor, -tueri, -tuitus sum: to consider, reflect, gaze
contumelia, -ae: insult, abuse, attack
contumeliosus, -a, -um: outrageous, rude
contus, -i: pole, pike
convalesco, -valere, -valui: to heal, become strong
conveho, -vehere, -vexi, -vectum: to bring, carry off
convenio, -ire: to assemble, meet
conventus, -us: meeting, assembly
converto, -vertere, -verti: to turn
convexus, -a, -um: hollow, arched, vaulted
convicium, -i: noise, chattter
convivium, -i: banquet, feast
convoco, -are: to call together, assemble
cooperio, -perire, -perui, -pertum: to cover up, overwhelm
copia, -ae: supply, troops
cor, cordis: heart
coram: openly, face to face, in the open
cordatus, -a, -um: wise, prudent
cornu, -us: wing, flank, tip (of a bow)
corona, -ae: crown, crowd
corono, -are: to crown
corpus, corporis: body, form
corripio, -ripere, -ripui, -reptum: to seize, take up
corrumpo, -rumpere, -rupi, -ruptum: to destroy, weaken, corrupt
corruo, -ruere, -rui: to fall down, topple
corytus, -i: quiver
cotidie: daily
cras: tomorrow
crater, crateris: bowl, crater
creber, -a, -um: frequent, numerous
credo, -ere, credidi, creditum: *with dat.* to believe, trust
cremo, -are: to cremate, burn
crepitus, -us: clash, clang
crepundia, -orum: birth tokens inscribed with the names of the parents
cresco, -ere, crevi, cretum: to increase, grow
crinis, crinis: hair
cruciatus, -us: torture, torment
crucio, -are: to torture, torment
crudelis, -e: cruel, bloody
crudelitas, crudelitatis: cruelty
cruor, cruoris: blood, gore, slaughter
cubile, cubilis: bed, bedroom
culmen, culminis: peak
culpa, -ae: fault
cultor, cultoris: supporter, worshipper
cultus, -us: dress, fashion
cum: *prep. with abl.* with
cum: *adv.* when, since, although
cum...tum: both...and, not only...but also
cumulo, -are: to heap, gather, add upon
cunabula, -orum: cradle
cunctus, -a, -um: whole, entire, all
cuniculus, -i: tunnel
cupido, cupidinis: desire
cupidus, -a, -um: desiring, wishing
cupiens, -ntis: eager, desiring, wanting

cupio, -ere, cupivi, cupitum: to desire, wish, want
cur: why
cura, -ae: concern, care, treatment
curo, -are: to take care of, see to it
curro, -ere, cucurri, cursum: to run
currus, -us: chariot
cursus, -us: course, path
custodia, -ae: guard, watch
custodio, -ire: to guard, protect
custos, custodis: guardian, guard
cyneum, -i: dog

D

de: *prep. with abl.* down, from, of, about
dea, -ae: goddess
debeo, debere, debui, debitum: to must, to owe
debilitas, debilitatis: weakness
debilito, -are: to weaken, disable
decem: ten
decens, -ntis: proper, fit
decerno, -cernere, -crevi, -cretum: to determine, decide, decree
decerto, -are: to contend, struggle
decet, decere, decuit: *impersonal* it is fitting
decido, -cidere, -cidi: to fall down
decimus, -a, -um: tenth
decipio, -cipere, -cepi, -ceptum: to decieve, cheat, trick
declino, -are: to bend, avoid
decontra: opposite, against, facing
decorus, -a, -um: graceful, pretty, proper
decumbo, -cumbere, -cubui: to lie down
decurro, -currere, -curri, -cursum: to run, hasten
decus, decoris: honor, status
decutio, -cutere, -cussi, -cussum: to shake down, strike down
deditio, deditionis: surrender
deduco, -ducere, -duxi, -ductum: to lead away, escort
defendo, -ere, -fendi, -fensum: to defend
defensio, defensionis: defense
defenso, -are: to defend, protect

defensor, defensoris: defender
defero, -ferre, -tuli, -latum: to carry away
defessus, -a, -um: exhausted, worn out, tired
deficio, -ficere, -feci, -fectum: to fail, weaken, abandon
definio, -ire: to limit, mark, assign
defleo, -flere, -flevi, -fletum: to mourn, weep
deformo, -are: to disgrace, deform, dishonor
defungor, -fungi, -functus sum: to die
dego, -ere, degi: to pass time, live
dehinc: here, henceforth
dehonestamentum, -i: disgrace, dishonor
deicio, -icere, -ieci, -iectum: to bring down, strike down
dein or **deinde:** then, next
deinceps: one after another, successively
delectabilis, -e: delightful, pleasant
delecto, -are: to delight, charm, please
delectus, -a, -um: chosen, selected, elite
deleo, -ere, -ui, -itum: to destroy
delibero, -are: to consider, deliberate
delibutus, -a, -um: steeped, tainted
deligo, -ligere, -legi, -lectum: to choose, assign
delinquo, -linquere, -liqui, -lictum: to fail, abandon one's duty
delubrum, -i: shrine, temple, sanctuary
demergo, -mergere, -mersi, -mersum: to sink, drown
demitto, -mittere, -misi, -missum: to send down, plunge
demonstro, -are: to point out, show
demulceo, -mulcere, -mulsi, -mulctum: to stroke, pet, soothe
denique: finally, at last
densus, -a, -um: dense
denuntio, -are: to announce
depono, -ponere, -posui, -positum: to put down, put aside, retire
deporto, -are: to bring, carry
depraedor, -ari: to plunder, kidnap
deprecor, -ari: to pray, beg
deprehendo, -hendere, -hendi, -hensum: to seize, grab hold of

deripio, -ripere, -ripui, -reptum: to tear away, snatch away
descendo, -scendere, -scendi, -scensum: to leave, descend
describo, -ere, -scripsi, -scriptum: to describe, portray
desero, -serere, -serui, -sertum: to neglect, leave
desertus, -a, -um: abandoned, deserted, remote
deservio, -ire: to serve, be a slave to
desiderium, -i: desire, wish, longing
desidero, -are: to long for, wish, desire
desido, -sidere, -sedi: to sink down, undergo
desilio, -silire, -silui, -sultum: to leap down, jump down
desino, -sinere, -sivi, -situm: to cease, stop
desisto, -sistere, -stiti, -stitum: to cease, desist, leave off
desolo, -are: to forsake, abandon
desolvo, -solvere, -solvi, -solutum: to pay, destroy
despecto, -are: to look down, despize
desperatio, desperationis: despair, hopelessness
despicio, -spicere, -spexi, -spectum: to regard, look down from, despise
despondeo, -spondere, -spondi, -sponsum: to pledge
desponsa, -ae: betrothed, engaged
desponso, -are: to pledge, betroth, marry
destino, -are: to determine, decide
destruo, -struere, -struxi, -structum: to destroy, dismantle
desum, deesse, defui: to be lacking, to fail
desuper: from above
deterreo, -ere: to frighten, discourage
detraho, -trahere, -traxi, -tractum: to strip, pull, disarm, drag away, remove
detrudo, -trudere, -trusi, -trusum: to push, expel, force
deturbo, -are: to dislodge, eject
deus, -i: god
devasto, -are: to destroy
deveho, -vehere, -vexi, -vectum: to carry away, carry down

devenio, -ire: to arrive, reach
devincio, -vincire, -vinxi, -vinctum: to bind, tie, attach
devinco, -vincere, -vici, -victum: to conquer thoroughly
devito, -are: to avoid
devolvo, -volvere, -volui, -volutum: to roll down, fly away
devoro, -are: to devour, consume
devotio, devotionis: consecration, devotion, ritual, offering
dexter, -tra, -trum: right
dextra, -ae: right hand
dico, -are: to consecrate, dedicate
dico, dicere, dixi, dictum: to say, call, name
dictum, -i: word, speech, command
dies, diei: day
differo, -ferre, -tuli, -latum: to postpone, delay, scatter
difficilis, -e: difficult
diffido, -ere, -fissum: to mistrust
diffindo, -findere, -fidi, -fissum: to split, cleave, open
diffundo, -fundere, -fudi, -fusum: to spread, extend, gladden
digitus, -i: finger
dignitas, dignitatis: merit, worth
dignus, -a, -um: worthy
digredior, -gredi, -gressus sum: to depart, deviate
diiudico, -are: to judge
dilanio, -are: to rip apart
dilectus, -us: choice, selection, discernment, troops
diligens, -ntis: careful
diligo, -ligere, -lexi, -lectum: to love, care for
diluo, -luere, -lui, -lutum: to dissolve, remove, resolve
dimico, -are: to contend, fight
dimidium, -i: half
dimitto, -mittere, -misi, -missum: to drop, send away, scatter
dinosco, -noscere, -novi, -notum: to know, distinguish
dirigo, -riere, -rexi, -rectum: to direct, arrange

dirimo, -rimere, -remi, -remptum: to divide, break off
diripio, -ripere, -ripui, -reptum: to seize, kidnap, take
diruo, -ruere, -rui, -rutum: to demolish, destroy
dirus, -a, -um: horrible, fearful, ill-fated
dis, ditis: underworld
discedo, -cedere, -cessi, -cessum: to leave, withdraw, depart
discepto, -are: to decide, determine, debate, discuss
discordia, -ae: disagreement
discrimen, discriminis: crisis
disicio, -icere, -ieci, -iectum: to cast apart, disperse
dispenso, -are: to distribute
dispergo, -spergere, -spersi, -spersum: to scatter, disperse
dispono, -ponere, -posui, -positum: to arrange
disputo, -are: to dispute, discuss, argue
dissero, -serere, -serui, -sertum: to discuss, treat
dissimilis, -e: different
dissimulo, -are: to ignore, disguise, keep secret
dissipo, -are: to scatter, disperse
dissolvo, -solvere, -solvi, -solutum: to disperse, break up, destroy
dissonus, -a, -um: different, discordant
dissuadeo, -ere, -si, -sum: to dissuade
distendo, -tendere, -tendi, -tentum: to stretch, expand
distillo, -are: to sprinkle, trickle
distribuo, -tribuere, -tribui, -tributum: to distribute
distributio, distributionis: division, distribution
diu: for a long time; **diutius:** for any longer
divello, -vellere, -velli, -vulsum: to tear away, tear apart
diversus, -a, -um: remote, different
divido, -ere, -visi, -visum: to divide, distribute
divinitus: divinely

divinus, -a, -um: divine
dives, divitis: wealthy man
divitiae, -arum: wealth
divus, -a, -um: divine, deity
do, dare, dedi, datum: to give
doceo, -ere: to teach, instruct
doleo, -ere, dolui: to grieve, be upset
dolor, doloris: pain, grief
dolorificus, -a, -um: grief-bringing
dolosus, -a, -um: treacherous, cunning
dolus, -i: trick, treachery
dominus, -i: master, lord
domo, -are: to break, subjugate, dominate
domuitio, domuitionis: homecoming, returning home
domus, -us and -i: home
donec: until, when, while
dono, -are: to bestow, give
donum, -i: gift
dormio, -ire: to sleep
dorsum, -i: back, behind
draco, draconis: serpent, dragon
dubitatio, dubitationis: hesitation, doubt
dubius, -a, -um: uncertain, doubtful
duco, -ere, duxi, ductum: to lead; *with fem. acc.* to marry
ductor, ductoris: leader, commander
ductrix, ductricis: leader, commander
ductus, -us: leadership, command
duellum, -i: war
dulcis, -e: sweet
dum: while, as long as
duo, duae: two
duodecim: twelve
duplico, -are: to double, duplicate
duro, -are: to last, endure, prevail
durus, -a, -um: harsh, tough
dux, ducis: leader, commander

E

e, ex: *prep. with abl.* from, out of, out
ecce: behold! look!
edico, -dicere, -dixi, -dictum: to declare, announce, decree

editus, -i: *from edo, -are* offspring, child
edo, -ere, edi, essum: to eat
edo, -ere, edidi, editum: to produce, give birth to
edoceo, -ere: to instruct, inform
educo, -are: to raise, bring up
educo, -ducere, -duxi, -ductum: to lead up, raise up
effectus, -us: performance, execution
efficio, -ficere, -feci, -fectum: to accomplish, complete
efflo, -are: to breathe out, die
effodio, -fodere, fodi, fossum: to dig, stick
effor, -fari, -fatus sum: to speak out, express
effugio, -fugere, -fugi: to escape, flee
effundo, -fundere, -fudi, -fusum: to pour
ego, mei: I
egredior, -gredi, -gressus sum: to exit, leave
egregius, -a, -um: extraordinary
eiaculor, -ari: to throw, hurl, cast
eicio, -icere, -ieci, -iectum: to expel, throw out
elido, -lidere, -lisi, -lisum: to destroy
eligo, -ligere, -legi, -lectum: to choose
eloquor, -loqui, -locutus sum: to express, speak
eluo, -luere, -lui, -lutum: to wash, cleanse
ementior, -mentiri, -mentitus: to lie, deceive, cheat
emico, -are: to glisten, glimmer, sparkle, shoot forth
emitto, -mittere, -misi, -missum: to send forth, declare
en: well, look
enim: for
enitor, -niti, -nisus sum: to struggle, exert
ensis, ensis: sword
eo, ire, ivi, itum: to go
eo: there, to that place
eodem: to the same place
epistola, -ae: letter
epulae, -arum or **epulum, -i:** banquet
eques, equitis: cavalry
equidem: indeed, truly
equus, -i: horse
erga: *prep. with acc.* towards
ergo: therefore
erigo, -rigere, -rexi, -rectum: to lift, cheer
eripio, -ripere, -ripui, -reptum: to take away, seize, rescue
error, -is: error, mistake
erumpo, -rumpere, -rupi, -ruptum: to break out, break through
eruo, -ruere, -rui, -rutum: to tear out, destroy
eruptio, eruptionis: sortie, sally, rush
esca, -ae: food, vittles
et: and, also, even; **et...et:** both...and
etenim: for
etiam: even, also, yet
etiamsi: even if, although
etsi: although
eu: alas, hey
Eurus, -i: east or southeast wind
evado, -vadere, -vasi, -vasum: to escape
evagino, -are: to unsheathe
evanesco, -vanescere, -vanui: to vanish, disappear
evello, -vellere, -velli, -vulsum: to pluck out, tear out
evenio, -ire: to turn out, result, happen, occur
eventus, -us: outcome, experience
eversio, eversionis: overthrow, destruction
everto, -vertere, -verti, -versum: to overthrow
evinco, -vincere, -vici, -victum: to conquer, subdue
evito, -are: to avoid
evolo, -are: to fly, hurry
exacerbo, -are: to provoke
exanimis, -e: dead, lifeless
exanimo, -are: to kill, stun
exardesco, -ardere, -arsi, -arsum: to break out, blaze forth
exaspero, -are: to irritate, vex
exaudio, -ire: to hear, listen to, heed
excandesco, -ere, -dui: to glow, become hot
excedo, -cedere, -cessi, -cessum: to leave, depart, withdraw
excelsus, -a, -um: high, lofty

excidium, -i: destruction
excido, -cidere, -cidi, -cissum: to cut out, cut off
excipio, -cipere, -cepi, -ceptum: to pick out, exclude, welcome
excito, -are: to excite, arouse, inspire
exclamo, -are: to shout, exclaim
excogito, -are: to invent, create
excresco, -crescere, -crevi, -cretum: to grow up
excutio, -cutere, -cussi, -cussum: to shake off, knock off
exemplum, -i: example
exeo, -ire: to go out, come forth
exerceo, -ere: to compete, practice
exercito, -are: to practice, train
exercitus, -us: army
effero, efferre, extuli, elatum: to produce, bring out, remove
exhibeo, -hibere, -hibui, -hibitum: to produce, show, display
exhorresco, -horrescere, -horrui: to be terrified, to shudder at
exigo, -igere, -egi, -actum: to finish, complete
exiguus, -a, -um: small, short, meager
eximo, -imere, -emi, -emptum: to set free, release, remove
exin or **exinde:** thereafter
existimo, -are: to think, judge, reckon
exitialis, -e: destructive, deadly
exitium, -i: destruction, ruin
exitus, -us: exit, conclusion, end
exopto, -are: to long for, desire
exorior, -iri, -rsus sum: to arise
exosculor, -ari: to kiss
exosus, -a, -um: hated, despised
expectatio, expectationis: waiting, expectation
expecto, -are: to await, expect
expedio, -ire: to arrange
expergefacio, -facere, -feci, -factum: to awaken, excite
experior, -iri, -peritus sum: to try, test
expers, -tis: free of, without
expeto, -petere, -petivi, -petitum: to demand, exact
expio, -are: to expiate (cleanse someone from sin)
explico, -are: to unwrap, unroll, describe
exploro, -are: to investigate, spy
expono, -ponere, -posui, -positum: to expose, explain
expostulo, -are: to demand, ask for
exprimo, -primere, -pressi, -pressum: to form, copy, press
expugnatio, expugnationis: attack
expugno, -are: to conquer, attack
exquiro, -quirere, -quisivi, -situm: to investigate, inquire
exsanguis, -e: dead, bloodless
exsatio, -are: to satisfy, sate
exscindo, -scindere, -scidi, -scissum: to destroy utterly
exseco, -secare, -cui: to cut
exsecror, -ari: to curse
exsequor, -sequi, -secutus sum: to maintain, execute, accomplish
exsisto, -sistere, -stiti, -stitum: to arise, come forth, emerge, appear
exspiro, -are: to exhale, die
exstinguo, -stinguere, -stinxi, -stinctum: to perish
exstirpo, -are: to uproot, destroy
exstruo, -struere, -struxi, -structum: to build
extedio, -are: to be sad, weary
extemplo: immediately
extendo, -tendere, -tendi, -tentum: to stretch out, extend
extimeo, -ere: to be afraid of
extollo, -ere: to lift up, raise
extorqueo, -torquere, -torsi, -torsum: to extract, twist out, torture
extra: *adv.; prep. with acc.* beyond, outside
extraho, -trahere, -traxi, -tractum: to pull out
extremus, -a, -um: final, ending, death
extrinsecus: from outside, from without
exturbo, -are: to drive off, agitate
exulto, -are: to rejoice
exuo, -uere, -ui, -utum: to strip, remove clothes

F

fabricator, fabricatoris: creator, blacksmith
fabrico, -are: to manufacture, forge
fabrefacio, -facere, -feci, -factum: to create skillfully
fabrilis, -e: of a workman or carpenter
fabula, -ae: story, fable, myth
facies, -ei: face
facilis, -e: easy
facinus, facinoris: crime, deed
facio, facere, feci, factum: to make, do
factum, -i: deed
facultas, facultatis: ability, power, abundance, opportunity
fallax, -cis: treacherous, deceitful
fallo, -ere, fefelli, falsum: to deceive, lie
falsus, -a, -um: fake, false, simulated
falx, falcis: sickle
fama, -ae: rumor, report, reputation
familia, -ae: household
familiaris, -e: familiar, kin
famulus, -i: slave, personal attendant, butler
fanum, -i: shrine, temple
fastigium, -i: gable
fatalis, -e: deadly, fatal
fateor, fateri, fassus sum: to confess
fatidicus, -a, -um: prophetic
fatigo, -are: to wear out, become fatigued
fatum, -i: fate, death
faustus, -a, -um: happy, lucky, blessed
faux, faucis: throat
favilla, -ae: ashes, embers
favor, favoris: goodwill, support
fax, facis: torch
fel, fellis: poison
felix, -cis: happy, successful
femina, -ae: woman
femineus, -a, -um: womanly, woman's
femur, femoris: thigh
fera, -ae: beast, wild animal
feralis, -e: fatal, lethal
ferax, -cis: prolific, fruitful
fere: almost, nearly
feriatus, -a, -um: holiday, festival
ferio, -ire: to strike
fero, ferre, tuli, latum: to carry, bring, bear, report
ferox, -cis: courageous, bold
ferreus, -a, -um: iron
ferrum, -i: sword, iron weapon
ferus, -a, -um: wild, fierce, savage
fervidus, -a, -um: boiling, seething
fessus, -a, -um: tired, worn out
festinatio, festinationis: haste
festino, -are: to hasten, hurry, rush
fidelis, -e: faithful, loyal
fidens, -ntis: confident, courageous
fides, -ei: trust, faith, pledge
fiducia, -ae: confidence, trust
fiducialiter: confidently, trust-worthily
fidus, -a, -um: loyal, trustworthy
figo, -ere, fixi, fixum: to fix, attach, stab
figura, -ae: form, shape, beauty
filia, -ae: daughter
filius, -i: son
fingo, fingere, finxi, fictum: to create, pretend, lie
finio, -ire: to limit, end, finish
finis, finis: boundary, end, limit
finitimus, -a, -um: neighboring, adjacent
fio, fieri, factus sum: to become, happen
firmator, firmatoris: one who establishes
firmo, -are: to strengthen, substantiate
flagro, -are: to burn, blaze up, alight
flagrum, -i: scourge, whip
flamma, -ae: flame
flatus, -us: blowing, storm
flavus, -a, -um: golden, blond
flebilis, -e: wretched, sad
flecto, -ere, flexi, flexum: to turn, change
fleo, -ere, flevi, fletum: to weep
fletus, -us: weeping, lament
floreo, -ere, -ui: to blossom, bloom, flower
fluctus, -us: flow, river
flumen, fluminis: river
fluo, -ere, fluxi, fluxum: to flow, pass

fluvius, -i: river, stream
fodio, -ere, fodi, fossum: to dig, stick
foedo, -are: to spoil, befoul
foedus, -a, -um: foul, horrible
foedus, foederis: treaty
foetor, foetoris: smell, stench
foetus, -us: offspring, fetus
for, fari, fatus sum: to speak, declare
foras or **foris:** outdoors
forma, -ae: beauty, shape
formido, -are: to dread, fear
formosus, -a, -um: beautiful
foro, -are: to pierce
fors: chance, fate, luck
forte: by chance
fortis, -e: strong, brave
fortuna, -ae: luck, chance
forum, -i: marketplace
fossa, -ae: ditch, channel
frater, fratris: brother
fraternus, -a, -um: brotherly
fraudo, -are: to embezzle, steal, renege on offer
fraudulens, -ntis: deceitful, treacherous
fraus, fraudis: deceit, fraud
frequens, -ntis: frequent, repeated
fretus, -a, -um: *with abl.* relying on
frondeo, -ere: to bloom, blossom
frons, frontis: side, flank, front
fructus, -us: fruit, enjoyment, use
frumentum, -i: grain
fruor, frui, fructus sum: to enjoy
frustra: in error, mistaken, in vain
frutex, fruticis: shrub, bush
fuga, -ae: escape, retreat
fugio, -ere, fugi, -itum: to flee, escape, retreat
fugo, -are: to rout
fulgeo, -ere, fulsi: to gleam, shimmer, shine
fulgur, fulguris: lightning
fulmen, fulminis: lightning
fumus, -i: smoke
fundo, -ere, fudi, fusum: to pour, scatter
funebris, -e: funeral, funerary
funero, -are: to bury
funestus, -a, -um: deadly, full of death
funis, funis: rope, cord
funus, funeris: death, funeral
furia, -ae: rage, madness
furio, -are: to madden, enrage
furo, -ere: to rage, be mad
furor, furoris: rage, madness
furtim: secretly
fustico, -are: to beat, club
futurus, -a, -um: future, about to be, will

G

galea, -ae: helmet
gaudeo, -ere, gavisus sum: to rejoice
gaudium, -i: joy
geminatus, -a, -um: twin, double
geminus, -a, -um: twin
gemitus, -us: groan, grieving
gemo, -ere, gemui, -itum: to groan, mourn
gena, -ae: cheek
gener, -i: son-in-law
generosus, -a, -um: noble, well born
genetrix, genetricis: mother
genitor, genitoris: father
gens, gentis: race, people, nation
genu, -us: knee
genus, generis: race, ancestry, type, kind
germanus, -a, -um: sibling
gero, -ere, gessi, gestum: to manage, wage, accomplish, occur
gestatu: 'on an excursion'
gesto, -are: to bear, carry, wear
gigno, -ere, genui, genitum: to give birth to, produce
girges, girgitis: whirlpool, eddy
gladius, -i: sword
glaucus, -a, -um: bluish, gray
globus, -i: mass, troop
gloria, -ae: glory, honor, praise
glorior, -ari: to boast
gnatus, -i: son, child
gradus, -us: step, pace

graece: in Greek
Graiugena, -ae: Greek
grandaevus, -a, -um: old
grassor, -ari: to attack
gratia, -ae: grace, pleasantness, influence, motive, thanksgiving
gratias ago, -ere, egi, actum: to thank
gratulor, -ari: to congratulate, rejoice
gratus, -a, -um: pleasing, grateful, thankful
gravida, -ae: pregnant
gravis, -e: serious
gravo, -are: to burden, trouble
gremium, -i: lap, bosom
gressus, -us: step, course
gutta, -ae: drop

H

habeo, -ere, -ui, -itum: to have, hold, consider
habito, -are: to dwell, inhabit
habitus, -us: clothes
hactenus: to this point
haereo, -ere, -si, -sum: to stick, cling, be embarrassed
haruspex, haruspicis: prophet, priest
hasta, -ae: spear
hastatus, -a, -um: armed with a spear
hastiger, -a, -um: spear wielding, armed
haud: hardly, scarcely
haurio, -ire, hausi, haustum: to drink, absorb
hei or **heu** or **heus:** alas, woe
herba, -ae: grass, vegetation
heri: yesterday
hero, herois: demigod, hero
heros, -i: leader, hero
hic, haec, hoc: this, these
hic: here
hilaris, -e: cheerful
hinc: here, from here
historia, -ae: history
hodie: today
homo, hominis: person
honestamentum, -i: ornament, grace, reward

honorarius, -a, -um: in honor, honoring
honoratus, -a, -um: honored, distinguished, respected
honorificus, -a, -um: respectfully, honorably
honoro, -are: to honor, dignify
honos, honoris: honor, clout, office
hora, -ae: hour
horrendus, -a, -um: horrible, dreadful
horridus, -a, -um: rough, unpolished
horrificus, -a, -um: dreadful, terrible
horrisonus, -a, -um: resounding
horror, horroris: dread, terror, fear
hortatio, hortationis: encouragement
hortatrix, hortatricis: encourager
hortatus, -us: encouragment
hortor, -ari: to encourage
hortus, -i: garden
hospes, hospitis: host
hospitalitas, hospitalitatis: hospitality
hospitium, -i: guest chamber, guest friendship
hostia, -ae: victim, (animal) sacrifice
hostilis, -e: hostile
hostis, hostis: enemy
huc: to this place
huiusmodi: of this kind
humanus, -a, -um: human, mortal
humerus, -i: shoulder
humilis, -e: low, shallow, submissive
humo, -are: to bury
humus, -i: ground
hydra, -ae: hydra (a monster)
hymenaeus, -i: wedding, marriage

I

iaceo, -ere, -ui, -tum: to lie
iacio, -ere, ici, iactum: to throw, utter
iacto, -are: to throw, disturb, disrupt
iactus, -us: throw, strike
iaculum, -i: dart, javelin
iam: now, already
ianua, -ae: door
ibi: there, then
ibidem: in the same place, at the same time

icio, -ere, ici, iactum: to strike, hit
ictus, -us: stroke, blow, beating
idcirco: for that reason, on account of this
idem, eadem, idem: *dem. pron. and adj.* the same
identidem: again and again, repeatedly
ideo: therefore
igitur: therefore
ignarus, -a, -um: unknown, ignorant
ignis, ignis: fire
ignorantia, -ae: ignorance
ignoro, -are: to not know, to mistake
ignosco, -noscere, -novi, -notum: to pardon, forgive
ilia, -ium: intestines
ilico: immediately
ille, illa, illud: *dem. adj.* that, the, that (famous person); *dem. pron.* he, she, it
illic: there, in that place
illicitus, -a, -um: unlawful, illegal
illido, -lidere, -lisi, -lisum: to strike against
illinc: there, from there
illuc: to that place
illudo, -ludere, -lusi, -lusum: to mock, ridicule
illustris, -e: bright, famous
imbellis, -e: weak, not yet military-trained
imbuo, -buere, -bui, -butum: to saturate, tint
immanis, -e: huge, vast
immaturus, -a, -um: immature, unripe
immedicabilis, -e: incurable
immensus, -a, -um: immeasurable, immense
imminens, -ntis: impending, threatening
immitis, -e: harsh
immitto, -mittere, -misi, -missum: to attack, let loose
immoderatus, -a, -um: immoderate, unrestrained
immodicus, -a, -um: shameless
immolatio, immolationis: sacrifice
immolo, -are: to sacrifice
immortalis, -e: immortal, deathless
immortalitas, immortalitatis: immortality

immotus, -a, -um: unmoved
impedio, -ire: to obstruct, prevent
impello, -pellere, -puli, -pulsum: to strike out, drive out, force
imperator, imperatoris: leader, ruler
imperfectus, -a, -um: unfinished
imperium, -i: rule, empire, power, sovereignty
impero, -are: to order
impetro, -are: to obtain, accomplish
impetus, -us: attack
impietas, impietatis: impiety, deceit
impiger, -a, -um: active, energetic
impingo, -pingere, -pegi, -pactum: to thrust, drive against, attack
impius, -a, -um: impious
implacabilis, -e: implacable
impleo, -ere: to fulfill, fill up
implico, -are, -ui, -itum: to tangle
impono, -ponere, -posui, -positum: to lay upon
impostor, impostoris: impostor, deceiver
imprecor, -ari: to invoke harm upon, call down punishment
impressio, impressionis: attack
imprimo, -primere, -pressi, -pressum: to press upon, inflict
improvisus, -a, -um: unexpected, sudden
imprudens, -ntis: foolish
impubes, -eris: young, unmarried, beardless, prepubescent
impudens, -ntis: shameless
impugno, -are: to attack
impulsus, -us: instigation, goading
impunitus, -a, -um: unavenged
imus, -a, -um: deepest
in: *prep. with abl.* in, on; *prep. with acc.* into, against
invicem: instead of, in place of
inaestimabilis, -e: priceless
inanis, -e: empty, vain
inbecillus, -a, -um: weak, feeble
incassum: in vain
incedo, -cedere, -cessi, -cessum: to approach
incendium, -i: fire

incendo, -cendere, -cendi, -censum: to burn, set fire to
incertus, -a, -um: uncertain
incesso, -cessere, -cessivi: to attack
incestus, -a, -um: sinful, incestuous
inceste: sinfully, indecently
incipio, -cipere, -cepi, -ceptum: to begin
inclinatio, inclinationis: inclination
includo, -cludere, -clusi, -clusum: to include, enclose
inclutus, -a, -um: famous, renowned
incognitus, -a, -um: unknown
incolo, -colere, -colui: to inhabit
incolumis, -e: safe, unharmed
incolumitas, incolumitatis: safety, preservation
incommodum, -i: inconvenience, disadvantage
inconsultus, -a, -um: not consulted, rash
incredibilis, -e: unbelievable
incrementum, -i: growth, increase, offspring
increpatio, increpationis: insult, rebuke
increpito, -are: to rebuke, reproach
increpo, -are: to rebuke, criticize
incurabilis, -e: incurable
incurro, -currere, -cu(cu)rri, -cursum: to rush against, run into, attack
incursio, incursionis: invasion, attack
incutio, -cutere, -cussi, -cussum: to strike
inde: from there
indefatigatus, -a, -um: unflagging
indefessus, -a, -um: unwearied
indico, -are: to make known, indicate
indicium, -i: evidence, proof
indignatio, indignationis: outrage, indignation
indignor, -ari: to be offended
indignus, -a, -um: unworthy, disgraceful
indo, -dere, -didi, -ditum: to cause, introduce, to put on, insert
indomitus, -a, -um: wild, untamed
induco, -ducere, -duxi, -ductum: to bring in, introduce
indulgeo, -dulgere, -dulsi, -dultum: to indulge in, to give oneself over to

induo, -duere, -dui, -dutum: to wear, put on
industria, -ae: purpose, hard work
indutiae, -arum: truce, armistace
ineo, -ire: to enter
inermis, -e: unarmed, defenseless
inevitabilis, -e: inevitable, unavoidable
infans, infantis: infant, child
infaustus, -a, -um: unlucky, ill-omened
infelix, infelicis: unhappy, wretched
infensus, -a, -um: hostile
inferiae, -arum: offerings to the dead
infero, -ferre, -tuli, -latum: to go to, betake oneself
infesto, -are: to attack, harrass
infestus, -a, -um: hostile, beset
inficio, -ficere, -feci, -fectum: to taint, poison
infigo, -figere, -fixi, -fixum: to fasten, fix, imprint
infinitus, -a, -um: unending, neverending
infit: *(only form attested)* begin, begin to speak
infirmo, -are: to weaken, impair
inflammo, -are: to inflame, kindle, excite
inflecto, -flectere, -flexi, -flexum: to bend, curve, affect
infligo, -ere, -flixi, -flictum: to strike, dash
infremo, -fremere, -fremui: to growl
infrendeo, -ere: to gnash one's teeth
infringo, -fringere, -fregi, -fractum: to destroy, violate
infula, -ae: sacred headband
ingemisco, -gemere, -gemui: to groan
ingeniosus, -a, -um: talented
ingenium, -i: talent
ingens, -ntis: huge
ingero, -gerere, -gessi, -gestum: to heap upon
ingravesco, -ere: to burden
ingredior, -gredi, -gressus sum: to enter
ingruo, -gruere, -grui: to attack, befall
inhabito, -are: to inhabit
inicio, -icere, -ieci, -iectum: to throw upon, inject, put on

inimicitia, -ae: hostility, enmity
inimicus, -a, -um: hostile
iniquus, -a, -um: unfair, unequal
initium, -i: beginning
iniuria, -ae: injury, insult
inlicio, -licere, -lexi, -lectum: to entice
inlucesco, -lucescere, -luxi: to shine, live
innocens, -ntis: innocent
innoxius, -a, -um: innocent, unharmed
innupta, -ae: unmarried
inquiro, -quirere, -quisivi, -quisitum: to investigate
inquam: *defective verb* say
inruo, -ruere, -rui: to rush in, attack
insanabilis, -e: incurable
insania, -ae: madness, insanity
insector, -ari: to follow, pursue
insideo, -ere: to remain
insequor, -sequi, -secutus sum: to follow, attack
insidiae, -arum: ambush, plot, trap
insidior, -ari: to ambush, plot
insidiosus, -a, -um: deceitful, treacherous
insigne, insignis: badge, decoration
insignis, -e: distinguished, remarkable
insinuo, -are: to insinuate, work one's way into
insisto, -sistere, -stiti: to persevere, take a stand
insolentia, -ae: pride, arrogance
insperabilis, -e: hopeless
inspicio, -spicere, -spexi, -spectum: to inspect, evaluate
instans, -ntis: immediate, threatening
instar: *indecl.* image, likeness
instauro, -are: to establish, renew, restore
instigo, -are: to incite, goad, instigate
instinctus, -us: inspiration, instigation
insto, -are: to approach, impend
instruo, -struere, -struxi, -structum: to arrange in battle formation, arrange
insula, -ae: island
insultatio, insultationis: insult, offense
insulto, -are: to triumph over, insult
insum, -esse, -fui: to be within, to be inside

insuper: in addition, over, above
insurgo, -surgere, -surrexi, -surrectum: to rise up
intabesco, -tabescere, -tabui: to melt, dissolve
intactus, -a, -um: untouched, unharmed
integer, -a, -um: whole
intellego (-ligo), intellegere (-ligere), intellexi, intellectum: to know, learn
intendo, -tendere, -tendi, -tentum: to reach, extend
intentio, intentionis: effort, attention, attack
inter: *prep. with acc.* between, among
intercedo, -cedere, -cessi, -cessum: to intervene
intercipio, -cipere, -cepi, -ceptum: to cut off, intercept, steal
interea: meanwhile
intereo, -ire: to die, perish
interficio, -ficere, -feci, -fectum: to kill
interim: meanwhile
interimo, -imere, -emi, -emptum: to destroy, kill
interior, -ius: inside, inner
interitus, -us: destruction, ruin
intermissio, intermissionis: interruption
interneco, -are: to exterminate, destroy
interpello, -are: to interrupt, disrupt, disturb
interpono, -ponere, -posui, -positum: to interpose, place
interrogo, -are: to ask, inquire
intersum, -esse, -fui: to be present, take part in
intervenio, -ire: to intervene, interrupt, delay
interventus, -us: interference, intervention
intollerabilis, -e: intolerable
intono, -are: to thunder
intra: *prep. with acc.* within, inside
intrepidus, -a, -um: fearless
intro, -are: to enter
introduco, -ducere, -duxi, -ductum: to introduce, bring forward, present
introeo, -ire: to enter, invade

intromitto, -mittere, -misi, -missum: to send in, allow in
intueor, -tueri, intuitus sum: to consider, regard
intus: inside, within
inultus, -a, -um: unavenged
invado, -vadere, -vasi, -vasum: to enter, attack, invade
invalidus, -a, -um: weak, powerless
invenio, -ire: to find, discover
invicem: in turn
invictus, -a, -um: unconquered, undefeated
invideo, -videre, -vidi, -visum: to envy, begrudge
invidia, -ae: envy, jealousy
invidiosus, -a, -um: envious, envied, hated
invigilo, -are: to guard, watch over
inviolabilis, -e: unassailable
inviolatus, -a, -um: unharmed
invito, -are: to entertain
invitus, -a, -um: unwilling
involvo, -volvere, -volvi, -volutum: to wrap in, involve, enshroud
invulnerabilis, -e: invincible
iocus, -i: gaiety, festiveness
ipse, ipsa, ipsum: *intens. pron.* myself, himself, yourself, etc.
ira, -ae: anger, wrath
iracundia, -ae: wrath, anger
iracundus, -a, -um: angry, hostile
irascor, -i: to be angry
iratus, -a, -um: angry
irritus, -a, -um: useless, in vain
irrumpo, -rumpere, -rupi, -ruptum: to break in, rush in
irruo, -ruere, -rui: to rush in, attack
irruptio, irruptionis: bursting in, inruption
is, ea, id: *dem. adj.* this, that, the; *dem. pron.* he, she, it
iste, ista, istud: *dem. adj.* this, that, that (of yours); *dem. pron.* he, she, it
ita: thus, in such a way
itaque: and so
item: likewise, also
iter, itineris: journey
iterato: again, once more
iterum: again, once more
itidem: likewise
iubar, iubaris: ray of light, ray
iubeo, -ere, iussi, iussum: to order, command
iucundus, -a, -um: agreeable, pleasant
iudex, iudicis: judge
iudicium, -i: judgment
iudico, -are: to judge
iugulo, -are: to put to death, to sacrifice
iugulum, -i: throat
iungo, -ere, iunxi, iunctus: to join, marry, wed
iureiuro, -are: to swear an oath
iuro, -are: to swear an oath
ius, iuris: law, right
iussio, iussionis: order, command
iussum, -i: order, command
iussus, -us: order, command
iustus, -a, -um: just, right
iuvenca, -ae: heifer
iuvenilis, -e: young
iuvenis, iuvenis: youth, teenager
iuxta: *prep. with acc.* near, like; *prep. with abl.* near, nearly, just as

L

labor, -i, lapsus sum: to fall, slip
labor, laboris: effort, toil, labor, work
laboro, -are: to struggle, work
lac, lactis: milk
lacero, -are: to slander, attack, mutilate
lacesso, -ere, -ivi, -itum: to provoke
lacrima, -ae: tear
lacrimabilis, -e: deplorable
lacrimo, -are: to cry, weep
lacrimosus, -a, -um: sad, gloomy, pitiful
laedo, -ere, laesi, laesum: to hurt, injure, damage
laesus, -a, -um: injured, wounded, insulted
laetabundus, -a, -um: greatly rejoicing
laetitia, -ae: joy, happiness, celebration
laetor, -ari: to rejoice

laetus, -a, -um: happy
laevus, -a, -um: left, unfavorable
lamentor, -ari: to lament, mourn
lampas, lampadis: lamp, lantern, torch
lancea, -ae: lance, spear
lapis, lapidis: stone, rock
largior, -iri: to bestow, lavish
lascivia, -ae: gaiety, celebration
lassus, -a, -um: weary, tired, exhausted
latebra, -ae: hiding place, retreat, subterfuge
lateo, -ere: to hide, conceal
latifluus, -a, -um: broad flowing, wide-flowing
latratus, -us: barking
latro, -are: to bark
latus, -a, -um: wide
latus, lateris: side, flank
laudo, -are: to praise
laurus, -i: bay tree
laus, laudis: praise
laxo, -are: to loosen, undo
lectus, -i: bed, couch
legatio, legationis: delegation
legatus, -i: ambassador
legitimus, -a, -um: lawful, proper, legitimate
lego, -ere, legi, lectum: to read, select, choose
lenio, -ire: to soothe, calm, lighten
lethalis, -e: deadly
lethum, -i: death, ruin
levamen, levaminis: alleviation
levis, -e: light, fickle
levo, -are: to diminish, weaken, raise, lift up
lex, legis: law
libamen, libaminis: libation, sacrifice
libens, -ntis: in good will
liber, -a, -um: free, open
liberaliter: courteously
liberi, -orum: children
libero, -are: to free
libertas, libertatis: liberty, freedom
libo, -are: to make a libation, to offer as a sacrifice, to diminish
libro, -are: to balance, brandish

licet: although, granted that
licet, licere, licuit: *impersonal* it is permitted
lictor, lictoris: guard, official
ligneus, -a, -um: wooden
lignum, -i: wood
ligo, -are: to bind, tie
lingua, -ae: tongue
linquo, -ere, liqui, lictum: to leave behind, abandon
liquesco, -ere, licui: to melt
liquor, -i: to melt
lis, litis: strife, lawsuit, quarrel
littera, -ae: letter
litus, litoris: shore, beach
lividus, -a, -um: gray, livid
loco, -are: to place
locum and locus, -i: place, location, region
longus, -a, -um: long, far
loquor, loqui, locutus sum: to speak
lora do, dare, dedi, datum: to whip, spur
lorica, -ae: breastplate
lucisco, -ere, luxi: to begin to shine
lucror, -ari: to gain, profit
luctificus, -a, -um: grief-bringing
luctuosus, -a, -um: bringing sorrow
luctus, -us: grief
lucus, -i: grove, sacred sanctuary
ludo, -ere, lusi, lusum: to play
ludus, -i: game, contest
lues, luis: infection, plague
lugeo, -ere, luxi, luctum: to mourn, grieve
lugubris, -e: mourning, mournful
lumen, luminis: light, eye
lustro, -are: to brighten, shine
lux, lucis: light
luxurio, -are: to run amok

M

machinor, -ari: to plan, plot
mactatus, -us: sacrificial killing
macto, -are: to slaughter, sacrifice
madesco, -ere, -ui: to become wet
maereo, -ere: to mourn, lament

maeror, maeroris: sorrow
maestus, -a, -um: sad, mournful
magis: more, greater; **magis…quam:** greater…than
magister, -i: teacher, mentor
magnanimus, -a, -um: great souled, courageous
magnifico, -are: to glorify, esteem
magnificus, -a, -um: splendid, magnificent
magnitudo, magnitudinis: size
magnus, -a, -um: big, large, great
maior, maius: greater, larger
mala, -ae: cheek
maledico, -dicere, -dixi, -dictum: to slander
maledictum, -i: curse, abuse, insult
malignus, -a, -um: wicked, barren, scanty
malleolus, -i: hammer (shape)
malo, malle, malui: to prefer
malum, -i: apple
malus, -a, -um: evil, bad
mamilla, -ae: breast
mandatum, -i: command, order
mando, -are: to order, command
maneo, -ere, mansi, mansum: to remain, stay
manes, manium: ghosts, shades, shade of a particular person, remains
mania, -ae: insanity
manubiae, -arum: spoils, plunder
manus, -us: hand, troops
mare, maris: ocean
marita, -ae: wife
maritimus, -a, -um: naval
maritus, -i: husband
Martius, -a, -um: belonging to Mars (god of war), martial, warlike
mater, matris: mother
matrimonium, -i: marriage
mature: quickly
maturo, -are: to hasten
maturus, -a, -um: ripe, timely, quickly
Mavortius, -a, -um: belonging to Mars (god of war), martial, warlike
maximus, -a, -um: greatest
medeor, -eri: to heal

medicamen, medicaminis: medicine, treatment
medicus, -a, -um: healing, medical
medicor, -ari: to heal, cure
mediocriter: moderately, fairly
medius, -a, -um: middle
melior, -ius: better
membratim: limb from limb
membrum, -i: limb
memor, -is: remembering, mindful
memoria, -ae: memory, rememberance
memoro, -are: to recall, remember, be mindful of
mendacium, -i: lie
mens, mentis: mind
mensis, mensis: month
mentior, -iri, mentitus sum: to lie, deceive
mentum, -i: chin
merces, mercedis: wages, pay, bribe
mereo, -ere, -ui: to deserve, earn, obtain
mereor, -eri, meritus sum: to deserve, to earn
merito: deservedly, worthily
meritum, -i: honor, merit
merum, -i: unmixed wine
meto, -ere, messui, messum: to reap, harvest
metuo, -ere, metui, metutum: to be afraid, to fear
metus, -us: fear
meus, -a, -um: my, mine
mico, -are, -cui: to flicker, glimmer, shine
miles, militis: soldier
militia, -ae: military service
mille, millia: thousand
minime: not at all, least of all
minister, -i: servant, attendant
minitor, -ari: to threaten
minor, -ari, minatus sum: to threaten
minus: less
miraculum, -i: prodigy, wonder, omen
mirandus, -a, -um: wonderful, strange
miror, -ari: to marvel, wonder at
mirus, -a, -um: wonderful, strange
misceo, -ere, miscui, mixtum: to unite, restore

miser, -a, -um: sad, poor, wretched
miserabilis, -e: pitiful, wretched
miserandus, -a, -um: wretched, pitiful
miseratio, miserationis: pity, sympathy
misereor, -eri, miseratus sum: to pity
miseria, -ae: misery, unhappiness
misericordia, -ae: pity
misericors, -dis: pitiful, compassionate
mitto, -ere, misi, missum: to send
modo: only, just, merely
modus, -i: way, method
moenia, -ium: city walls
molestia, -ae: annoyance, trouble
molestus, -a, -um: burdensome, troublesome
moneo, -ere, monui, monitum: to warn
monimentum, -i: monument, memorial
monitio, monitionis: warning, command
monitus, -us: warning
monomachia, -ae: duel
mons, montis: mountain
monstrum, -i: monster, omen
mora, -ae: delay
morbus, -i: disease, plague
morigerus, -a, -um: compliant, accomodating
morior, mori, mortuus sum: to die
moror, -ari, moratus sum: to delay
mors, mortis: death
morsus, -us: bite
mortalis, -e: mortal, human
mortuus, -a, -um: dead
mos, moris: custom, habit
motus, -us: movement
moveo, -ere, movi, motum: to move
mox: soon
mucro, mucronis: swordpoint
mugitus, -us: moo, moan
muliebris, -e: womanly, woman's
mulier, mulieris: woman, wife
multifariam: on many sides, in many places
multimodis: in many ways
multitudo, multitudinis: crowd, number
multus, -a, -um: many, much
munimentum, -i: fortification, defense, protection
munio, -ire: to fortify, secure, defend
munus, muneris: gift, duty, service
murus, -i: city walls
Musa, -ae: one of the muses (deity of inspiration); *pl.* poetry, sciences
mutatio, mutationis: change
muto, -are: to change
mutus, -a, -um: silent, quiet, mute
mutuus, -a, -um: mutual, reciprocal, equal
myrteus, -a, -um: myrtle
myrtus, -i: myrtle

N

nam: for
namque: for surely
nanciscor, -i, nactus sum: to obtain
naris, naris: nostril
narro, -are: to tell
nascor, nasci, natus sum: to be born
nata, -ae: daughter, child
natio, nationis: people, tribe
natura, -ae: nature
natus, -i: son, child
naufragium, -i: shipwreck
navigatio, navigationis: voyage
navigo, -are: to sail
navis, navis: ship
ne or **ni:** *with subjunct.* so that not, lest, don't
-ne: *enclitic particle signifying a question*
ne...an: whether...or
ne...quidem: not even
nec: nor, not
nec...nec: neither...nor
necdum: not yet
necessarius, -a, -um: kin, close friend
necesse: *indecl. adj.* necessary
necessitas, necessitatis: necessity, urgency, connection, relationship
necessitudo, necessitudinis: connection, kinship
necnon: also, nor

neco, -are: to kill
necto, -ere, nexi, nexum: to bind, tie, attach
nefandus, -a, -um: unspeakably evil
neglegentia, -ae: carelessness, negligence
neglego, -legere, -lexi, -lectum: to neglect, disregard
nego, -are: to deny
negotium, -i: business
nemo, neminis: no one, nobody
nepos, nepotis: grandson, descendant
nequaquam: by no means, not at all
neque: nor, and not; **neque…neque:** neither…nor
nequeo, nequisse: to be unable, cannot
nequicquam: in vain
Nereis, -idis: Nereid, sea nymph
nervus, -i: tendon, sinew
nex, necis: death, murder
nexus, -us: binding, connection
niger, -ra, -rum: black, dark
nihil: nothing
nimio or **nimium** or **nimie:** too much
nisi: unless, except
niteo, -ere: to shine, glimmer
nitor, niti, nisus sum: to struggle, strive
nix, nivis: snow
nobilis, -e: noble
noceo, -eri, nocui: to harm, injure
nocivus, -a, -um: harmful, injurious
noctu: at night
nocturnus, -a, -um: night, nocturnal
nodus, -i: knot
nolo, nolle, nolui: to not want; **noli(te):** *with inf.* 'do not…'
nomen, nominis: name
nomino, -are: to name, call
non solum…sed et: not only…but also
non: not
nondum: not yet
nonnullus, -a, -um: some
nos: we, us
nosco, -ere, novi, notum: to know
noster, -a, -um: our, ours
novem: nine
novus, -a, -um: new, recent
nox, noctis: night
nubes, nubis: cloud, mist
nubilus, -a, -um: cloudy
nubo, -ere, nupsi, nuptum: to marry
nudo, -are: to strip, remain unprotected
nudus, -a, -um: nude
nullus, -a, -um: none, no
num: whether
numen, numinis: divine will, deity
numerosus, -a, -um: numerous
numerus, -i: number
numquam: never
nunc: now
nuntia, -ae: message, messenger
nuntio, -are: to announce
nuntius, -i: message, messenger
nuper: recent, recently
nupta, -ae: bride
nuptiae, -arum: marriage, wedding
nurus, -us: daughter-in-law
nutrio, -ire and nutrior, -iri: to nourish, raise, support
nutus, -us: nod, agreement, consent
nympha, -ae: nymph

O

o: oh!
ob: *prep. with acc.* because of, on account of
obaudio, -ire: to obey, listen to
obdormisco, -ire, -ivi: to fall asleep
obduco, -ere, -duxi, -ductum: to cover, spread
obedio, -ire: to obey, listen to
obeo, -ire: to die, to meet
obicio, -icere, -ieci, -iectum: to put in the way, meet, oppose
obiurgo, -are: to reproach, insult
oblecto, -are: to delight
oblivio, oblivionis: oblivion, forgetfulness
obliviscor, -i, -oblitus sum: to forget
obruo, -ruere, -rui, -rutum: to cover, bury, crush
obscurus, -a, -um: dark

obsecro, -are: to beseech, beg
obsequium, -i: indulgence
obsequor, -i, -secutus sum: to obey, comply, yield, indulge
obsido, -ere, -sedi, -sessum: to beseige, blockade
obsisto, -ere, -stiti, -stitum: to oppose, resist
obstinatus, -a, -um: stubborn, fierce
obsto, -are, -stiti, -statum: to resist, oppose
obstringo, -ere, -strinxi, -strictum: to bind, tie, involve
obstupefio, -fieri, -factum: to become astounded, stupefy
obstupesco, -ere, -stupui: to be amazed, astounded
obtego, -tegere, -texi, -tectum: to cover, conceal, hide
obtestor, -ari: to entreat, vow
obtineo, -tinere, -tinui: to hold, maintain, assert
obtrunco, -are: to kill, murder, slay
obvenio, -ire: to occur, happen, meet
obviam: on the way, in the way, against
obvius, -a, -um: meeting, opposing
obvolvo, -volvere, -volui, -volutum: to wrap, encircle, hide
occasio, occasionis: opportunity, chance, occasion
occido, -cidere, -cidi, -cissum: to kill, murder, slaughter
occipio, -cipere, -cepi, -ceptum: to begin
occulo, -ere, -lui, -cultum: to cover, hide
occulto, -are: to hide, conceal
occultus, -a, -um: hidden, concealed; **occulte:** secretly
occupo, -are: to seize, occupy
occurro, -currere, -curri, -cursum: to meet, attack
oculus, -i: eye
odiosus, -a, -um: hateful, annoying
odium, -i: hatred
odor, odoris: odor, smell
offendo, -fendere, -fendi, -fensum: to meet, check, offend
offero, -ferre, -tuli, -latum: to offer

officium, -i: duty
offundo, -fundere, -fudi, -fusum: to pour, spread, cover, conceal
olim: once, at all, at one time
omen, ominis: omen, prodigy
omitto, -mittere, -misi, -missum: to abandon, stop
omnino: altogether, entirely
omnis, -e: all, every
onero, -are: to burden, weigh down
opacus, -a, -um: shady, dark, shadowy
opera, -ae: labor, work, toil
opinatus, -a, -um: fancied, well thought of
opinio, opinionis: judgment, opinion
opinor, -ari: to suppose
opitulor, -ari: to help, aid
oportet, oportere, oportuit: *impersonal* it is right, it is proper
opperior, -iri, -itus sum: to wait
oppeto, -petere, -petivi, -petitum: to meet, encounter, die
oppidum, -i: town
oppono, -ponere, -posui, -positum: to oppose, set against
opprimo, -primere, -pressi, -pressum: to crush
oppugno, -are: to fight, attack
ops, opis: resources, wealth
optimus, -a, -um: best
opulentus, -a, -um: wealthy, mighty
opus, operis: work, labor, craft; **opus esse:** *impersonal* it is needed
ora, -ae: shore, beach
oraculum, -i: oracle, prophecy
oratio, orationis: speech
orator, oratoris: politician, statesman
orbis, orbis: coil, circle
orbo, -are: to bereave, deprive
orbus, -a, -um: bereft
Orcus, -i: personification of death
ordino, -are: to arrange, govern
ordo, ordinis: list, rank, number
orior, oriri, ortus sum: to arise
oriundus, -a, -um: originating, descended from
ornamentum, -i: decoration, ornament

ornatus, -a, -um: dressed, decorated
ornatus, -us: adornment, attire
orno, -are: to equip
oro, -are: to ask, beg, declare
os, oris: face, sight, mouth
os, ossis: bone
osculor, -ari: to kiss
ostendo, -ere, -di, -sum: to show, reveal
ostium, -i: doorway, entrance, mouth (of a river)
ovans, -ntis: rejoicing
ovis, ovis: sheep

P

paciscor, -i, pactus sum: to agree, bargain
pactum, -i: agreement, marriage
paene: nearly, almost
paeninsula, -ae: peninsula
palam: openly
palatium, -i: palace
pallium, -i: cloak, covering
palma, -ae: hand, palm
palpebra, -ae: eyelid
palpito, -are: to tremble, quiver
palus, paludis: swamp
papaver, papaveris: poppy
papilla, -ae: breast
par, paris: equal; **pariter:** equally
Parcae, -arum: the Fates
parco, -ere, peperci: *with dat.* to spare, pardon
parens, parentis: parent
pareo, -ere, parui, -itum: *with dat.* to obey
pario, parere, peperi, partum: to give birth to, produce
paro, -are: to prepare
pars, partis: part, region
particeps, -cipis: sharing in, taking part of
partio, -ire: to distribute, divide
partim: partly
partus, -us: offspring, child
parum: too little, not enough
parvus, -a, -um: small, little
pasco, -ere, pavi, pastus: to graze

passim: here and there, far and wide
pastor, pastoris: shepherd
patefacio, -facere, -feci, -factum: to open, make accessible
patefio, -fieri, -factum: to open, make accessible
patens, -ntis: open, accessible
pateo, -ere: to be open, to open
pater, patris: father
paternus, -a, -um: fatherly
patientia, -ae: patience, understanding
patior, pati, passus sum: to endure, allow, suffer
patria, -ae: country, homeland
patrius, -a, -um: fatherly, father's
patro, -are: to accomplish
patruelis, -e: cousin
paucus, -a, -um: few
paulus, -a, -um: little, small, meager
paulatim: little by little
paulisper: for a little while
paulo: a little bit
paveo, -ere, pavi: to panic, fear
pavor, pavoris: panic
pax, pacis: peace
peccatum, -i: error, fault, sin
pectus, pectoris: heart, chest
pecus, pecoris: flock, livestock
pedes, peditis: infantry
pelagus, -i: sea
pello, -ere, pepuli, pulsum: to expel, throw, push, overthrow
penates, -ium: household gods
pendeo, -ere, pependi: to depend, hang on, cling
penitus: deeply
penso, -are: to weigh, balance
per: *prep. with acc.* through, on behalf of, by
perago, -agere, -egi, -actum: to accomplish
perceleber, -bris, -bre: famous
percello, -cellere, -culi, -culsum: to beat down, strike down, overthrow
percio, -ire: to stir up, set in motion
percipio, -cipere, -cepi, -ceptum: to feel, to gather
percontor, -ari: to investigate, inquire

percunctor, -ari: to inquire, ask, investigate
percutio, -cutere, -cussi, -cussum: to strike
perdo, -ere, perdidi, perditum: to destroy, waste, squander, abandon
perduco, -ducere, -duxi, -ductum: to conduct, continue, lead through
pereo, -ire: to destroy, die, perish
perfero, -ferre, -tuli, -latum: to bring, carry, endure, return, restore
perficio, -ficere, -feci, -fectum: to accomplish
perfidus, -a, -um: treacherous, faithless, false
perforo, -are: to pierce
perfugium, -i: refuge, shelter
pergo, -ere, perrexi, perrectum: to proceed, go forth
periclitor, -ari: to undergo, to undergo danger
periculum, -i: danger, hazard
perimo, -imere, -emi, -emptum: to destroy, slaughter
peritia, -ae: skill, experience
peritus, -a, -um: experienced, skilled
periurium, -i: perjury, false swearing
permaneo, -manere, -mansi, -mansum: to remain, stay
permitto, -mittere, -misi, -missum: to allow
pernicialis, -e: destructive, deadly
pernicies, -iei: destruction, death
pernocto, -are: to spend the night, to guard in vigil
perpendo, -pendere, -pendi, -pensum: to consider, examine
perpetior, -peti, -pessus sum: to endure
perpetro, -are: to perform, accomplish
perpetuus, -a, -um: forever, eternal, perpetual
perplacidus, -a, -um: quiet, still
perpulcher, -a, -um: beautiful
perquiro, -quirere, -quisivi, -quisitum: to inquire, ask
perscisco, -sciscere, -scivi, -scitum: to learn

persentio, -sentire, -sensi, -sensum: to feel deeply
persentisco, -ere: to begin to feel
persequor, -sequi, -secutus sum: to pursue
persevero, -are: to persist, continue
persolvo, -solvere, -solvi, -solutum: to pay
perspicio, -spicere, -spexi, -spectum: to survey, examine
persterno, -sternere, -stravi, -stratum: to spread out, stretch out, lay low
persto, -stare, -stiti, -statum: to remain, persist
persuadeo, -ere, -si, -sum: to persuade, recommend
pertempto, -are: to try, attempt
pertento, -are: to agitate
perterritus, -a, -um: terrified
pertinacia, -ae: determination, defiance, stubbornness
pertinax, -cis: tenacious, obstinate
pervenio, -ire: to arrive
pervicacia, -ae: stubbornness
pervolo, -are: to hasten, fly rapidly
pes, pedis: foot
pessimus, -a, -um: worst
pessumdo, -dare, -dedi, -datum: to end, ruin, destroy
pestifer, -a, -um: destructive, injurious
pestilentia, -ae: plague
peto, -ere, petivi, petitum: to seek, attack
petra, -ae: rock
petulantia, -ae: boldness, wantonness
pharetra, -ae: quiver
piaculum, -i: appeasement, sacrifice
pietas, pietatis: piety, responsibility
pilum, -i: javelin
pingo, -ere, pinxi, pictum: to paint, portray
placeo, -ere, -ui, -itum: to be pleasing
placidus, -a, -um: quiet, still, gentle
placo, -are: to please, appease
plaga, -ae: blow, strike
planctus, -us: lamentation, beating
plane: distinctly, clearly

plango, -ere, planxi, planctum: to mourn
planta, -ae: sole of foot
plebs, plebis: lower class, plebeians
plenus, -a, -um: full
plerusque, -aque, -umque: very many
ploro, -are: to mourn, lament, grieve
pluma, -ae: down, feathers
plumbum, -i: lead
plurimus, -a, -um: very many
plus, pluris: more
poena, -ae: punishment
poenas luo, -ere, lui: to pay the penalty
politus, -a, -um: polite, refined, urban
polliceor, -eri, -itus sum: to promise
pomum, -i: fruit
pondus, ponderis: weight, measure
pono, -ere, posui, positum: to put, place
pontus, -i: sea, ocean
poples, poplitis: knee
popularis, popularis: fellow citizens, people
populus, -i: people, nation
porrigo, -rigere, -rexi, -rectum: to extend, reach
porro: further, next
porta, -ae: gate
portendo, -tendere, -tendi, -tentum: to predict, foresee
porticus, -us: portico, arcade, hallway
porto, -are: to carry, bring
portus, -us: harbor, port
posco, -ere, poposci: to request, ask for
possideo, -sidere, -sedi: to occupy, possess
possum, posse, potui: to be able, can
post: *adv.; prep. with acc.* after, behind
postea: later, afterwards
posterius: the former
posterus, -a, -um: following, next
postmodum: soon, after a little while
postquam: afterwards
postremus, -a, -um: last, worst, wicked; **ad postremum:** at last, finally
postremo: finally, behind
postulo, -are: to demand, request
potens, -ntis: powerful

potestas, potestatis: ability, power, opportunity
potior, -iri, potitus sum: to overcome, become master of
potissimum: above all
potius: rather
prae: *adv.; prep. with abl.* before, because of
praebeo, -ere, -ui, -itum: to offer, provide, supply, show
pr(a)ecedo, -cedere, -cessi, -cessum: to precede
praeceps, -cipitis: headfirst, headlong
praeceptio, praeceptionis: precept
praeceptum, -i: command, rule
praecino, -ere, -cini: to prophesy, predict
praecipio, -cipere, -cepi, -ceptum: to command, advise, suggest
praecipito, -are: to cast, throw down
praecipue: especially
praecipuus, -a, -um: special
praeclarus, -a, -um: famous
praeco, praeconis: herald
praeda, -ae: booty, treasure, spoils
praedico, -dicere, -dixi, -dictum: to predict, foretell, to mention previously
praedictus, -a, -um: aforementioned
praedor, -ari: to loot
praeeo, -ire: to advance, order
praefero, -ferre, -tuli, -latum: to display, prefer
praeficio, -ficere, -feci, -fectum: to appoint, set over, be in charge, lead
pr(a)egnans, -ntis: pregnant
praemitto, -mittere, -misi, -missum: to send out, send word
praemium, -i: reward, prize
praemoneo, -monere, -monui, -monitum: to foretell, predict, forewarn
praenuntio, -are: to foretell, announce
praeparo, -are: to prepare
praepeditus, -a, -um: hindered
praepono, -ponere, -posui, -positum: to command, prefer
praesagio, -ire: to predict
praesens, -ntis: present
praesentia, -ae: presence, power

praesento, -are: to present, exhibit
praesidium, -i: support, backup
praesto, -are: to excel, surpass, show, exhibit
praesto: present, at hand, ready
praetendo, -tendere, tendi, -tentum: to extend, stretch out, allege
praeter: *prep. with acc.* besides, except, beyond
praeterea: meanwhile
praeteritus, -a, -um: past, previous
praevalidus, -a, -um: very strong
praevenio, -ire: to precede, surpass
praevolo, -are: to hasten, fly before
praevorto, -vortere, -verti, -versum: to surprise, anticipate
precator, precatoris: suppliant
precor, -ari: to pray, beg
pregno, -are: to become pregnant
prehendo, -ere, -hendi, -hensum: to seize, snatch
premo, -ere, pressi, pressum: to press, strike, urge
pretiosus, -a, -um: precious, valuable
pretium, -i: reward, prize
prex, precis: prayer
Priamides, -ae: descendant of Priam
pridem: long ago, long since
primi, -orum: leaders, chiefs
primo: at first
primum: at first
primus, -a, -um: first
princeps, -cipis: chief, leader
principium, -i: beginning
principor, -ari: to rule
prior, -ius: before, ahead, the latter
prius, priusquam, prius…quam: before
privo, -are: to deprive, remove
pro: *prep. with abl.* on behalf of, for, instead of
probitas, probitatis: honesty, integrity
probo, -are: to approve, recommend
probrum, -i: abuse, insult
probus, -a, -um: excellent, fine
procedo, -cedere, -cessi, -cessum: to proceed

procer, proceris: noble, chief
procreo, -are: to produce, beget
procul: far away
procumbo, -cumbere, -cubui, -cubitum: to fall down, be laid low
procurro, -currere, -curri, -cursum: to run forward
prodeo, -ire: to go forth, advance
prodigium, -i: prodigy, portent
prodigosus, -a, -um: unnatural, wonderful
proditio, proditionis: betrayal, treason
proditor, proditoris: traitor
prodo, -dere, -didi, -ditum: to bring forth, transmit, betray
produco, -ducere, -duxi, -ductum: to bring up
proelior, -ari: to battle, strive
proelium, -i: battle
profanus, -a, -um: ordinary, common, public
profectio, profectionis: departure
profero, -ferre, -tuli, latum: to produce, bring forth
proficio, -ficere, -feci, -fectum: to progress, assist, advance, help
proficiscor, -i, -fectus sum: to depart, set out
profligo, -are: to overcome, bring an end to
profluo, -fluere, -fluxi, -fluxum: to flow through, proceed
profor, -fari, -fatum: to declare, speak
profundo, -fundere, -fudi, -fusum: to pour out, spread
profundus, -a, -um: deep
progenies, -ie: race, stock, family, offspring
progenitus, -a, -um: begotten
progredior, -gredi, -gressus sum: to advance, progress
proh: oh! ah!
prohibeo, -hibere, -hibui, -hibitum: to prohibit, forbid
proicio, -icere, -ieci, -iectum: to abandon, throw away
prolabor, -labi, -lapsus sum: to fall down

proles, prolis: offspring, descendant
prolixus, -a, -um: long, courteous
promano, -are: to shed, pour forth, gush
promisce: in common, together
promissum, -i: promise
promitto, -mittere, -misi, -missum: to promise, pledge
promptus, -a, -um: ready, eager
pronuntio, -are: to announce, declare
prope: *prep. with acc.* near, nearby
propendeo, -ere, -pendi, -pensum: to hang down, be favorable
propensus, -a, -um: eager, willing, inclined
propere: quickly
propero, -are: to hasten, hurry
propinquus, -a, -um: nearby, neighboring, kin
propius: nearer, more closely
proprius, -a, -um: personal, belonging to one's own
propter: *prep. with acc.* because of
propterea quod: especially since
propterea: therefore
propulso, -are: to repel, drive off
proripio, -ripere, -ripui, -reptum: to snatch, drag, hasten
prorsus: altogether, in short
proruo, -ere, -rui, -rutum: to rush forth
prosapia, -ae: race, stock, ancestry
prosequor, -sequi, -secutus sum: to follow, pursue, accompany
prosilio, -ire: to jump out, jump forth
prospicio, -spicere, -spexi, -spectum: to look, watch
prosterno, -sternare, -stravi, -stratum: to strike down, overthrow, lay prostrate
prostratus, -a, -um: prostrate, kneeling
prosum, prodesse, profui: to benefit
protego, -tegere, -texi, -tectum: to protect
protendo, -tendere, -tendi, -tentum: to stretch out, extend
protervia, -ae: boldness
protinus: immediately, straightaway
protraho, -trahere, -traxi, -tractum: to drag, force
proturbo, -are: to drive off
provenio, -ire: to occur
provideo, -videre, -visi, -visum: to see to, take care of, prepare for
provincia, -ae: state, province
provoco, -are: to challenge, provoke
proximus, -a, -um: next, nearest, following
prudens, -ntis: skilled, clever, experienced
prudentia, -ae: foresight, wisdom
pubes, puberis: adult
publico, -are: to make known, publish
publicus, -a, -um: public
pudibundus, -a, -um: relating to the genitals
pudor, pudoris: shame, self-respect
puella, -ae: girl, young woman
puer, -i: boy
pueritia, -ae: boyhood, youth
pugio, pugionis: dagger
pugna, -ae: battle, fight
pugno, -are: to fight
pulcher, -a, -um: pretty, handsome
pulchricoma, -ae: beautiful-haired, fair-haired
pulchritudo, pulchritudinis: beauty
pulvis, pulveris: dust
punio, -ire: to punish
puppis, puppis: ship, poop deck
purgamentum, -i: filth, dirt
puteus, -i: well, pit
puto, -are: to think, judge, reckon
pyra, -ae: pyre, bier

Q

qua: where
quadrum, -i: square
quaero, -ere, -sivi, -situm: to seek, ask, inquire
quaeso, -ere: to beg, ask
qualis, -e: such, such a sort, such a quality
qualiter: how
quam ob rem: because of this
quam: how, than, as
quamdiu: as long as, for as long as

quamlibet: as much as you please
quamprimum: as soon as possible
quamquam: although
quamvis: although, however much
quando: when
quantumvis: although, however, howevermuch you like
quantus, -a, -um: how much
quantuscumque, -acumque, -umcumque: however great
quapropter: therefore, why
quare: therefore, by what reason
quasi: as if, just as
-que: *enclitic conj.* and
queo, quire, quivi, quitum: to be able, can
queror, -eri, questus sum: to complain
questus, -us: lament, complaint
qui, quae, quod: who, which, that
quia: because, that
quicquam: any
quicquid: whatever
quicumque, quaecumque, quodcumque: whoever, whatever
quid: what, why
quiddam, quaedam, quoddam: certain
quidem: indeed
quies, quietis: sleep, dream
quiesco, -ere, quievi, quietum: to rest, cease
quin: lest
quippe: of course, naturally
quirito, -are: to shriek, scream
quis: who, someone
quisnam, quidnam: who, what, how on earth
quispiam: anyone, someone
quisquam: anyone, anybody
quisque, quidque: each one, every one
quo pacto: how, in what way
quo: when, how, where
quoad: as far as, until
quocirca: therefore, on account of this, because of this
quod: because, that, which
quodsi: but if

quomodo: how
quondam: once, formerly
quoniam: because, since
quoquam: anywhere
quoque: also, too
quot: how much, as much
quotienscumque: whenever
quotquot: however many

R

rabies, -ei: madness, fury, rage
radius, -i: ray, beam
radix, radicis: root, foot
rado, -ere, rasi, rasum: to scrape, shave
rapidus, -a, -um: swift, violent, rapid
rapio, -ere, -rapui, -ptum: to seize, snatch, take
rapto, -are: to seize, carry off
raptus, -us: abduction, rape
ratio, rationis: reason, cause
reboo, -are: to resound, echo
recedo, -cedere, -cessi, -cessum: to withdraw, recede
recens, -ntis: new, recent, fresh
receptor, receptoris: receiver
recessus, -us: retreat, opening
recipero, -are: to restore, return
recipio, -cipere, -cepi, -ceptum: to receive, welcome
reclamo, -are: to shout, resound, contradict
reclino, -are: to lean back, recline
recludo, -ere, -clusi, -clusum: to open, expose
recognosco, -noscere, -novi, -nitum: to recognize, recall
recommemoro, -are: to bring to mind, recall
recondo, -ere, -didi, -ditum: to put away
recordatio, recordationis: recalling, memory
recordor, -ari: to recall
recuperatio, recuperationis: return, recovery
recupero, -are: to regain, restore, reclaim

recurro, -currere, -cu(cu)rri: to run back, return, revert
recuso, -are: to refuse, reject
redarmo, -are: to reload, refill one's weapons
reddo, -ere, reddidi, reditum: to restore, return
redemptio, redemptionis: restoration, recovery
redeo, -ire: to return
redigo, -ere, -egi, -actum: to drive off, drive back
redimio, -ire, -ii, -itum: to crown
redimo, -ere, -emi, -emptum: to redeem, restore
reditus, -us: return
reduco, -ducere, -duxi, -ductus: to bring back, return, revive
refero, -ferre, -tuli, -latum: to bring back, report
refertus, -a, -um: stuffed, filled
reficio, -ficere, -feci, -fectum: to restore
reformido, -are: to shun, dread, fear
reformo, -are: to regroup
refugio, -ere, -fugi: to flee, escape
refuto, -are: to disprove, refute
regalis, -e: royal, regal
regia, -ae: palace
regina, -ae: queen
regio, regionis: region, district, province
regius, -a, -um: regal, royal
regnator, regnatoris: ruler
regno, -are: to rule, reign
regnum, -i: kingdom, power
regredior, -gredi, -gressus sum: to return
regulus, -i: prince
relaxo, -are: to loosen, relax
religio, religionis: rite, religious mores, devotion, religion
religo, -are: to bind, tie up
relinquo, -linquere, -liqui, -lictum: to leave behind, abandon
reliquiae, -arum: remains
reliquus, -a, -um: remaining, rest
reluceo, -lucere, -luxi: to glimmer
remaneo, -manere, -mansi, -mansum: to remain, stay

remedio, -are: to heal
remedium, -i: remedy, cure
remeo, -are: to return
reminiscor, -i: to call to mind, recall
remitto, -mittere, -misi, -missum: to send back
remotus, -a, -um: separate, far off, distant
removeo, -movere, -movi, -motum: to withdraw
renovo, -are: to restore, renew
renuntio, -are: to announce, report
reor, reri, ratus sum: to think, reckon
repello, -pellere, -puli, -pulsum: to drive off, banish
rependo, -pendere, -pendi, -pensum: to purchase, haggle
repente: suddenly
repercutio, -cutere, -cussi, -cussum: to strike
reperio, -ire: to find, discover
repeto, -petere, -petivi, -petitum: to restore
repleo, -plere, -plevi, -pletum: to fill up, satisfy
repono, -ponere, -posui, -positum: to place, deposit
reporto, -are: to carry back, deliver
reprimo, -primere, -pressi, -pressum: to hinder, restrain
repudio, -are: to divorce, reject
requies, requietis: relief, pause
requiro, -quirere, -quisi, -quisitum: to ask, look, seek
res, rei: thing, matter
resarcio, -ire: to rebuild, mend
rescisco, -sciscere, -scii, -scitum: to learn, find out
reseco, -are: to cut back
resero, -are: to unbolt, open, unlock
residuus, -a, -um: remaining
resisto, -ere, -sti: to stop, resist
resono, -are: to resound, echo
respicio, -spicere, -spexi, -spectum: to look upon, gaze
respiro, -are: to abate, recover
respondeo, -ere, respondi, responsum: to answer, respond, prophesy

responsum, -i: response, prophesy
restinguo, -ere, -stinxi, -stinctum: to extinguish, quench
restituo, -ere, -stui, -stutum: to restore
restitutio, restitutionis: restoration, return
resto, -stare, -stiti: to remain, survive
resurgo, -surgere, -surrexi, -surrectum: to rise again
retento, -are: to hold
retineo, -tinere, -tinui: to keep, reserve, maintain
revenio, -ire: to return
revertor, -verti, -versus sum: to return
revoco, -are: to bring back, call back
rex, regis: king
rigidus, -a, -um: hard, stiff
robur, roboris: strength, choice
robustus, -a, -um: oaken, strong, powerful
rogito, -are: to ask eagerly
rogo, -are: to ask, seek, demand
rorifluus, -a, -um: dew-bringing, dewy
roscidus, -a, -um: dewy, moist
rota, -ae: wheel
roto, -are: to revolve, twirl
rufus, -a, -um: red, reddish blond
ruina, -ae: collapse, ruin, destruction
rumor, rumoris: rumor
rumpo, -ere, rupi, ruptum: to break, rupture
ruo, ruere, rui, -tum: to rush, fall upon, fall to ruin
rursus or **rursum:** back, again

S

sacer, -ra, -rum: sacred
sacerdos, sacerdotis: priest
sacramentum, -i: oath of allegiance
sacrificium, -i: sacrifice
sacrifico, -are: to sacrifice
sacrilegium, -i: sacrilege, defiling of a holy object
saepe: often
saevio, -ire: to be fierce, to rage
saevus, -a, -um: fierce, savage
sagitta, -ae: arrow
sagittarius, -i: archer
sagitto, -are: to shoot, wound by arrow
sal, salis: salt, sea, beach
saltus, -us: leap, bound
salubritas, salubritatis: health, welfare
salum, -i: sea
salus, salutis: safety, welfare
saluto, -are: to welcome, greet
salve(te): greetings!
sancio, -ire, -nxi, -nctum: to consecrate
sane: indeed
sanguis, sanguinis: blood
sanies, -iei: blood, gore
sano, -are: to heal
sapiens, -ntis: wise
sapientia, -ae: wisdom
sapio, -ere, -ivi: to be wise
sarcophagus, -i: sarcophagus, coffin
satellis, -itis: servant, guard
saties, -ei: sufficiency, satiety
satis: enough
satisfacio, -facere, -feci, -factum: to satisfy
saucio, -are: to wound
saucius, -a, -um: wounded
saxeus, -a, -um: stony, rocky
saxum, -i: stone, rock
sceleratus, -a, -um: criminal, wicked, impious
scelerosus, -a, -um: criminal
scelestus, -a, -um: wicked, morally corrupt
scelus, sceleris: crime, outrage
scientia, -ae: knowledge, wisdom
scilicet: naturally, of course (usually introduces sarcasm)
scio, -ire, scivi, scitum: to know
sciscitor, -ari: to ask, inquire, investigate
scitor, -ari, -itus: to inquire, ask
scius, -a, -um: knowledge, knowing
scribo, -ere, scripsi, scriptum: to write
scriptura, -ae: writing, inscription
sculpo, -ere, sculpsi, -ptum: to carve
scutum, -i: shield
secretus, -a, -um: secret, special, hidden

secretim: secretly
secreto: apart, separately
secundus, -a, -um: second, favorable
securitas, securitatis: peace of mind, carelessness
securus, -a, -um: fearless, safe
secus: otherwise, differently
sed: but
sedeo, -ere, sedi, sessum: to sit
sedes, sedis: seat, home
seditio, seditionis: insurrection, mutiny
seduco, -ducere, -duxi, -ductum: to separate, seduce, sway
seges, segetis: crop
segnis, -e: slow, sluggish
sementis, sementis: growing season
semideus, -a, -um: demigod
seminex, -necis: half-dead
semotus, -a, -um: remote, distant
semper: always
senectus, senectutis: old age
senex, senis: old man, elder
sensus, -us: feeling, perception, morale
sententia, -ae: content, thought, opinion
sentio, -ire, sensi, sensum: to feel, sense, reckon
seorsum: separately, especially
separatim: separately, apart
separo, -are: to separate, divide
sepelio, -ire: to bury
septem: seven
septimus, -a, -um: seventh
sepulcrum, -i: tomb
sepultura, -ae: burial
sequor, -i, secutus sum: to follow
sero, -ere, sevi, satum: to beget, create, sow
serpens, serpentis: snake, serpent, dragon
serpitus, -a, -um: creeping
serpo, -ere, serpsi, serptum: to creep, crawl
servitium, -i: slavery
servitus, servitutis: slavery
servo, -are: to keep, preserve, save
servus, -i: servant, slave
seu: or, if, whether
sex: six

sexus, -us: sex, gender
si: if
sibilo, -are: to hiss, whistle
sibilus, -i: hiss
sic: thus, in this way
sicut or **sicuti:** just as
sidus, sideris: star
significo, -are: to show, indicate
signum, -i: signal, sign, alert
silens, -ntis: silent, quiet
silentium, -i: silence
sileo, -ere, -ui: to be still, silent
silva, -ae: forest, woods
similiter: similarly
similitudo, -inis: likeness, imitation
similis, -e: similar, like
simul: together, at the same time
simulacrum, -i: image, effigy
simulatio, simulationis: pretense
simulo, -are: to pretend, simulate
sine: *prep. with abl.* without
singularis, -e: individual, unique
singuli, -ae, -a: individual, each
sinister, -a, -um: left
sino, -ere: to allow
sinus, -us: lap, harbor
siquidem: if indeed, since, because
sive: or, or if
socia, -ae: ally, companion
socius, -i: ally
sodalis, sodalis: comrade, companion
sol, solis: sun
solatium, -i: comfort, solace
soleo, -ere, solitus sum: to be accustomed to
solitarius, -a, -um: single, alone
solium, -i: throne, dias
sollemnis, -e: solemn, religious
sollemnitas, sollemnitatis: ritual, rite
sollers, -tis: clever, skillful
sollertia, -ae: cleverness, skill
sollicitudo, sollicitudinis: anxiety, concern
sollicitus, -a, -um: worried, anxious
solo, -are: to deprive, make solitary
solor, -ari: to console, comfort
solum, -i: ground, earth, dirt

solummodo: only, just
solus, -a, -um: alone, sole, only
solvo, -ere, solvi, -utum: to release, set free, cut ties, undo, set sail
somnium, -i: dream, vision
somnus, -i: sleep, drowsiness
sopitus, -a, -um: shocked, numb
sopor, soporis: sleep
soror, sororis: sister
sors, sortis: luck, fate, turn, lottery
spargo, -ere, sparsi, sparsum: to scatter, sprinkle
spatium, -i: distance, measure
species, -ei: form, shape, beauty, sight
speciosus, -a, -um: beautiful
spectabilis, -e: notable
spectaculum, -i: show, spectacle
specto, -are: to see, watch
speculator, speculatoris: spy, scout
speculor, -ari: to examine, spy, scout
spelunca, -ae: cave
sperno, -ere, sprevi, spretum: to remove, reject, spurn
spero, -are: to hope
spes, spei: hope
spica, -ae: head of wheat
spiritus, -us: spirit, inspiration
spissus, -a, -um: dense
splendidus, -a, -um: brilliant, distinguished, outstanding
spolia, -orum: spoils, loot, booty
spolio, -are: to loot
spongia, -ae: sponge
sponsa, -ae: bride, fiance
sponsus, -i: groom, fiance
sponte: willingly
spuma, -ae: foam, froth
statim: immediately
statua, -ae: statue
statuo, -ere, -ui, -utum: to place, settle
sterilis, -e: barren, empty
sterno, -ere, stravi, stratum: to spread out, stretch out, lay low
stirps, stirpis: race, stock
sto, -are, steti, statum: to stand
stolidus, -a, -um: stupid, foolish

stomachus, -i: distaste, anger
strages, stragis: slaughter, massacre
strenuus, -a, -um: vigorous, active
strepitus, -us: clattering, clang, crash
strideo, -ere, stridi: to hiss, crash
stridulus, -a, -um: roaring, hissing
stringo, -ere, strinxi, strictum: to draw (a weapon), to touch (emotionally)
struo, -ere, struxi, structum: to build, arrange
studeo, -ere, -ui: to be eager, strive
studiosus, -a, -um: enthusiastic, zealous
studium, -i: eagerness, desire
stultus, -a, -um: foolish, silly, stupid
stupeo, -ere, -pui: to be amazed, astounded
stupor, stuporis: astonishment
stuprum, -i: rape, violation, offence
suadeo, -ere, -si, -sum: to persuade, recommend
suasus, -us: persuasion
sub: *prep. with abl.* under; *prep. with acc.* under, up to, close to
subduco, -ducere, -duxi, -ductum: to remove, withdraw
subeo, -ire: to advance, support
subfero, -ferre, -tuli, -latum: to suffer, bear, endure
subicio, -icere, -ieci, -iectum: to throw under, submit
subigo, -igere, -egi, -actum: to subdue, drive under
subito: suddenly
subligo, -are: to bind
sublimis, -e: lofty, high
submissus, -a, -um: lowered, submissive, humble, unkempt
suboles, subolis: offspring, child
suborno, -are: to equip, adorn
subporto, -are: to carry up
subsido, -sidere, -sedi, -sessum: to sink, remain, ambush
subsisto, -ere, -stiti: to make a stand, remain
subterfugio, -fugere, fugi: to escape
subtraho, -trahere, -traxi, -tractum: to drag off, drag away
suburbanus, -a, -um: close to the city

subverto, -vertere, -verti, -versum: to overthrow
succedo, -cedere, -cessi, -cessum: to ascend, succeed
succendo, -cendere, -cendi, -censum: to set fire
succenseo, -ere, -ui: to be angry
succido, -cidere, -cidi, -cisum: to cut down
succumbo, -cumbere, -cubui, -cubitum: to succumb, surrender, give way
succurro, -currere, -curri, -cursum: to assist, aid, help
sufficio, -ficere, -feci, -fectum: to provide, supply, suffice
suggero, -gerere, -gessi, -gestum: to supply, add
sum, esse, fui, futurum: to be
summus, -a, -um: highest, most
sumo, -ere, sumpsi, sumptum: to take up, consume
super: *prep. with abl. and acc.* above, over
superbia, -ae: arrogance
superbus, -a, -um: haughty, arrogant
superi, -orum: gods, divinities
superiaceo, -iacere, -iacui to lie over
superimpono, -ponere, -posui, -positum: to lay over, place upon
superior, -ius: superior, greater, higher
superne: from above
supero, -are: to overcome, surpass
supersum, -esse, -fui, -futurum: to be left, to remain
supervenio, -ire: to arrive
suppetiae, -arum: support, assistance
supplex, supplicis: suppliant, begging
supplicium, -i: punishment, entreaty
supplico, -are: to entreat, beseech
suppono, -ponere, -posui, -positum: to replace, substitute
supra: *adv.; prep with acc.* above
supradico, -dicere, -dixi, -dictum: to mention previously
surgo, -ere, surrexi, surrectum: to rise, get up
suscipio, -cipere, -cepi, -ceptum: to welcome, accept, undertake, begin
suscito, -are: to stir up, excite, arouse

suspendo, -pendere, -pendi, -pensum: to support, prop up
suspicio, -spicere, -spexi, -spectum: to suspect, regard
suspicio, suspicionis: suspicion, mistrust
suspirium, -i: sigh
sustento, -are: to hold off, defend, maintain, support
sustineo, -tinere, -tinui: to hold back, hold off
suus, -a, -um: one's own, personal

T

tabernaculum, -i: tent
tabulatus, -a, -um: boarded, wooden
tacitus, -a, -um: silent, quiet
taeter, -a, -um: disgraceful, foul
talaris, talaris: ankle
talis, -e: such, so great, of such kind
talus, -i: ankle
tam: so
tamen: nevertheless, however
tandem: finally, at last
tango, -ere, tetigi, tactum: to touch
tanquam: just as, as if
tantum…quantum: as many…as
tantummodo: only just
tantus, -a, -um: so much, so great
tardus, -a, -um: late, slow
taurus, -i: bull
tu, tui: you
tectum, -i: roof, house
tego, -ere, texi, tectum: to cover, protect
tellus, telluris: earth
telum, -i: weapon, spear
temerarius, -a, -um: rash, reckless
temeritas, temeritatis: rashness
tempero, -are: to regulate, control
tempestas, tempestatis: storm, tempest, occasion
templum, -i: temple
tempto, -are: to attempt, try
tempus, temporis: time, opportunity
tendo, -ere, tetendi, tentum: to aim, strive for

tenebrae, -arum: darkness
tenellus, -a, -um: tender
teneo, -ere, tenui: to hold
tener, -a, -um: tender
tentorium, -i: tent
tenuis, -e: thin
tergum, -i: back, rear **terga vertere:** to retreat
terni, -ae, -a: three, third
tero, -ere, trivi, tritum: to wear out, use up
terra, -ae: land
terribilis, -e: terrible, dreadful
terror, terroris: fear, terror
tertius, -a, -um: third
testor, -ari: to bear witness
testor, testoris: witness
testudo, testudinis: protection, awning
thalamus, -i: bedroom
Themis, Themidis: Greek goddess and personification of justice
thesaurus, -i: treasure
timeo, -ere, -ui: to be afraid
timidus, -a, -um: fearful, timid
timor, timoris: fear
tingo, -ere, -nxi, -nctum: to dye, wet, imbue
titio, titionis: firebrand, kindling
titulus, -i: heading, title, inscription
tollo, -ere, sustuli, sublatum: to remove, raise, acknowledge
tonans, -ntis: Thunderer (epithet of Jupiter)
torqueo, -ere, torsi, tortum: to twist, torment, torture
torus, -i: bed, couch
tot: so many
totus, -a, -um: total, whole
toxico, -are: to poison
tracto, -are: to deal, handle, treat
tractus, -us: dragging
trado, -ere, tradidi, traditum: to hand over, betray
traduco, -ere, -duxi, -ductum: to bring over, transfer
traho, -ere, traxi, tractum: to drag, draw, pull

traicio, -ere, -ieci, -iectum: to throw, convey, pass
transeo, -ire: to cross, pass
transfero, -ferre, -tuli, -latum: to transfer, shift, change
transfigo, -ere, -fixi, -fixum: to pierce, stab
transigo, -ere, -egi, -actum: to pierce, stab, complete, pass time
transilio, -ire: to leap across, jump
transmitto, -ere, -misi, -missum: to send, transfer, betray
transversus, -us: transverse, across
tremibundus, -a, -um: trembling, shaking
tremo, -ere, -ui: to tremble, shudder
trepidus, -a, -um: fearful, afraid
tres, tria: three
tribuo, -ere, -ui, -itum: to allot, grant, bestow
triennium, -i: three years
triginta: thirty
tristificus, -a, -um: sorrow-bringing
tristis, -e: sad
trucido, -are: to slaughter
trunco, -are: to cut off, mutilate
truncus, -a, -um: chopped
trutina, -ae: balance, scale
trux, -cis: savage, fierce
tuba, -ae: trumpet
tubicen, tubicinis: trumpeteer
tueor, tueri, tutus sum: to look after, regard, watch out for
tum: then; **tum...tum:** both...and, first...then
tumultuosus, -a, -um: alarmed, disturbed, confused
tumultus, -us: riot, violence
tumulus, -i: tomb, grave
tunc: then
tundo, -ere, tutudi, tunsum: to pound, beat
turba, -ae: crowd, mob
turbidus, -a, -um: wild, confused
turbo, -are: to disturb, harrass, upset
turbo, turbinis: whirlwind
turma, -ae: troop, squadron

turpis, -e: shameful, inappropriate
turpo, -are: to defile
turris, turris: tower
tus, turis: incense
tutela, -ae: protection, guard
tutor, -ari: to protect, watch over
tutus, -a, -um: safe, secure
tuus, -a, -um: your, yours
tyrannus, -i: tyrant, despot

U

ubertim: abundantly, copiously
ubi: where, there, when
ubinam: where on earth
ulciscor, -i, ultus sum: to avenge
ullus, -a, -um: any
ulna, -ae: arm
ulterius: further, longer
ultimus, -a, -um: final, last
ultio, ultionis: vengeance, revenge
ultra: beyond, farther, more
ultro: moreover, beyond
ululatus, -us: wailing, howling
ululo, -are: to howl, yell
umbo, umbonis: shield boss, shield
umbra, -ae: shade, shadow
umerus, -i: shoulder
umquam: ever
unanimis, -e: harmonious, unanimous
unde: from where
undique: from everywhere
universus, -a, -um: whole, entire
una: *adv.* together
unus, -a, -um: one
unusquisque, unaquaeque: each one
urbs, -is: city
urgeo, -ere: to urge, push, convince
urna, -ae: urn
usque: all the way up to
usus, -us: use
ut or **uti:** that, to, when, as
uter, -ra, -um: both, either
uterque, -a, -um: both, each
uterus, -i: womb, stomach

utinam: if only!
utor, uti, usus sum: to use
utrum…an: whether…or
uxor, uxoris: wife

V

vado, -ere, vasi: to go, hasten
vagor, -ari, -atus sum: to wander, boast
valde: really, very, a lot
valeo, -ere, valui: to be well, strong, able
validus, -a, -um: strong, powerful
vallum, -i: entrenchment, fortification
varius, -a, -um: various, different
vasculum, -i: small vessel, urn
vastitas, vastitatis: devastation
vasto, -are: to devastate, destroy
vastus, -a, -um: enormous, vast
vates, vatis: priest, bard, prophet
-ve: or, whether…or
vehemens, -ntis: violent, excessive
vehiculum, -i: vehicle, wagon
veho, -ere, vexi, vectum: to bear, carry, travel
vel: or; **vel…vel:** either…or
velo, -are: to cover, hide, conceal
volo, velle, volui: to want, wish, desire
velox, -cis: swift, rapid
velut or **veluti:** as if, just as
venatus, -us: hunting
veneno, -are: to poison
venenum, -i: poison
veneror, -ari: to revere, worship
venia, -ae: permission, pardon
venio, -ire: to come
venor, -ari, venatus sum: to hunt
ventus, -i: wind
ver, veris: spring
verbum, -i: word, declaration
vereor, -eri, veritus sum: to fear
verecundia, -ae: modesty, respect
veritas, veritatis: truth, reality
vero or **verum:** however, but
versor, -ari: to hover, be involved in, mingle

versus or **versum:** towards
versutus, -a, -um: cunning, crafty
verto, -ere, verti: to turn
verumtamen: notwithstanding, nevertheless
verus, -a, -um: true, real
vesper, vesperis: evening
vester, -ra, -rum: your
vestibulum, -i: courtyard
vestigium, -i: traces, footprint
vestis, vestis: clothes
veto, -are: to forbid, prohibit
vexo, -are: to harrass, attack
via, -ae: path, road, way
vibro, -are: to shake, brandish
vicarius, -a, -um: substitute, proxy
vicinus, -a, -um: neighbor, neighboring
victima, -ae: sacrifice, victim
victor, victoris: winner, victor, conqueror
victoria, -ae: victory
victrix, victricis: winner, victor
videlicet: clearly, plainly, manifestly, of course
video, -ere, vidi, visum: to see
videor, -eri, visus sum: to seem, to seem right
viduo, -are: to deprive
vigilia, -ae: watch, shift
viginti: twenty
vigor, vigoris: strength
vincio, -ire, vinxi, vinctum: to bind, tie
vinco, -ere, vici, victum: to win, conquer
vinculum, -i: tie, chain
vindico, -are: to claim, avenge, assert
vinea, -ae: cover (military term, protection from projectiles)
vinum, -i: wine
violentus, -a, -um: violent, vehement
violo, -are: to violate, abuse, dishonor
vir, -i: man, husband
viritim: person by person, individually
virga, -ae: branch
virgineus, -a, -um: maidenly
virginitas, virginitatis: virginity
virgo, virginis: maiden, woman

virgula, -ae: branch
virilis, -e: courageous, heroic, manly
viriliter: courageously
virtus, virtutis: virtue, bravery
vis, vi, vim, vires: power, force
visio, visionis: vision, dream, prophecy
viso, -ere, visi, visum: to look at, see, watch
visus, -us: sight, vision
vita, -ae: life
vitio, -are: to injure, damage, corrupt
vitis, vitis: vine, root
vitium, -i: disgrace, rape, violence
vitta, -ae: ribbon, fillet
vitupero, -are: to blame, scold, criticize
vivo, -ere, vixi, victum: to live
vivus, -a, -um: living, alive
vix: scarcely, hardly
vociferor, -ari: to shout, cry
voco, -are: to call, name, invite
volito, -are: to fly around
volo, -are: to fly
volo, velle, volui: to want, wish, desire
volucris, volucris: *adj.* winged; *noun* bird
voluntas, voluntatis: desire
volvo, -ere, volvi, volutum: to turn, consider
votum, -i: offering, prayer, wish
voveo, -ere, vovi, votum: to dedicate, consecrate, vow
vox, vocis: voice
vulgus, vulgeris: crowd, mob
vulnero, -are: to wound
vulnificus, -a, -um: inflicting wounds
vulnus, vulneris: wound
vultus, -us: face

APPENDIX B:
INDEX OF PROPER NOUNS

Abydos: location in Mysia (modern Turkey) where the Trojan queen Hecuba perished

Acamas: son of Theseus; Greek warrior who fought alongside his brother Demophoon in the Trojan War

Achilles: (also Pelides), son of Peleus and the goddess Thetis; greatest Greek hero and primary character in the Trojan War

Achivi: "people of Achaia," i.e., the Greeks

Acoetes: father of the Trojan priest Laocoon

Actor: king of Lemnos whose servants took care of the Greek warrior Philoctetes

Aeacidae: "descendants of Aeacus," i.e., Achilles and Telamonius Ajax

Aeneadae: Trojan refugees who accompanied Aeneas to Italy

Aeneas: son of Anchises and the goddess Venus; Trojan hero who escaped the fall of Troy and settled in Latium (central western Italy)

Aesculapius: Greco-Roman god of healing; father of Greek warriors Machaon and Podalirius

Aethiopia: kingdom allied with Troy, ruled by the demigod Memnon

Aethna Mons: Mount Oeta, legendary location of Hercules' apotheosis

Aethra: mother of Theseus, grandmother of Greek warriors Acamas and Demophoon; brought to Troy as Helen's handmaid and then rescued by her grandsons

Agamemnon: Mycenaean king and brother of Menelaus; the primary ruler of the Greeks during the Trojan War

Agapenor: one of the Greek warriors chosen to hide in the Trojan Horse

Aiacis Petrae: (also Capharea Saxa), "The Rocks of Ajax," a location in Euboea (a Greek island) where Ajax Oileus/Locrus perished

Aiax Oileius/Locrus: son of Oileus; Greek warrior who raped the Trojan princess Cassandra at the fall of Troy

Ajax Telamonius: son of Telamon and Trojan princess Hesione; a Greek warrior and one of Achilles' allies

Alcathous: Trojan warrior killed during the Greek raid and abduction of the Palladium

Alexander: *see Paris*

Amazonae/Amazones: mythical tribe of Scythian warrior women, allies of the Trojans, led by Queen Penthesilea

Ambracia: a region in Epirus (northern Greece), where Neoptolemus was buried

Amphialus: son of Greek warrior Neoptolemus and Trojan captive Andromache

Amphidamas: a Trojan nobleman who plotted with Antenor to end the Trojan War

Amphimachus: one of the Greek warriors chosen to hide in the Trojan Horse

Anchises: father of Trojan hero Aeneas

Androgeos: Greek warrior killed by Aeneas and his men in the fall of Troy

Andromacha: Andromache, daughter of Eetion, wife of Hector, mother of Astyanax; after the fall of Troy, she is enslaved by Neoptolemus and later given to Helenus

Antenor: Trojan nobleman known for betraying Troy and smuggling the Palladium to the Greeks

Anticlus: one of the Greek warriors chosen to hide in the Trojan Horse

Antilochus: son of Nestor; one of the Greek warriors chosen to hide in the Trojan Horse

Antiphas: son of Trojan priest Laocoon; killed along with his brother Thymbraeus by serpents

Apollo (Apollo Thymbraeus/Zmintheus): Greco-Roman god of prophecy and plague

Argivi: "people of Argos," i.e., Greeks

Argolici: "people of Argos," i.e., Greeks

Argonautae: Argonauts; heroes led by Jason on the quest for the Golden Fleece

Arisba: town in Lesbos (a Greek island), where Trojan prince Helenus was captured

Ascalaphus: Greek warrior

Ascanius: son of Trojan warrior Aeneas; escapes the fall of Troy with his father and settles in Latium (central western Italy)

Asia: Asia Minor

Astyanax: son of Trojan prince Hector and his wife Andromache; executed by Greeks after the fall of Troy

Astynome: *see Chriseis*

Athenae: Athens, Greek city where Greek warriors assembled at the start of the Trojan War

Atridae: "descendants of Atreus," i.e., Agamemnon or Menelaus

Auge: consort of Hercules and mother of Mysian king Telephus

Aulis: Greek city where King Agamemnon sacrificed his daughter Iphigenia for fair winds at the start of the Trojan War

Aurora: Greco-Roman goddess of the dawn, mother of the Ethiopian king Memnon

Automedon: Greek warrior and charioteer of Achilles

Barbari: "barbarians," usually referring to the Trojans

Briseis: (also Hippodamia) daughter of Briseus taken as a war-prize by Achilles; Agamemnon's claim on Briseis and the rage this provoked in Achilles is the catalyst for the events of Homer's *Iliad*

Briseus: father of Briseis

Calchas: Greek soothsayer

Capharea Saxa: *see Aiacis Petrae*

Cassandra: Trojan princess and prophet raped by Ajax Locrus/Oileius, later enslaved by Agamemnon

Chaon: brother of Trojan prince Helenus

Chaonia: region in northern Greece

Cherronesus: a city in Thrace (modern Turkey)

Chiron: famous centaur tutor of Achilles

Cholchus/Colchis: kingdom located in modern Georgia

Chryseis: (also Astynome) daughter of Trojan priest Chryses, captured by Greeks and taken as concubine by Agamemnon

Chryses: Trojan priest of Apollo, whose daughter Chryseis was captured by Agamemnon

Cisseus: father of Trojan queen Hecuba

Cleodorus: Greek warrior killed by Paris

Clymena: relative of Menelaus; one of the handmaidens that accompanied Helen during her voyage to Troy

Clytemnestra: wife of Greek king Agamemnon, known for murdering her husband in revenge for the death of their daughter Iphigenia

Cor(o)ebus: Trojan ally and suitor of Cassandra, killed in the fall of Troy

Cynossema: "Dog's Tomb," fabled tomb of Hecuba

Cytherea: "goddess of Cythera," i.e., Venus, Greco-Roman goddess of desire

Danai: "descendants of Danaus," i.e., Greek warriors

Dardania: "land of Dardanus," i.e., Trojan territory

Deiphobus: son of Priam and Hecuba, married Helen after the death of Paris

Deipylus: son of Thracian king Polymnestor and Iliona

Delphi: Greek town known for its temple of Apollo, and famous for its oracles

Delphicus: "related to Delphi"

Demonassa: mother of Greek warrior Philoctetes

Demophoon: son of Theseus; Greek warrior who fought alongside his brother Acamas in the Trojan War

Diadamia/Deidamia: daughter of Greek king Lycomedes; consort of Achilles and mother of Neoptolemus

Diana: Greco-Roman goddess of women and hunting

Dictinna/Dictynna: epithet of Diana, Greco-Roman goddess of women and hunting

Diomedea: daughter of Greek priest Briseus; enslaved by Achilles

Diomedes: son of Tydeus; Greek warrior known for his crafty maneuvers with Odysseus

Discordia: (also Eris) Greco-Roman goddess of discord

Dolon: son of Eumedus; Trojan spy caught and murdered by the Greeks in the Trojan War

Dolopion: father of Iphimachus; Lemnian shepherd who took care of wounded Greek warrior Philoctetes

Dymas: father of Hecuba

Eas: *see Ajax Oileius/Locrus*

Eetion: father of Andromache

Eioneus: (1) father of Trojan ally Rhesus; (2) Greek warrior killed by Hector

Electra: daughter of Agamemnon and Clytemnestra

Epeus: Greek warrior known for constructing the Trojan Horse

Epirus: region in northern Greece

Eris: *see Discordia*

Eumediades: "son of Eumedus," i.e., Trojan warrior Dolon

Eumedus: father of Trojan warrior Dolon

Eumelus: one of the Greek warriors chosen to hide in the Trojan Horse

Euphorbus: Trojan warrior who injured Greek warrior Patroclus

Europa: mother of Trojan warrior Sarpedon

Eurus: personification of the east wind

Euryalus: one of the Greek warriors chosen to hide in the Trojan Horse

Eurymachus: one of the Greek warriors chosen to hide in the Trojan Horse

Eurypylus: one of the Greek warriors chosen to hide in the Trojan Horse

Evander: Italian king and ally of Aeneas

Fata: (also Parcae) personification of fate

Glaucus: father of Rutulian (an Italian tribe) prince Turnus

Graeci/Graii: Greeks

Graecia: Greece

Graiugenae: "Greek-born," i.e., Greeks

Hector: Trojan prince and warrior-hero; son of Priam and Hecuba, married to Andromache and father of Astyanax

Hecuba: wife of Priam, enslaved by Odysseus after the fall of Troy

Helaea: city where Paris abducted Helen

Helena: Helen of Troy, wife of Greek king Menelaus; her abduction by Paris incited the events of the Trojan War

Helenus: son of Priam and Hecuba, a Trojan prophet who defected to the Greeks in the last days of the Trojan War

Hellespontum: (Hellespont; modern Dardanelles in Turkey) area near Troy where the Trojan Horse was left by the Greeks for the Trojans

Hercei Iovis: Hercean Jove, epithet of Greco-Roman god Jupiter

Hercules: demigod son of Jupiter; his abduction of Hesione was one of the causes of the Trojan War

Hermione: daughter of Menelaus and Helen

Hesiona/Hesione: daughter of Trojan king Laomedon and sister of Priam; her abduction by Hercules was one of the causes of the Trojan War

Hippodamia: *see Briseis*

Hydra: monster slain by demigod Hercules, who subsequently dipped his arrows into its venom

Hymenaeus: personification of marriage

Ialmenus: one of the Greek warriors chosen to hide in the Trojan Horse

Iason: Jason, leader of the Argonauts in the quest for the Golden Fleece

Ida Mons: Mount Ida, where Paris judged the beauty of goddesses Juno, Minerva, and Venus

Id(a)eus: Trojan warrior and messenger

Idomeneus: Greek commander from Crete; one of the Greek warriors chosen to hide in the Trojan Horse

Iliensis: "related to Ilium," i.e., Trojans

Iliona: wife of Thracian king Polymnestor; daughter of Priam and Hecuba; raised their child Polydorus during the Trojan War

Ilium: the city of Troy

Indi: Indians, the fabled kingdom whose troops fight under the leadership of Memnon on behalf of the Trojans

Iove/Iovis/Iovis Heroi: see Iupiter

Iphigenia/Iphianassa: daughter of Agamemnon and Clytemnestra, slain by her father at the outset of the Trojan War

Iphimachus: son of Dolopion; Lemnian shepherd who took care of wounded Greek warrior Philoctetes

Iphinous: Greek warrior wounded by Hector in the Trojan War

Italia: Italy, land where Aeneas settled after the fall of Troy

Iuno: Juno, Greco-Roman goddess of fertility and marriage

Iupiter: Jupiter, also Jove, Greco-Roman god of absolute power

Lacedaemon: Sparta, home of Menelaus and Helen

Laertius: "son of Laertes," i.e., Odysseus

Laocoon: son of Acoetes; Trojan priest killed by serpents at the fall of Troy

Laodice: daughter of Priam; wife of Greek ally Telephus

Laomedon: Trojan king, father of Priam

Latinus: Italian king, father of Lavinia

Lavinia: daughter of Italian king Latinus, married to Aeneas after he lands in Italy and wins war with local tribes

Lavinium: town that Trojan refugee Aeneas establishes after the fall of Troy

Lemnos: island where Greek warrior Philoctetes was abandoned

Leonteus: Greek warrior wounded by Hector in the Trojan War

Licomedes/Lycomedes: father of Diadamia, consort of Achilles

Lycaon: son of Priam captured and executed by the Greeks

Lycius: Lycian, pertaining to Lycia, a region in modern Turkey

Machaon: son of Aesculapius, Greek warrior and companion of Achilles; one of the Greek warriors chosen to hide in the Trojan Horse

Mars/Mavors: Greco-Roman god of warfare

Meges: one of the Greek warriors chosen to hide in the Trojan Horse

Memnon: demigod son of Aurora and Tithonus, Ethiopian king and Trojan ally

Menelaus: Spartan king and brother of Agamemnon; the abduction of his wife Helen by Paris incited the events of the Trojan War

Menestheus: one of the Greek warriors chosen to hide in the Trojan Horse

Mercurius: Mercury, Greco-Roman messenger god

Meriones: one of the Greek warriors chosen to hide in the Trojan Horse

Minerva: Athena, also Pallas, Greco-Roman god of strategy and weaving

Molossia: "land of Molossus," i.e., region of Epirus ruled by Molossus, son of Greek warrior Neoptolemus

Molossus: son of Greek warrior Neoptolemus and Trojan captive Andromache

Musa: Muse, one of the Greco-Roman goddesses of inspiration

Mycenae: kingdom ruled by Agamemnon and Clytemnestra (modern Mykonos)

Myrmidones: Myrmidons, warriors led by Achilles

Mysia: kingdom ruled by Greek ally Telephus

Mysii: Mysians, people of Mysia

Nauplius: father of Greek warrior Palamedes

Nautes: Trojan warrior who accepts the Palladium after the fall of Troy

Neoptolemus: (also Pyrrhus), son of Achilles and Diadamia; one of the Greek warriors chosen to hide in the Trojan Horse

Neptunus: Neptune, Greco-Roman god of the sea, horses, and earthquakes

Nereid: a sea nymph

Nestor: father of Antilochus; one of the Greek warriors chosen to hide in the Trojan Horse

Odysseus: (also Ulysses, Ulixes), Greek warrior known for his crafty maneuvers with Diomedes

Oenona/Oenone: first wife of Paris

Oileus: father of Greek warrior Ajax Oileius/Locrus

Orcus: personification of death

Orestes: son of Agamemnon and Clytemnestra

Orion: legendary demigod warrior-hero

Palamedes: son of Nauplius; Greek warrior slain by Odysseus

Palladium: legendary Trojan cult image stolen by the Greeks at the end of the Trojan War

Pallas: *see Minerva*

Pammon: Trojan warrior slain by Greek warrior Neoptolemus

Pandarus: Trojan warrior who wounds Menelaus during the Trojan War

Panthous/Panthus: father of Trojan warrior Polydamas; Trojan priest who entrusted Troy's sacred objects to Aeneas

Parcae: *see Fata*

Paris: (also Alexander), son of Priam and Hecuba, king and queen of Troy; his actions led to the Trojan War

Patroclus: Greek warrior and companion of Achilles; his death at Hector's hands incites Achilles' rage which leads to the death of Hector and the fall of Troy

Peleus: father of Achilles

Pelides: "son of Peleus," i.e., Achilles

Pelopeius: "descendant of Pelops," i.e., Agamemnon

Penates: household gods that Aeneas rescues from Troy

Penthesilea: queen of Amazons, Trojan ally

Pergama: Pergamon, also Pergamum, region neighboring Troy

Persae: the Persians, Trojan allies led by King Memnon

Phiantis: also Poeas, father of Greek warrior Philoctetes

Philoctetes: companion of demigod Hercules; one of the Greek warriors chosen to hide in the Trojan Horse

Phoebus: Greco-Roman personification of the sun

Phoenix: Greek warrior, companion of Achilles

Phryges: Phrygians, i.e., the Trojans

Phrygia: region neighboring Troy

Phrygius: Phrygian, pertaining to the region neighboring Troy

Phyleus: father of Greek warrior Meges

Plisthenis: "descendant of Pleisthenes," i.e., Agamemnon and Menelaus

Podalirius: son of Aesculapius and brother of Machaon; companion of Achilles; one of the Greek warriors chosen to hide in the Trojan Horse

Podarcus: son of Trojan king Laomedon; subsequently named Priam

Poeas: father of Greek warrior Philoctetes

Polites: son of Priam and Hecuba, killed during the fall of Troy

Polydamas: son of Panthous; one of the Trojan noblemen who revolted against Priam at the end of the Trojan War

Polydorus: son of Priam and Hecuba, killed after the fall of Troy

Polymnestor: King of Thrace, murders Trojan prince Polydorus after Troy falls

Polypoetes: Greek warrior killed by Hector in the Trojan War

Polyxena: daughter of Priam and Hecuba and consort of Achilles, murdered after the fall of Troy

Porta Scaea: Scaean Gates, one of the legendary gates of the city of Troy

Priamidae: "descendant of King Priam"

Priamus: Priam, King of Troy, husband of Hecuba, murdered at the fall of Troy

Pyrrha: Achilles' name during childhood

Pyrrhus: *see Neoptolemus*

Rhesus: Thracian king, ally of the Trojans

Rutuli: Italian tribe that warred with Aeneas in Italy

Salamina: island of Salamis

Samothracia: Samothrace

Sarpedon: Trojan son of Europa and Jupiter

Skyros: Childhood home of Achilles
Sicilia: Sicily
Simoeis: river that runs through Trojan territory
Sinon: Greek warrior who convinced the Trojans to accept the Trojan Horse
Sparta: *see Lacedaemon*
Sthenelus: one of the Greek warriors chosen to hide in the Trojan Horse
Stygia Palus: Stygian Swamp, one of the legendary locations in the Greco-Roman underworld
Talthybius: Greek warrior and messenger
Tauris (Taurica Terra): Iphigenia escapes from here years after Artemis spared her from her father Agamemnon's sacrifice
Telamon: Greek warrior who took the Trojan princess Hesione as a concubine; father of Ajax (Telamonius)
Telephus: king of Mysia and Greek ally
Tenedos: island where the Greek fleet hid during the Trojan Horse plot
Teucer: Greek warrior, son of Telamon
Teuthras: King of Mysia
Thalpius: one of the Greek warriors chosen to hide in the Trojan Horse
Theano: wife of Antenor and priestess of Minerva
Themis: Greco-Roman personification of justice
Thesidae: "descendants of Theseus," i.e., Acamas and Demophoon
Thessander/Tessandrus: one of the Greek warriors chosen to hide in the Trojan Horse
Thestor: father of Greek prophet Calchas
Thetis: sea goddess and mother of Achilles
Thisadie: traveled to Troy with Aethra as Helen's handmaid, subsequently rescued by Acamas and Demophoon
Thoas: one of the Greek warriors chosen to hide in the Trojan Horse
Thraces: people of Thrace
Thracia: region neighboring Troy, today part of Greece, Turkey, and Bulgaria
Thrasymedes: son of Nestor; one of the Greek warriors chosen to hide in the Trojan Horse

Thymbraeus Apollo: eponym of Apollo
Thymbraeus: son of Trojan priest Laocoon, killed by serpents at the fall of Troy
Tiber: river flowing through the city of Rome
Tisiphonus: son of Priam and Hecuba; killed by Neoptolemus during the fall of Troy
Tithonus: consort of Greco-Roman goddess Aurora and father of Trojan ally Memnon
Tlepolemus: son of Hercules, Greek warrior who fights in the Trojan War
Trivia: epithet for Greco-Roman goddess Diana
Troes: the people of Troy; Trojans
Troia: Troy, the city beseiged by Greeks in the Trojan War
Troiani: Trojans
Troilus: son of Priam and Hecuba; killed by Achilles during the Trojan War
Turnus: King of the Rutuli, an Italian tribe that wars with Aeneas
Tusci: the Tuscans, an Italian tribe that aids Aeneas
Tybris: *see Tiber*
Tydeus: father of Greek warrior Diomedes
Tymotae: secondary wife of Priam
Tyndareus: "descendant of Tyndareus," i.e., Helen
Ucalegon: Trojan nobleman known for betraying Troy
Ulixes/Ulysses: *see Odysseus*
Venilia: mother of Turnus, king of the Rutulians
Venus: (also Cytherea), Greco-Roman goddess of desire
Virgilius: Roman poet of the first century B.C., known for his epic poem *The Aeneid*
Vulcanus: Greco-Roman god of metalcraft
Xanthus: river flowing through Trojan territory

APPENDIX C:
THE ORIGINS OF THE TEXTS

Like Homer, **Dares** the Phrygian's existence is doubtful. The manuscript *De Excidio Troiae* claims to be the work of the Trojan mentioned in Homer's *Iliad* (V.9), translated into Latin by Cornelius Nepos. The second century AD author Aelian states that a "Phrygian *Iliad*" (Φρυγίαν Ἰλιάδα) existed, but he fails to mention whether the Latin version that we have today is related to the this text or if it is a later fabrication (*Var. Hist.* XI.2).[1] The works of both Dares the Phrygian and Dictys the Cretan were used as the primary source material for medieval accounts of the Trojan War.

Dictys the Cretan also has a fanciful origin. The narrator of the *Ephemeris Belli Troiani* claims to have fought in the Trojan War under the Cretan commander Idomeneus. Similar to the "found footage" movie genre premise, the preface of the book claims that it "was discovered in the reign of Nero, in a tomb near Cnossus, which was laid open by an earthquake. It was asserted to have been written in Phoenician on bark, and translated into Greek by one Eupraxides or Eupraxis."[2] The works of both Dares the Phrygian and Dictys the Cretan were used as the primary source material for many medieval accounts of the Trojan War.

Little is known about the origin of the ***Excidium Troiae***, including the name of the author or the time period in which it was composed. The editors of the 1944 edition, E. Bagby Atwood and Virgil K. Whitaker, assert that the extant manuscript is an early medieval version of an even earlier work, possibly from the fourth to sixth centuries A.D.

According to the Roman historian Suetonius, Gaius Julius **Hyginus** was a freedman of the emperor Augustus (*De Gramm.* XX). He was in charge of the imperial library on the Palatine hill, and taught numerous pupils as a grammarian. He was a close friend to the poet Ovid; although both he and Ovid are known for their mythography, their styles were startlingly

---

1 Harry T. Peck, *Harper's Dictionary of Classical Literature and Antiquities*, (New York: Harper, 1897), 469.
2 Ibid., 510.

different. Unlike Ovid's epic masterpiece the *Metamorphoses*, Hyginus's *Fabulae* are succinct paragraph-length accounts of famous Greco-Roman myths. Because of the author's clarity and grammatical simplicity, the myths of Hyginus are the perfect practice for the emerging Latin reader.

The **Ilias Latina** is a 1,070 line dactylic hexameter epic that serves as an abridgement of Homer's *Iliad*. Little is known of the work other than the acrostic "ITALICUS SCRIPSIT" written in its opening and closing lines. The editor of the 1885 edition, Frederic Plessis, asserts that the author cannot be Silius Italicus (the author of the famous epic *Punica)*, but rather a grammarian living in the first century A.D.

Titus **Lucretius** Carus was an Epicurean poet who lived during the first century B.C. Very little is known about his life, except that he died in the same year that the epic poet Vergil gained his *toga virilis* (i.e., became an adult; cf. Suetonius, *Vit. Verg.* VI). Lucretius's 7,500 line epic poem, *De Rerum Natura*, is a masterpiece of Epicurean philosophy.

Mapheus Vegius was an Italian poet who flourished in the fifteenth century A.D. His most famous works include the *Vellus Aureum*, a retelling of the expedition of the Argonauts, and the *Supplementum*, a thirteenth book of Vergil's *Aeneid*, which completes the story of Aeneas's Italian conquest and subsequent deification. His lesser known work, the *Astyanax*, is an epic account of the extirpation of Hector's bloodline, including the enslavement of his widow Andromache and the murder of his son Astyanax.

Quintus of Smyrna (originally called Quintus Calaber) wrote a fourteen-book epic poem known as the *Posthomerica*. As the name implies, the scope of the book covers the events after the death of Hector in the *Iliad* until the destruction and despoliation of Troy. Internal evidence may indicate that Quintus lived during the fourth century A.D., but the poem is crucial in preserving stories from the Epic Cycle, a series of Homeric poems that relate stories from the Trojan War. *Troy on Trial* uses the 1734 Latin translation of the *Posthomerica* by Laurentius Rhodomannus.

The Vatican Mythographers collection provides brief summaries and analyses of Greek and Latin myths. Little is known about their author(s) or origins, but in the Preface to the first edition, Angelo Mai explains their rediscovery:

> "Only four Latin mythographers are extant: the first one, commonly called C. Hyginus, who certainly is more modern than Augustus's

librarian; Fabius Fulgentius Planciades; Lactantius Placidus, the grammarian who analyzed Ovid's myths, and finally, Albricus, the philosopher, who left to posterity his little treatise *De Imaginibus Deorum*. While wandering through the Vatican library during my tenure there, I found three other ancient mythographers, which I deemed well written and scholarly enough to publish. The first mythographer was in a codex belonging first to the Queen of Sweden, but lately to the Vatican. It was written on very old vellum, whose script seemed to indicate a tenth or eleventh century A.D. date. The second mythographer was in the same Swedish manuscript… but was written by a later hand, in such a way to lead us to believe that it was created a century later. The third mythographer comes from a vellum Vatican codex, from the twelfth century (or so I think), upon which my predecessor Fulvius Ursinus wrote the following inscription with his own hand: *Incertus de Diis Gentium* (Anonymous's *On the Gods of the Nations*)."[3]

---

3 v-vi. Translation by author.

Made in the USA
Monee, IL
08 July 2020